维京时代

THE AGE OF THE VIKINGS

从狂战士到海上贸易的开拓者

From Berserker to Blazer of Maritime Trade

ANDERS WINROTH

[瑞典] 安德斯·温罗特 —— 著　王蓉 —— 译

上海社会科学院出版社
SHANGHAI ACADEMY OF SOCIAL SCIENCES PRESS

图书在版编目(CIP)数据

维京时代 / (瑞典) 安德斯·温罗特著；王蓉译
. -- 上海：上海社会科学院出版社, 2018（2019.7重印）
书名原文：The Age of the Vikings
ISBN 978-7-5520-2503-3

Ⅰ.①维… Ⅱ.①安… ②王… Ⅲ.①北欧－中世纪史－通俗读物 Ⅳ.①K530.9

中国版本图书馆CIP数据核字(2018)第245776号
上海市版权局著作权合同登记号：09-2018-1042

The Age of the Vikings by Anders Winroth
Copyright © 2014 by Princeton University Press
Published in agreement with Princeton University Press through Bardon Chinese Media Agency
Simplified Chinese Edition Copyright ©
2018 Beijing Paper Jump Cultural Development Co., Ltd.
All rights reserved.
未经出版方书面许可，本书的任何部分不得以任何形式、通过任何电子或机械方式（复印、录音、或通过任何信息存储和检索系统）复制或传输

维京时代
The Age of the Vikings

著　　者：[瑞典] 安德斯·温罗特（Anders Winroth）
译　　者：王　蓉
总 策 划：纸间悦动　刘　科
策 划 人：唐云松　熊文霞
责任编辑：刘欢欣
特约编辑：倪谦谦
封面设计：xtangs@foxmail.com
出版发行：上海社会科学院出版社
　　　　　上海顺昌路622号　邮编200025
　　　　　电话总机021-63315900　销售热线021-53063735
　　　　　http://www.sassp.org.cn　E-mail: sassp@sass.org.cn
印　　刷：鑫艺佳利（天津）印刷有限公司
开　　本：880mm × 1230mm　1/32
印　　张：10.375
字　　数：232千字
插　　页：4
版　　次：2019年1月第1版　2019年7月第2次印刷

ISBN 978-7-5520-2503-3/K·476　　定价：65.00元

版权所有　侵权必究

谨以此书
献给我的父母

目录

第一章　引言：北方人的狂怒　1

第二章　暴行肆虐的时代　15

第三章　留里克在家守候，留里克远走奔波：维京时代大迁移　51

第四章　舰、船、后世摆渡　82

第五章　铸币、丝绸和鲱鱼：维京时代的北欧贸易　115

第六章　领主的王者之路　153

第七章　农场为家　183

第八章　北欧人的信仰　209

第九章　艺术与文字　245

第十章　后记：维京时代的终结　278

拓展文献　285

致谢　293

注释　295

参考文献　313

第一章

引言：北方人的狂怒

领主终是落座于高位。勇士们坐在大厅里的长凳上热切地期待着，盼望着。柴火噼噼啪啪地响着，勇士们边烤火取暖边大口大口痛饮着源源不断供应的蜂蜜酒。侍女们今年秋天可是花了好几周的时间来搅拌蜂蜜和水，才将酒桶全都装满，足够用来庆祝领主为耶鲁节*筹备的盛会了。这可是隆冬时节古代斯堪的纳维亚的传统节日。现在身着盛装的领主就坐在那里，他在想为何手下享有英名的勇士们却只能喝到这样粗制的酒，难道他们在法兰克王国成就了创举之后，还不配得到更好的待遇吗？去年夏天他们难道没有从酒香浓郁的修道院地窖中拖回来一桶桶法兰克人的上好葡萄酒？还是说他们为此付出的血的代价还不够？

酒罐的外观看起来匀称美观，与他们中大多数人之前使用的粗陋的当地土罐完全不同。仅这一点就让大厅里吵闹的勇士们很快安静了下来。酒罐上装饰着锡箔横纹，横纹间整齐地列着一排排菱形块。用这样精美的容器来盛放异国美酒再合适不过了。领主最先端

---

* 耶鲁节（Yule）与北欧国家表示圣诞节的一词同源，但也是对北欧国家冬季一系列节日的总称。——译者注

起酒杯,他手拿嵌有蓝色玻璃的酒杯,杯子上还挂着精致的珠串。接着,享有荣誉座位的勇士会拿到与领主手中的酒杯配套的玻璃杯。剩下的勇士们则用牛角或普通的大杯来畅饮。不过此时所有人都用葡萄酒代替了蜂蜜酒,共同庆祝他们夏天出行抢掠时所表现出的英勇无畏与最终取得的惊人成就。一些勇士认出领主手中的玻璃杯是在他们刚刚扫荡了海泽比(Hedeby)后回来的路上购买的。为此,他们不禁开始耳语,说那泛着蓝光的玻璃杯其实来自一个十分遥远的、名叫埃及的王国。当时领主讲价讲了好半天,最后才用几乎能买一艘长船的价钱买下这只玻璃杯。

这是一只在高速旋转的陶轮上制成的精美陶罐,产于法兰克王国,却是在瑞典比尔卡(Birka)的一座墓里被发现的。上面的图案由轻薄的锡箔装饰而成,照片由贡内尔·詹森拍摄(图片来源:位于斯德哥尔摩的瑞典国家历史博物馆)

喝惯了粗制酒，一些勇士还不熟悉葡萄酒的口感。他们的领主多么伟大，竟慷慨大方地与他们共享这琼浆玉液！而领主看起来也的确是个领主的模样：披风上绣着猎豹，缝着银色亮片，而且是用柔软光亮的狐皮收的边。他头戴丝绸帽，背靠丝绒枕。枕上还绣着一幅精美的画。画上是一列游行的队伍，有人，有马，有车。他身旁立着一把仪式上用的斧头，上面镶着无数银丝，勾画出栩栩如生的动物图案。这才是真正的领主！他从哪里弄到这么多精致的玩意儿？几乎没有勇士如此近距离地看过这一类奢华物件。他们从未见过这么油光锃亮的狐狸皮，也从未摸过如此闪耀发光的衣物。

大厅里的勇士，并非每位都在去年夏天追随这位领主出海远航，抓住了去法兰克王国那么好的机会。在这次领主的盛宴上，有许多新面孔。他们会听到有经验的勇士炫耀说，明年夏天又将如何跟随领主一同血洗法兰克和英格兰，又或是西班牙的摩尔人，到时他们一定能得到一笔意想不到的财富。

刚过去的这个夏天，他们其实没那么走运。有位领主派出了手下三艘船，但最后只回来了一艘，领头的人也没有回来，他已战死沙场。传言说，当时弗里西人*突然发起了抵抗反击。没有人知道当时究竟发生了什么，那些侥幸回来的人也不愿再提起。

该端上美食了，不过须先为诸神奉上。领主宰杀了祭牲，鲜血直流到地上，随即他又往上面倒了些葡萄酒。他在指间夹了一小片金箔，高举起来让众人瞻仰。坐得最近的勇士也只能辨清上面是一

---

* 弗里西人：古代位于现今荷兰及德国境内靠近北海南部地区的一族人，属于在荷兰、德意志及丹麦紧邻北海海岸生活的日耳曼人的一支。目前主要分布于弗里斯兰省境内，其使用的语言为弗里西语。——译者注

对夫妇相拥的压花图案而已。最后，领主将金箔贴在一根支撑屋顶的柱子上。并不是每位勇士都清楚这场仪式的意义，不过他们确信这一定是有益的。作为牺牲的羔羊被拿出去烤，其他的美食也一并端了上来：大块大块的烤肉，一大锅一大锅盛得满满的煮鱼，还有甜食。勇士们尽情享用这丰盛的美味，满心欢喜。在这位声名显赫的领主举办的盛宴上，当然谁都不需要自带食物！

盛餐过后，酒足饭饱，人人都悠闲地砸着坚果坚硬的外壳，品尝着里面甜甜的果实，全当是餐后甜点了。不过，领主及其亲信的坚果更大，也更容易剥，毕竟壳更软更薄。难道说里面的果实也更香甜？大厅里的勇士几乎没几个吃过这样的异国坚果，什么"威尔士"坚果或"核桃"。他们中的有些人记得，上次看见的核桃还是被放入前一位伟大领主气势恢宏的陵墓中的那一枚。

那场葬礼还真是壮观：领主的遗体就停放在一艘巨大而华丽的船上，船上装饰着精致的木雕。这艘船会将他送到后世世界。令人印象深刻的是他的儿子竟愿意使用如此大的一艘船。不过，也有闲言碎语说，这艘船无论如何都不能再出海了，它翻过两次，溺死了领主的兄弟。领主的儿子还宰杀了不计其数的马作为陪葬品放在船头。人们谈论着，这样一来，在盖土成墓前甲板上该有多大的一片血海呀。而作为纪念，盖土后桅杆依然会露出地面。

吟游诗人站在大厅中间，大厅里有些吵闹，勇士们还没完全安静下来，但大多数人都听得见。诗人对着领主吟诵道："请听我的诗，海潮翻涌。我知道这诗该如何作。"这位诗人的作品非常动人。听他的口音，是个冰岛人。大家都知道，冰岛人都是最优秀的吟游诗人。勇士们沉醉在诗人吟诵的悦耳诗篇中，陶醉在那节奏、头韵、尾韵、不完全韵和半谐韵中,不过他们却不太懂每一诗节讲的是什么。语序如此反常,押韵变化如此复杂,富有诗意的婉转表达也太令人费解。深蓝……究竟指什么?受伤的天鹅又是什么?巨人的餐食?不过,这些诗句显然是在赞颂去年夏天维京探险所取得的成就。勇士们能辨别出一些词语:法兰克人、火、金子、马匹和渡鸦。有个勇士突然说了声:"我们在法兰克王国还真让渡鸦饱餐了一顿!"当时他也是突然明白,这便是一个诗节中某些诗句的谜底。他的话引发了满堂的欢呼喝彩,而诗人只得暂时停了下来。

在古代北欧诗歌中,喂食渡鸦(也诗意地称为"受伤的天鹅")指的是杀死敌人,因为这样便能让以腐肉为食的飞禽走兽饱餐一顿。醉醺醺的勇士们想要弄明白这些词的深意是很困难的,毕竟这位冰岛诗人不仅在诗歌式的表达上卓越超群,而且用了反常的语序和独特的用语。开篇的诗句还比较容易理解,因为吟游诗人策略性地使用了简单易懂的表达,在结尾处毫无疑问也是如此。因为当他吟诵到赞颂领主的恢宏诗句时,无论是他的动作还是语调变化,表意都十分清晰。

领主从自己手臂上取下一只金臂环奖励给诗人。对寄予厚望的勇士们他也毫不吝啬,为赞赏他们的英勇忠诚,他会奖给他们金臂环、银臂环、有着装饰精美的尖尾圆头的剑、衣服、头盔、护身铠甲及护盾。就算是刚来的新人,根据他们作为勇士的不同级别和对领主的承诺,也会收到领主送给他们的象征新友谊的礼物,而大部分礼物都是武器。

今晚,每个人都很开心。他们吃喝得尽兴,似懂非懂地听了自己觉得很棒的诗歌,还能骄傲地戴上新臂环,拿上新佩剑。而这些奖励就如同在向每个人宣告他们是这位伟大领主所珍视的朋友。今年冬天，男人们花了数月时间建造起一艘更加坚固的新船，为明年夏天的抢掠季做准备。女奴和侍女也需要投入数百个日日夜夜来编织巨大的羊毛帆，不过这张帆一定会物有所值的。新船不仅航行速度更快，其高大坚挺也定会让领主威名远扬，从而激励更多的勇士自愿成为船员，加入战斗。

领主当然能轻松地负担起这些开销，毕竟去年夏天他积攒了那么多金银财宝。有些是他直接从修道院、教堂和民舍中抢来的，有些是他用不袭击的承诺从那些倒霉的欧洲人手中换来的，有些则是通过售卖他俘虏的奴隶赚来的。这位领主过得不错，手下有这样一群忠心耿耿的勇士，而且勇士们都非常期待去远航，去为他们的领主战斗，哪怕是付出生命的代价。他们都期待着春天一来就再去欧洲抢掠。

一切都始于领主大厅里的盛宴。维京人的抢夺从这里开始。勇士们尽情畅饮，接受领主赠送的礼物。美味、美酒和精美礼物无不激发着他们心中对领主的忠诚与情义。盛宴结束时，还会分发战利品作为礼物，这无疑又为明年新一轮的掠夺埋下了伏笔。勇士们热爱他们慷慨大方的领主，毕竟领主为他们备上了美食、美酒，安排了助兴节目，还赏给他们珠宝和武器。作为回报，他们也乐意为领主奉上自己的忠心与勇武。尽管维京时代最引人瞩目也最为人熟知的是被抢夺的欧洲各强国所遭受的耻辱、维京人从修道院抢来的大批财宝，以及维京人与欧洲人之间的重大战役。然而，真实的故事都是从北欧领主的大厅开始的。这些大厅是中世纪早期斯堪的纳维亚权力版图上的焦点。每个大厅都是其荣耀、价值及名誉的核心，既是领主统治的中心,也是其权力的核心。

古时,丹麦国王赫罗斯加(Hrothgar)就曾住在最富丽堂皇的鹿厅。至少,鹿厅存在于维京时期《贝奥武夫》(*Beowulf*)[*]史诗的构想中。与贝奥武夫齐名的瑞典勇士来到鹿厅做客时,他们深深地震撼于这座高大雄伟、世界闻名的鹿厅。鹿厅由赫罗斯加亲自主持修建,这也使得他从此声名大振,名垂青史。史诗中详细描述了鹿厅的辉煌壮丽与卓越超群,它既是赫罗斯加炫耀的资本,又是他权力的基础,这恰恰是他建造这座大厅的初衷。他正是想修建一座让人过目难忘、足以声名远扬的大厅,一座能够让勇士们齐聚一堂、尽享领主热情款待与慷慨恩赐的大厅。[1]

领主们所建的大厅遍布北欧各地。考古学家已经发现了很多在北欧残留的遗迹,但这些遗迹也只能让我们知道中世纪早期的斯堪的纳维亚有多少名军事首领在竞相争夺权力。每位领主都格外看重自己的大厅,总是尽其所能地将大厅建得更大更高,也尽可能地将其装潢得美观华丽。即便不像想象中的鹿厅那样金碧辉煌,至少也会装饰些漆木雕、武器及其他饰物。

自中世纪早期开始,斯堪的纳维亚领主的大厅便是北欧最大的建筑。位于丹麦西兰岛的莱尔(Lejre)的领主大厅是其中最大的,长宽各48.5米,高11.5米。除了一些柱洞底部的木头碎片外,这座伟大的建筑再没留下什么。除了土壤里留下的地基痕迹外,领主曾经的骄傲自豪已经淹没在时间洪流中。不过,这些痕迹足够让我们了解这座大厅的规格,也让我们知道大厅建造得相当结实牢固。有

---

[*]《贝奥武夫》是迄今为止关于英国盎格鲁-撒克逊时期最古老、最长的一部较完整的文学作品,讲述了斯堪的纳维亚的英雄贝奥武夫的英勇事迹。——译者注

坚固的木柱支撑起屋顶，还有约 1.8 米厚的墙体，材料也都是从森林中砍伐的原木。如此便建成了高大壮观的大厅。经考古学家考察，莱尔的这座大厅屋顶最少有 10 米高，由两排柱子从内部支撑，墙上还有柱子固定，每面墙需要 22 块倾斜的木板从两侧支撑，每两块木板的间距为 1.5 米。大厅中间省去了两组屋顶大梁，空出约 9.5 平方米的一大块地方，其中一侧有壁炉用来生火。[2]

这块空间对莱尔领主的政治权力至关重要。他王座般的座椅就摆在那里，上面装饰着丰富的木雕，可能还漆有精美的图案。维京时代的斯堪的纳维亚工匠善于制作美妙绝伦的木雕。在挪威奥塞贝格（Oseberg）的一个墓穴中出土的一些家具就是例证。这些家具上有雕工精细的龙，龙的眼睛炯炯有神，龙尾盘绕蜷曲，形成繁复的交错缠绕的图案。领主周围聚集着骁勇善战的勇士，他们会坐在《贝奥武夫》中提到的"蜂蜜酒长凳"上，享受着领主的热情款待。除了蜂蜜酒，当然还有其他醇香的美酒美味和精彩的助兴表演。就在这里，维京海盗们首次作为领主的勇士齐聚一堂，臣服于他们的领主。这里激发了他们的忠诚之心、友谊之情和兄弟情义。他们在这里发誓将会团结一心、福祸相依。在这充满浓郁蜜酒香气的大厅里，斯堪的纳维亚的勇士们尽情宴饮，共同享受美好的时光。领主的慷慨大方与鲜衣美食让他们印象深刻。每当一起畅饮时，他们便会再次感受到彼此间的团结凝聚，以及他们对领主的忠心。

我们将从领主大厅开始探索维京时代的历史，就如同维京抢掠是从欧洲开始的一样。在这里，我们可以看到那段历史的方方面面都紧紧缠绕在一起：政治、军事、贸易、农业、地理开拓、宗教、艺术和文学，等等。我们将紧随这些线索，从大厅出发去探索中世纪早期的世界。有时也许会追寻到更加遥远的地方，会到异国他乡，如中亚的花剌子模、美洲的纽芬兰岛、西班牙西南部的塞维利亚，或是俄罗斯北岸的白海。在欧洲人的眼中，维京人是圣谕中所言来自世界尽头的恶魔。可事实上，维京人深深扎根于中世纪早期的欧洲社会中，是不可分割的社会组成部分。

我们依然会被维京人和他们冒险探索的故事深深吸引。那些戴着兽角头盔的野蛮人，凶残地挥舞着锃亮的佩剑和锋利的斧子，突然袭击了林迪斯法恩（Lindisfarne）、汉堡（Hamburg）、巴黎、塞维利亚和南特（Nantes）。所到之处，奸淫掳掠，屠戮破坏，无所不为，各王国尽数覆灭，欧洲变成一片废墟。总而言之，维京人激发了我们的想象力。我们在脑海中勾勒出这样的画面，他们大肆屠杀，无视男女、老幼或贫贱。我们想象他们是男子气概十足的英雄，会为了一己私利变得残暴凶狠，还信仰着诡异的宗教，需要用遭受极刑的血淋淋的牺牲作为祭品。正如同我们作为社会群体始终会对暴力感到担忧，却又与暴力之间存有千丝万缕的复杂关系，我们对维京人的感情也很复杂，既着迷又抵触。我们同情并缅怀那些无助的受害者，对冷酷的屠杀感到反感，但我们依然情不自禁地仰慕着维京人的力量、勇气与男子气概。

维京人也的确表现出积极的一面：我们愿意将他们想成年轻气盛、英勇不凡、充满激情的冒险者，对旅行和开拓有执着的追求。我们把他们看作成就非凡、无所畏惧的发现者，他们横渡大西洋的时间比哥伦布还早 500 年。在欧洲的另一边，他们在俄罗斯的河川中航行，找到了通往中亚和阿拉伯哈里王朝的陆上贸易之路，这是经丝绸之路直接连通中国的道路。新的贸易路线让作为贸易者与商人的维京人获得了巨大财富。

维京人虽嗜血暴力,可名声还是较为积极正面的,而维京人的形象也不断地以更富创造性的方式用于隐喻象征和市场营销中。与维京人有关的商标被用来推广鲱鱼、碱液泡制的鳕鱼、游船、电子游戏、厨房内饰、电动工具,以及美国明尼苏达州的国家橄榄球联盟球队。一套应用广泛的计算机通信标准就借用了著名维京国王的名字,还有许多乐队,尤其是那些钟情于不同类型重金属音乐的乐队,似乎也是从北欧文化和传说中取的乐队名字。维京主题的电影、电视剧和纪录片吸引了一大批观众,而关于维京史的大学课程几乎是座无虚席。维京的概念被消费得越多,维京人的形象便越让人着迷。他们激发了一种混合着男子气概、勇武力量、冒险精神与北方热情的魅力。

但我们真的了解维京人吗?清楚地知道他们是谁,做了些什么,为什么而奋斗吗?当代人的文化想象只捕捉到了维京人的某些方面,而我们认为自己知道的也是有失偏颇、夸大其词,或是存有误解的。首先,他们标志性的兽角头盔从未存在过。就算有的话,至少也是在1876年瓦格纳(Wagner)的歌剧《尼伯龙根的指环》首演之后。[3] 我们一直重复着类似的神话,但一些关于维京人的精彩故事却很少或从未有人讲过。

维京人十分残暴,甚至是残忍的。他们将俘虏充为奴隶,残杀无辜,掠夺了大半个欧洲,其中也包括斯堪的纳维亚本土。他们嗜血成性,这一点我们无可否认。但我们应该去理解他们是在什么样的情形下这样做的,以及他们为什么会这样做。他们并不是简单粗暴的杀人机器。整个中世纪时期就是充满血腥和暴力的,尤其是在中世纪早期国家还未成形的时候。在那个时代，暴力对政治经济起着至关重要的作用。即便是所谓的文明统治者，比如查理曼（Charlemagne）[*]和早期的英格兰国王，统治时也用的是和维京人一样的暴力手段，只不过规模更大。[4]

在这充满血腥暴力、弥漫战火硝烟的时期，维京时代带来了短暂的文化、宗教及政治统治的辉煌。斯堪的纳维亚与欧洲密切的联系所激发的不只是加之于欧洲受害者身上的"北方人的狂怒"，也有欧洲文化与政治对斯堪的纳维亚半岛的一系列影响。北方人对此积极回应，创造性地吸收。他们的文学繁荣兴盛，一些复杂性较高的诗歌几乎是无与伦比的。在维京时代，斯堪的纳维亚的装饰艺术也蓬勃发展起来，大多艺术品都出自当地工匠和手工艺人之手，而他们都来自商贸繁荣的城镇或雄心勃勃统治者的宫廷。维京时代的一些斯堪的纳维亚人接受了新的时兴宗教基督教，而另一些人则谋划着复兴原来的宗教。阿拉伯帝国崛起之后，在亚欧大陆新经济模式的刺激下，波罗的海和北海上的商贸活动也迎来了空前繁盛的时期。主要由斯堪的纳维亚人和其他北欧人控制的商贸交易不但给波罗的海地区带来无尽的财富（其中包括从阿富汗丰富银矿中采掘原料、在阿拉伯铸造的银器），而且引进了各式各样的异国商品货物。领主们用埃及的玻璃杯饮着莱茵河流域产的红酒，从中亚和印度得到世界上最坚硬的钢铁来铸剑，身穿中国丝绸，穿戴印度宝石，慷慨地与他们视为朋友的勇士分享所得财富。这一切都令人印象深刻。维京抢掠也是财富的一种来源，而这带给他们的不只是西方的铸币。

---

[*] 法兰克王国加洛林王朝国王（768—814）。——译者注

的确有很多盎格鲁-撒克逊时期的硬币留在斯堪的纳维亚，而且比不列颠群岛留存的还多，同时还有其他的珍贵物品，比如从西欧教堂金库抢来的珠宝、丝绸和金银。

斯堪的纳维亚人所积累的财富创造性地被用于巩固地区的政治经济。领主们将所获财富赠送给勇士，勇士们心怀感恩地收下礼物，由此激发了友谊之情与忠诚之心。同样，联姻、血缘关系以及同一宗教信仰也会用于建立和巩固勇士对领主的效忠之义。每位领主都想建立尽可能优秀强大的属于自己的军队，因此，他们暗自就谁才是最令人印象深刻、最慷慨大方、最能言善道、最能笼络人心的领主展开较量，也在比谁能送出最多的礼物。这样的较量也包括实力相当的领主间公开的暴力冲突。就这样，政治力量不断相互比拼、交替，如同万花筒般千变万化。一些领主折戟沉沙，一些不得不去别处实现野心，还有一些脱颖而出，实力越来越强。待动荡平息下来，到了公元1000年左右，斯堪的纳维亚的三个中世纪王国形成了。

一些斯堪的纳维亚人从北方迁居到俄罗斯、法兰西、英格兰、苏格兰和爱尔兰等地。他们带去的不仅是雄心壮志，还有语言和风俗习惯，如此一来，他们便从根本上改变了所居之地。也有些人迁到冰岛、格陵兰岛，或在纽芬兰岛做短暂停留，将北欧文化传遍北大西洋地区。维京人横跨大西洋的迁移、长距离的贸易及劫掠，如若没有坚固迅捷的航船，是无法实现的。就在维京时代开始之前，斯堪的纳维亚人才开始学着造船，并为其装上高高的船帆。他们非常清楚船的重要性，而且创作了有关船的富有想象力的故事和神话传说。

本书介绍了8世纪末至11世纪维京人和斯堪的纳维亚人主要做出的努力和尝试。这一时期也让欧洲其他地区的人们首次对北边的邻居有了更多的了解,而不只是笼统的印象。他们很快便开始特别惧怕这些邻居,因为这些斯堪的纳维亚人发现沿着海岸、顺着河流进行抢掠更容易获得财富。维京人的长船在此方面有着不可估量的优势:能出其不意,在受害者毫无防备的情况下对其进行袭击。在那个总是充满暴力的时代,欧洲人对这样滥施暴力的行径并不陌生,一旦维京人登陆,有关他们血腥暴力手段的谣言便迅速扩散开去。维京人还喜欢袭击修道院和教堂,因为这些地方脆弱而不设防,大多时候是基督教军队布防较少的地方。修道士与神职人员几乎是中世纪早期最高文化素养的代表,因此他们的观点在流传下来的史志及一些文学作品中得以保留。而他们在言语中对侵袭者表现出极度敌对的情绪也是可以理解的。因此,维京人被冠以"一群最可耻的人"和"肮脏的民族"的恶名。[5] 然而相比之下,从整个历史图景来看,我却认为他们的血腥暴力并不比野蛮时期的其他人更甚。在那个时代,像查理曼这样的英雄,其杀戮规模可比北欧维京劫掠者大多了。

在维京时代,斯堪的纳维亚寻求了一条与欧洲其余各地截然不同的独特路径。艺术、文学和宗教的发展独具特色,斯堪的纳维亚人的商贸之路也开了历史先河——至少规模不可同日而语。而他们中的许多人也离乡迁往像格陵兰岛、俄罗斯内陆、英格兰东部和法国北部这样独特的地方。总而言之,维京时代是个风云变幻的创新时代,而那时的斯堪的纳维亚也迸发着活力。自从发明了长船,北欧众人都渴望抓住自己眼前的机遇。欧洲各王国在此期间也经历过

第一章 引言:北方人的狂怒　　　　　　　　　　　　　　　　13

无助彷徨的阶段，如840—843年的法兰克内战以及1015年英格兰国王之子埃德蒙的反叛事件。而这些都为斯堪的纳维亚商人创造了机遇，让他们变得更加富裕。趁着这些机会，斯堪的纳维亚人加快了政治与社会变革。从长远来看，这使得他们有机会进入欧洲历史的主流，代价是失去一些自身的文化特色。

在本书的创作中，我参考了一些当代的文本和图像等资料，还有一些历史、考古、文学以及相关学科的学术研究成果，以求从中能以更广阔的视角真实地捕捉到那个艰难时期的一些令人兴奋的或具有创新性的东西，而且我对其消极的一面也未加掩饰。这本书主要讲述关于维京时代男男女女的具体而生动的故事，正是他们塑造出这独一无二、极具魅力的历史时期。

"维京"（Viking）一词在维京时代的资料中很少出现，在现代虽随处可见，但意义却是模糊的。"维京"一词最初的意义目前尚不清楚，现有诸多相关的词源派生解释。[6]在本书中，我使用"维京"这个词时，指代的是中世纪早期那些在欧洲抢掠、杀戮和战斗的北方人，这与中世纪文献中该词的用法一致。此外，我将斯堪的纳维亚的居民称为斯堪的纳维亚人。由于他们所用的语言被称为古北欧语，因此文中有时也会称他们为"北欧人"。

第二章

暴行肆虐的时代

突然，北方人从船上蜂拥而下。他们攀着梯子爬上城墙，很快便占领了整座城市。打、砸、毁坏门窗，劫、掠，随心所欲。此时的法国西部，无人守护南特城。镇子上挤满了人，因为843年的6月24日这一天是圣约翰日。很多人从邻近的村子，甚至是更远的城镇赶来参加这天的节日庆祝。最先发现维京人到来的是安德尔（Indre）修道院的修道士，他们在维京人还有9千米远的距离时带着自己的宝物沿卢瓦尔河逆流而上，逃到南特城内寻求保护。但他们的逃跑不过是白费力气，在南特他们也不会安全。修道士、神职人员与平民百姓一并躲在了镇里最坚固牢靠的建筑里。那是一座宏伟而古老的大教堂，是为纪念使徒彼得（Peter）和保罗（Paul）而建的。就是在这里，"保有虔诚之心的正义者"戈阿尔主教（Bishop Gohard）竭尽所能组织着慌乱的人群。他们堵了门，焦灼不安地等待着。像是抓住了最后一丝希望，他们祈求上帝给予外援和救赎。戈阿尔主教带领众人祈祷礼拜，可这一切无济于事。

维京人破门而入，砸碎了教堂的窗户。他们蛮横地闯进这座神圣的建筑，大开杀戒。他们袭击人群，残忍地杀害了几乎所有的神父和无辜百姓，一些作为俘虏被拖到船上的人幸免于难。传说，戈阿尔主教遇害时正在祭坛上做弥撒。当时他在念圣餐礼的序言，正念到《振奋你心》里那句"振奋你心，众信徒"。戈阿尔主教面对危难时表现出的英勇无畏为他赢得了天主教圣徒与殉教者之名。

"维京人里里外外杀了许多修道士，这些受害者有的躺在教堂外面，有的倒在教堂里面，但大多都如同祭牲般在大教堂的圣坛上被宰杀。"那位亲眼看见这场屠杀且侥幸活下来的安德尔修道院的修道士大致如此描述。很多年后，当他动笔记下这些故事时，他根本无法抑制记忆中内心的那种绝望："有谁能忘却那天的痛楚和痛失？每每回忆起当时的情景，想到母亲怀中的婴孩饮着血水而非奶水，想到我的那些教友血流如注，身上还插着剑，血液染红了整个教堂的地板，想到圣坛中洒满了无辜者的鲜血，有谁能忍住泪水呢？"

维京人掠走了大量金银，包括教堂的募捐盘。他们将战利品全部拉到位于卢瓦尔河河口的努瓦尔穆捷岛（Noirmoutier）上的营地。还抓走了许多俘虏，其中有些后来被释放了，因为"屠杀中的幸存者"为他们交了赎金。几天之后的6月29日，维京人袭击了安德尔修道院，烧杀抢掠，洗劫一空，还一把火将其烧成灰烬，以至于后来无法重建。

南特是一座临近独立公国布列塔尼*与加洛林帝国†之间边界的大城市，曾在这里发生的屠杀由目击者用笔记录下来。执笔者的叙

---

* 独立公国布列塔尼：布列塔尼是法兰西国家的一个历史区域，直到15世纪，布列塔尼是完全独立的公国，受法国和英国两个大国的影响。——译者注
† 即查理曼帝国，是中世纪西欧早期的封建帝国，因建立者查理曼而得名。由于其原是法兰克王国加洛林王朝的国王，故又称加洛林帝国。——译者注

述细节生动，独具特色。此人学识渊博，能娴熟地运用拉丁文，且用词考究，文采飞扬。我们看到，大多其他相关文献的表达都有些晦涩难懂、模糊笼统。多亏了这位目击者，我们才能解答许多有关南特劫掠的问题，而对于其他劫掠事件，我们甚至都不知从何说起。[1]

在 843 年 6 月有多少维京人袭击了南特城？我们不知道确切的数字。目击者只告诉了我们船只数量"众多"，他恐怕也没有足够的时间去数。但后有文献记载，维京人有 67 只船出海，在那个仲夏日，船队就在卢瓦尔河中行进。在中世纪的文献中，这些数字通常具有暗示和象征意义，而并非实际情况，但是我们所设想的数百位勇士成群结队而来，袭击了南特城，应该并不夸张。

从这位幸存者简洁的描述中，我们了解到维京人是天生的投机者。5 月 24 日，南特伯爵雷纳德（Count Rainald）率领的当地法兰克军队惨败于伊瑞斯朋王子（Prince Erispoe）率领的布列塔尼人。随即一个月后，维京人就发动了袭击。雷纳德伯爵是由加洛林国王亲自任命的南特地区管理者和防御负责人。他于 841 年成为南特伯爵，可惜死于那场恶战。目击者强调，伯爵死后，南特城失去了军事领袖指挥布防，而南特军队的人数也骤然减少。维京人显然对此了如指掌，并基于此进行了谋划。他们是如何获得消息的？目击者称，上一任南特伯爵的儿子兰伯特生性险恶，背叛了南特。执笔者怀着难以言喻的苦涩批判道："是他领着维京人穿过了卢瓦尔河河口处那些危险重重、错综复杂的沙坝、沼泽和岛屿。"

实际上，维京人并不需要法兰克的哪位贵族来告诉他们，南特伯爵和他的多数战士已经战死沙场，南特城亦已陷入无防备状态。当一些斯堪的纳维亚人袭击和抢掠像南特这样的地方时，另一些斯堪的纳维亚人则参与了在法兰克帝国及欧洲其他地方的正常商贸与其他交流。其实，只要机会合适，他们中的许多人都是抢掠、生意两不误，所以他们能很快察觉到重大事件的发生。

维京人也知道该何时出击。他们在雷纳德战败后等了一个月才出击，不仅仅是因为袭击像南特这样的中心城市需要花时间召集大量人手。9世纪早期，维京人总是一小队人乘一艘或数艘船一起航行，只有足够充分的理由如找机会袭击一个毫无防备的城市，才能将他们凝聚在一块儿去干一番大事业。维京人显然是想在基督教的主要节庆日下手，如圣约翰日。他们知道在这样的日子里会有许多人身着华服聚集在大教堂里，因而战利品定然丰厚，不论是金银还是可换取赎金或作为奴隶买卖的俘虏，且更丰厚的战利品只集中在少数几处。

南特劫掠目击者让我们有了这样的印象——维京人的袭击很突然，出其不意。似乎前一秒一切还安然美好，突然间，全副武装的维京人就已遍布各处。并非和气的南特公民不适应战乱，当时还是独立公国的布列塔尼离南特并不远，边界冲突是很常见的。更糟的情况也有过，此前的3年间，法兰克帝国皇室自相残杀，内战激烈，整个国家四分五裂。当时，皇帝"虔诚者"路易*（逝于840年）活着的3个儿子为争夺帝位而展开了激烈斗争。维京人抢掠的主要特点是快，他们就像是凭空冒出来的，可事实上他们是乘着快船从海上而来。加洛林内战的军队和布列塔尼人的军队在陆上的行进相对迟缓，很早就会让当地居民发现，所以在军队到

---

* 或称路易一世，法兰克国王、罗马皇帝。查理曼的儿子与继任者。——译者注

达前，人们都已寻好了藏身处，值钱物件也都藏好了。然而，维京人的出现总是出人意料。同时期就有人注意到了维京人出奇制胜的妙招。比如，据编年史家普鲁登修斯（Prudentius）记录，在837年，"北欧人此时仿佛从天而降，如往常一样，突袭了弗里西亚（Frisia）"。[2] 这里的关键词在于"往常"，普鲁登修斯知道，维京人偏爱突袭这种侵略方式。

我们开始看清维京人的惯用手法，首先是根据南特劫掠目击者的说辞，不过这些惯用手法也得到了其他资料的证实。维京人在知道有组织、有抵抗力的军队鞭长莫及且丰厚战利品唾手可得的情况下，会选择突袭，袭击前不会有任何预兆。在这样的情况下，想要成功并不需要嗜血残杀、先进武器或是格斗技巧。我们将会看到，至少起初维京人并不擅长格斗，不过是声名在外。

维京人想从南特人那里得到什么？不论是从普鲁登修斯有关抢掠的记录中还是从目击者的叙述中，尤其是后者，可以看出维京人给人的主要印象是以杀人为乐的嗜血狂魔。目击者的叙述跌宕起伏，每句起承转合都着力渲染那些杀人狂魔无所顾忌地犯下罪行，如同古时异教徒宰杀牺牲献祭一般残杀修道士，以激发人们在脑海中描绘出当时教堂里血流成河的画面。当然，对受害者来说，生命的丧失是令人震惊的、痛苦的，甚至是毁天灭地的。这也是许多资料都在强调维京人杀人，而且杀人无数的原因。然而，如果我们更仔细地读这些资料，或许能看到维京人更为真实的一面。南特目击者在某处补充道："这些异教徒杀死了在场的所有神父、神职人员和平民百姓。"不过接下来他又说"除了那些"被拖走的俘虏。再往下看几行，我们发现在南特抢掠中也有人侥幸既未被杀害，又未被抓走做俘虏，毕竟"许多在屠杀中侥幸活下来的人"为那些被俘虏的人交了赎金。我们看到的是沉醉于生动文辞中的执笔者将维京人描述成邪恶嗜血、杀戮成性的魔鬼，但此后又不得不承认这与事实多少还是有些出入。我们完全能够理解，那些从维京抢掠所造成的伤痛中走出来的人们会将维京人塑造成杀人机器的形象，而那些遇难者也会在他们的记忆中永生，但我们不该就此对维京人下定论，认定他们本性嗜血、喜好杀戮。

在我们阅读叙述不够详尽的有关维京人冒险的其他文献时，最好也时刻记住这一点。维京时代的文献大都描述了维京人的血腥暴力以及他们所带来的骇人听闻的破坏。这样的历史事件被年复一年地记录下来（用古爱尔兰文、古英文及中古拉丁文写成），留存在许多王室宫廷、修道院以及其他一些教会机构中，并作为史料被不断修订。为现代史学家耳熟能详的作品有《盎格鲁－撒克逊编年史》(*Anglo-Saxon Chronicle*)、《圣贝尔坦编年史》(*Annals of St-Bertin*)、《阿尔斯特志》(*Annals of Ulster*) 及其他记录详细、查找便捷的类似史册。不过这些史册重复讲着维京人袭击的故事，让读者感到有些枯燥无味。这些故事之所以变得味同嚼蜡，一方面是因为年复一年的机械重复，另一方面还在于其中对维京人的描述太过单一死板，更为让人失望的是还省去了许多细节。

教士普鲁登修斯半官方地将一些史册收藏在皇帝"虔诚者"路易位于亚琛（Aachen）的皇宫里，840 年皇帝逝世后，普鲁登修斯私下里依然收藏着这些史册。其中有一句就是对南特劫掠的记载："北方海盗袭击了南特，杀了主教和许多教士，还有平民百姓，不论男女均未能幸免，他们还洗劫了这座城市。"多亏了目击者的记叙，也幸亏这些记录恰好被保存下来，我们才知道了关于这次劫掠的种种。然而，对大多数维京劫掠来说，史册记述的详尽程度也就限于和普鲁登修斯这句描述一样了，不过就是维京人出现了，将某地洗劫一空，杀人如麻，还有某位重要人物不幸遇难。如864年，另一位编年史家兰斯大主教辛克马尔（Hincmar）就告诉我们："北方人到了克莱蒙（Clermont），在这里杀了于格（Hugh）之子斯蒂芬（Stephen）及其手下数人，随后便上了船，扬长而去。"836年，普鲁登修斯这样记录维京人的袭击："北方人又一次摧毁了杜里斯特（Dorestad）和弗里西亚。"844年，一位编年史家用古爱尔兰文告诉我们："小镇唐迈斯克（Dún Masc）遭到异教徒（维京人）的劫掠，一些人惨遭杀害。其中有唐达克里奇（Dún da Crich）[*]之子埃德（Aed）、修道院院长特瑞·格拉斯（Tír dá Glas）、修道院院长克鲁埃·艾丁尼格（Cluain Edinig）、库迪纳斯克（Cú Dínaisc）之子赛瑟纳克（Ceithernach）、隐修院院长塞尔·达拉（Cell Dara），以及许多其他受害者。"844年，普鲁登修斯写道："北方人沿着加伦河（Garonne）航行，一直到了图卢兹（Toulouse），一路上烧杀抢掠，所到之处尽遭摧毁，无人反抗。"873年，有文字记载："北方人劫掠了大大小小的城镇，将堡垒夷为平地，烧毁了诸多教堂和修道院，将一片乐土变成焦土。之后，有段时间他们在昂热（Angers）令人闻风丧胆。"一位盎格鲁-撒克逊作者在943年重述了这段历史："就在这儿，（维京人）奥拉夫毁了塔姆沃思（Tamworth），从两边大开杀戒。丹麦人赢得了胜利，带走了数不尽的战利品。伍尔

---

[*] 克莱尔郡的男爵。——译者注

弗伦（Wulfrun）这位出身高贵的莫西亚夫人也在此次袭击中被绑去做了俘虏。"[4]

维京人"破坏""劫掠""杀戮""掠夺""摧毁破坏"，还"赶尽杀绝"。这些史册史志的记录者颇通文墨，穷尽华丽的辞藻，却没有告诉我们太多细节。特瑞·格拉斯修道院院长是如何被杀的？是在什么样的情况下被杀的？他是手中攥着佩剑，为了保卫修道院而牺牲，还是在做弥撒时被闯入的一帮藐视基督教的维京人杀死（如同戈阿尔主教在南特所经历的那样）？是被斧头所砍，长矛所扎，在搏斗中被剑刺中，还是被绑走后因未能按时交上赎金而被杀？没有人能给出答案。盎格鲁－撒克逊编年史家描述道：994年维京人"带来的破坏和伤害难以尽数"。这样的描述让现代读者开始好奇维京人究竟做了些什么，他们在994年造成的破坏是否比其他的抢掠更加严重？有没有可能写下这句警告的记录者此前对维京人的了解并不多？例如，当文献资料中讲到有关"屠杀殆尽"的内容——如同记录者常做的那样——是否就真的意味着维京人会赶尽杀绝，杀掉搜查中每个所见之人？或是在激战中获胜后，除去每个可能带来后患的人？如此文献资料没有什么价值，留给我们足够想象的余地，却没记下具体细节来重现维京人的残暴。

如果我们想要知道维京人如何战斗，有着什么样的技巧，以及他们为何而战斗，那这些文献资料就无法给我们提供太多帮助。法兰克礼拜书中记录着基督徒因担心受维京人残害而做的祷告："主啊，救救我们！那些野蛮的北方人将我们的国家洗劫一空、摧毁殆尽；不论男女老少，见人就杀，如同地狱来的恶魔。"[5]可有着这样记录的礼拜书，也无法帮我们太多。

维京人在中世纪及现代的名声或多或少地夹杂了文献资料编写者的宗教理念和神学思想，而且几乎所有的编写者都有着修道士、神父或主教的身份。这一点我们可以从神学研究者阿尔昆（Alcuin，逝于804年）*对人们所知的维京人首次劫掠的回应中看到。793年，一群维京人劫掠了英格兰东北部林迪斯法恩岛上的修道院。那是位于中世纪早期英格兰王国诺森伯兰（Northumberland）的重要基督教中心。当时，阿尔昆正远离家乡与查理曼一同生活在法兰克王国。他写了首诗，还有一些慰问信件，寄给了在英格兰的旧识。他是英格兰人，在英格兰自然人脉深广。哀叹于修道院修道士的"悲惨遭遇"，他用源自《圣经》的文字写下了这些，这样的文字通常都用来暗示末日。"这是巨大苦难的开始（基督徒认为这些苦难都是世界末日来临的迹象）？抑或是对这里的（林迪斯法恩）人们所犯罪行的报应？"阿尔昆认为，对维京劫掠的解读应该考虑末世论或道德的因素，或者大概两者都纳入其中更好。至少得考虑到，"维京劫掠并非偶然"。[6]

我们发现在史册史志中这类神学内容反复出现。比如，《盎格鲁-撒克逊编年史》的撰写者通常将维京人称为"异教徒"。有文献详细记述了维京人的所作所为，不过都是用宗教语言编写的故事，这部文献便是《巴黎圣日耳曼译本》（*Translation of St. Germain of Paris*，后文简称《译本》），其中就叙述了845年维京人袭击巴黎时所发生的事。《译本》提到教堂中的圣物从某处被转移到另一处。该文献作者没有署名，但此人肯定曾在城外的圣日耳曼德佩修道院做

---

* 中世纪英格兰学者，生于英格兰诺森布里亚王国的约克。——译者注

过修道士。他行文简单直白，没有阿尔昆或是南特目击者那样的华丽辞藻。其中大多篇章记载了修道院资助者圣日耳曼（St. Germain）的奇闻趣事。圣日耳曼的灵柩一直停放在修道院的小教堂里，直到维京人逼近的消息传来，灵柩才被转移到更靠内陆的地方。教堂里最昂贵的物件即圣髑通常被认为是权力之源，因为其代表着颇具影响力的圣人，因此，圣日耳曼便让一些"狂妄自大地劫掠、诋毁上帝"的维京人成了罪大恶极之人，而他所创造的其他奇迹也被详细地记录下来。例如，一个桀骜不驯的维京人走进修道院，手中拎着

广为人知的 793 年维京人对林迪斯法恩修道院的劫掠。当时，众修道士都慌乱地逃到内陆更安全的地方。11 世纪时，修道院生活再次在林迪斯法恩兴起，但在 16 世纪时受到镇压，徒留这残垣断壁渐渐破败。该作品由托马斯·吉兰绘制，出自《圣卡斯伯特的圣岛》（1797）一书（图片来源：耶鲁大学英国艺术中心）

剑，砍向大理石柱，砍了 30 次，没有人知道他要干什么。作者大概想要刻画出维京人毁坏自己武器行为的野蛮鲁莽。"在日耳曼大人美德的照耀下"，这个愚蠢的维京人右胳膊废了，今后他都无法再用那只胳膊。

关于圣日耳曼丰功伟绩的那些故事自然是作者想要讲述的，可除却对圣人的赞美外，作者也详细描述了维京人到底想要做些什么。因为无人阻挡，维京人直接将船停在了塞纳河畔。鲁昂（Rouen）是他们所到的第一个主要城市。他们在此"随心所欲、烧杀抢掠，无所不为；男女老少都不放过，把修道院教堂抢空再付之一炬"。沿着河继续前行，维京人遇到了率领着法兰克军队的国王"秃头"查理（Charles the Bald）*。此前查理的军队已经分成两个分队。维京人从一个分队里抓了 111 人，并让河对岸或小岛上的另一分队队员眼睁睁看着这些战友被吊死，"以此来羞辱嘲讽国王、将军以及所有在场的基督徒"。这一惨绝人寰的画面如维京人预期的一样打击了法兰克军队的士气。作者写道，许多法兰克士兵弃军而逃，"有的跑向山谷，有的穿过平原，而其他的则穿越茂密的森林……此时我已泪流满面、情难自已"。让这位修道士感到异常愤怒，戳中他泪点的是这样的事实：法兰克军队全副武装，"头戴盔甲，身披铠甲，手拿盾牌和长矛"，却被这样"没有装备、没有武器，而且数量很少"[7]的一群人吓得落荒而逃。在这里，圣日耳曼的修道士告诉了我们两件非常有趣的事。首先，我们知道了维京人不是不喜欢用心理战术来打击他们的对手。如同后来欧洲历史中的蒙古人，给人的印象是残暴的，他们便借此名

---

* 法兰克帝国皇帝，"虔诚者"路易的儿子。——译者注

声更轻易地达成目标。[8]其次，与训练有素且装备齐全的法兰克军队相比，维京人武器装备不足，而且几乎没有像样的防身护甲。这一点会随着维京时代的到来而渐渐改变，但在这个相对较早的阶段，维京人的战斗还不够专业。

维京人究竟如何战斗？最有力的证据来自维京勇士的墓中。勇士们与他们的武器埋葬在一起。斯堪的纳维亚考古学家在同时期的墓中发现了大量的武器——剑、斧子、长矛和箭矢。

在维京时代，没有一样武器比斧子与骁勇善战的北方人之间的联系更加紧密。维京时代以前，在斯堪的纳维亚地区斧头是不常见的。自维京时代开始，斧头才渐渐流行起来。一些斯堪的纳维亚人作为雇佣兵为拜占庭帝王卖命，这些"瓦兰吉人"在君士坦丁堡（Constantinople）可是出了名的"野蛮斧子手"。他们是拜占庭军队中备受信任的精锐士兵，对君主有着绝对的忠诚。帝王们也习惯给他们分派异常艰巨的任务。一些瓦兰吉卫队士兵有幸在服役期间活了下来，便会回到斯堪的纳维亚的家中。在那里，他们中一些人会立起如尼石刻*来称颂他们的冒险。比如，来自瑞典的勇士朗瓦尔德（Ragnvald）就在乌普兰东南部的一块巨石上刻下文字，以纪念自己的母亲法思特威·奥纳姆斯多特（Fastvi Onämsdotter）。他用如尼文告诉人们，他"曾在希腊任随行人员的指挥官"。[9]也就是说，他曾在拜占庭帝王的瓦兰吉卫队中可以发号施令。维京时代的斯堪的纳维亚人就将拜占庭帝国称为"希腊"。另一位勇士，由于石刻磨损，上面的名字部分已经模糊不清，如今他的姓名已经无从得知，"在希

---

* 通常指刻有如尼字母的石头，也可用来表示刻在巨石和基岩上的铭文。——译者注

斧子和长矛不像剑那般有名，但这些武器在维京人和其他中世纪勇士的手中发挥了巨大的作用（图片来源：瑞典国家遗产委员会）

腊参与集结",而他也许就是精英卫队中不幸的一员。[10]

像朗瓦尔德这样的瓦兰吉卫兵在受训时除使用战争中的其他武器之外,也常会受训使用斧子。斯堪的纳维亚人的战斧无坚不摧,是杀伤力极强的武器。在赞美诗中,北欧诗人阿内尔(Arnorr)如此描述他的资助人——挪威和丹麦国王马格努斯(Magnus)*在丹麦南部边界一场战斗中挥舞着战斧的景象:"这位身手矫捷的统治者手持阔斧暴雨般劈砍……他双手紧握着斧柄……赫尔(Hel,其战斧的名字)所到之处,头颅均被劈开,露出森森白骨。"[11] 国王马格努斯的战斧名为"赫尔",与北欧神话中的死亡女神同名。阿内尔与马格努斯都是基督徒,自然是将赫尔这名字与"地狱"(Hell)一词联系起来。对于这样一把可以掀起血雨腥风而又威力无比的战斧,"赫尔"大概是一个十分贴切的标签。根据之后的描述,国王马格努斯是从其父那里继承的这把战斧,也就是从挪威的守护神奥拉夫·哈拉尔德松(Olav Haraldsson)那里继承而来的。也是这个原因,赫尔这把斧子的形象仍保留在挪威的国徽上。

骁勇善战的斯堪的纳维亚人所用的斧子多种多样,不过勇士们还是偏爱阔斧,因为阔斧刃宽锋锐,所向无敌。这种斧子重约0.5千克,刃长约30厘米。用磨刀石打磨可使斧刃保持锋利,而磨刀石也是斯堪的纳维亚战士必不可少的装备之一。若在训练有素的勇士手中,一把阔斧便能劈开护身铠甲,甚至是头盔。如此,阿内尔便不需要使用过分夸张的诗句,只需说国王马格努斯斧起头落,砍头如同劈柴一般就已足够。北欧诗人将斧刃比作"血盆铁口",又

---

* 挪威及丹麦国王,全名马格努斯·奥拉夫森,以"善良王"著称。——译者注

像张开的眼睛恐怖地"瞪着敌人",并给出致命"一吻"。据说,国王"无情者"哈拉尔(Harald Hardrada,逝于1066年)写了一节诗,其中提到只有他最强劲的敌人埃纳尔(Einar)"吻上这铁斧的薄刃"[12],他才能稳坐挪威国王的王位。不久后,埃纳尔便被国王手下所杀,但我们无法找到相关文献以查证他是不是被斧子砍死的。

斧子不仅利刃可用来砍杀,钝的一头也可致伤或致死。1012年,为了劝服被俘虏的坎特伯雷大主教阿尔菲奇(Alfheah)用他所在教堂及其他教堂的金银财宝来交赎金,醉醺醺的维京人先用兽骨连续暴打他,接着"其中一人用斧子的钝头重击他的头部"。这位主教便死于这致命一击。大主教阿尔菲奇获得了殉教者之称,随后又被誉为圣阿尔菲奇(St. Alphege),而且依旧是一些英国教会的受奉献者。[13]

中世纪早期斯堪的纳维亚战士除了战斧外,还使用其他武器。在维京时代勇士的墓中,考古学家挖掘出各式各样的武器,种类之多令人震惊。长矛、箭矢和剑是最常见的,在同时期记录最详尽的战争叙事诗——古英语诗歌《马尔顿之战》(*The Battle of Malton*)中也有所记载。《盎格鲁-撒克逊编年史》中简明清楚地记录道,公元994年,在英格兰东海岸的埃塞克斯(Essex),"郡长布里斯诺斯(Byrhtnoth)死于马尔顿之战"。这首叙事诗以优美的语言颂扬了布里斯诺斯郡长在面对战败时的英雄气概以及临危不乱的优良品质,同时也详细地讲述了这场战争是如何开始的(至少诗人是如此想象的):长矛挥舞,箭矢横飞,勇士们兵戎相见。诗人没有提到斧子,大概是因为他关注的重点是更有名的武器——剑和长矛。

> 维京人先攻击。一战吼鼓士气,
> 尖锐长矛脱手出,齐飞舞如万箭发。

维京人在马尔顿的表现实际上展现的是他们心中世界上第一次战役的情景,战役始于传说中最优秀的战士奥丁(Odin)。古老的斯堪的纳维亚诗歌《瓦洛斯帕》[*14]中记载,奥丁"掷出长矛,猛掷向敌方军队;世界上第一次战役便开始了"。或许更准确的说法应该是,《瓦洛斯帕》的记叙者以通常发起战争的方式来描述传说中的首次大战,而这也就是马尔顿之战开始的方式。

《马尔顿之战》接着写道:

> 强弓劲弩,短兵相接。
> 战事激烈,艰苦卓绝——勇士们倒下了。
>
> 就连布里斯诺斯的至亲,他的外甥,
> 也是手握剑柄,遭残忍砍杀。
> 这便是与维京人作对的下场。
>
> 听说爱德华干掉了一个,
> 狠狠刺下去的剑还未收回,
> 那倒霉鬼就倒在了他脚下。

---

* 冰岛史诗《埃达》的第一篇。——译者注

接着一个海上勇士（维京人）从南边掷来一柄长矛，
直接刺伤首领（布里斯诺斯）；
他随即用盾牌猛推，连柄拔了出来。

他（布里斯诺斯）恼了，愤怒地刺向
刚刺伤他的那个正得意的维京人。
他英明果敢，用长矛向前刺去，
穿透了那年轻人的脖子，用手动了动长柄，
便了结了这偷袭者的生命。
紧接着他转身去刺杀另一个，
那人护身铠甲裂了；长矛刺中胸口，
锁甲（衫）被穿透；直击心脏，
尖上还淬了毒。此时他是快乐的。

接着，另一勇士又飞出长矛，
长矛从手中飞出，又一次，向前
刺中了埃塞尔雷德（Ethelred）的贵族守卫者（布里斯诺斯）。
站在他身旁的，是个未长成的少年，
那战场上的少年，
沃尔夫斯坦（Wulfstan）之子小沃尔夫梅尔（Wulfmer），
非常勇敢地为他拔出那血染的长矛，
随后又将拔出的坚硬长矛掷回去，
矛头刺进，对方倒在了地上，
是那个让他的主人（布里斯诺斯）伤得很重的人。[15]

古英语诗歌《马尔顿之战》描述了 991 年在维京人与盎格鲁-撒克逊人的战斗中,带尖锐矛头的长矛来回投掷的场面(图片来源:瑞典国家遗产委员会)

目前为止,这场战争主要讲述了远距离的投掷进攻,多半发生在交战的两支军队间。长矛来回飞舞,这也是诗人在英格兰人抵抗入侵者侵袭的过程中着重关注的内容。"一个维京人从南边向布里斯诺斯掷来一柄长矛",这里提到长矛是从"南边"而来,诗人大概是想说这本是从英格兰方掷向维京人的,而此时又被一个维京人掷了回去。这是近代以前的战争中常见的做法。[16] 这一击激怒了布里斯诺斯郡长,随即他便将长矛掷了回去。他既足智多谋又身经百战,这一回击正中维京人锁甲上方的脖颈,一击毙命。第二支掷出的长矛,力度之大足以穿透维京人的铠甲而直击其心脏。随后,另一个维京人再次向布里斯诺斯掷出一支长矛,重伤了他。但多半还只是新兵的一位少年随即拔出长矛回掷了回去,也击倒了那重伤布里斯诺斯的维京人。如此,诗人便描述出这一连串攻击与反攻、一击更胜一击的激烈战争场面。

看到布里斯诺斯似乎已无法动弹,有个维京人便企图走近,"意图带走他的财产——装甲、指环及配以饰物的宝剑"。[17] 这标志着小规模冲突的开始。战线一旦失守,士兵们便展开了肉搏战。此时,士兵个人便有机会获得战利品。而作为英格兰一方的领导者，布里斯诺斯自然有最昂贵的装备和饰物。也的确如此，诗人先前已暗示他有着金柄佩剑。但此时布里斯诺斯还未落败，他拔出佩剑，"剑刃宽阔而锃亮"，刺向那企图劫财的维京人的铠甲。可那维京人伤了他的手臂，很快便制止了他的进攻。此时的布里斯诺斯再也无法站立，他倒下了，祈求上帝能让他死得痛快，别让那从地狱而来的敌人肆意凌虐他的灵魂，但"随后那野蛮的无赖劈死了他"。这里所用的表示伐木的动词让人想起了斧子，然而诗人却没有明确地提到斧子这一武器。诗人此处清楚地对比了布里斯诺斯希望灵魂不受恶魔侵袭的虔诚愿望与现实中他无力在敌人（野蛮而又残忍的维京人）手下保护自己不受伤害的实际情况。

在这部分诗中，诗人描述了近身战，战斗中会使用剑及其他可能合适的武器。企图袭击布里斯诺斯的维京人的即时战术目标便是废了他的手臂，从而使其无法防卫。我们可以试着将这些作战策略与我们所知的另一勇士首领的死因做对比。这名挪威首领死于约公元900年。1880年，考古学家在挪威科克斯塔德（Gokstad）一处墓穴的挖掘过程中，发现了1艘豪华壮观的大船和3艘小船的遗迹，12匹马、6条狗的遗骸，以及一些残缺的人骨。这些陪葬品可以证明死者是个富有且颇有权势的人。他的遗骸也表明了他身形巨大，身高有178~184厘米，而且肌肉强健、骨骼结实。如今很难知道他死时的年龄，最接近的猜测应该是40岁左右。而且可以看出，死者在逝世的前几年曾从很高的地方摔下或跳下，导致左膝受伤。因此，他走路应该是一瘸一拐的，也可能会使用手杖。

拥有如此可观的陪葬品，这名科克斯塔德人定是当时声名显赫的人物，我们可以想到，他很有可能是位领主。他死得很惨，从两根大腿骨和左胫骨上能看到至少两种武器留下的数道切痕。很明显，对手为了让他无法动弹，先伤了他的腿。这就像击伤布里斯诺斯的维京人企图废掉他的手臂，让他无法持剑一样。这名科克斯塔德人的右腓骨（小胫骨）受到来自上方的斜击，直接被切断，以至于他的脚也被切断了。左胫骨的裂痕约有 4 厘米长，是薄刃武器所致，多半是剑而非斧，仅这一击便足以使他倒地不起。而右大腿骨的伤痕则是刀或箭矢所致。重伤之后的他未能侥幸活多久，这些伤完全没有愈合的迹象。右大腿骨上的一击可能伤到了股动脉，所以他很快就因为血液流光而丧命，但他是否还受过其他的致命伤我们并不清楚，毕竟我们没有软组织能佐证，只有所埋葬的距今已千年的 8 块骨骼。[18]

这名科克斯塔德人被剑所伤，而布里斯诺斯也是持剑防卫。剑在北欧文学中常被推崇为高贵的武器。斯堪的纳维亚的宫廷诗人会感谢其资助人赠给他们剑，而赠剑通常也像布里斯诺斯的剑那样，剑柄上镶有金子。11 世纪早期，挪威国王奥拉夫·哈拉尔德松便赠予宫廷诗人西格瓦·索尔达松（Sigvat Thordarson）一把"金丝线钩边"且有"银柄"的宝剑。斯堪的纳维亚考古学者发现了成千上万柄维京时代的剑，其中一些便有着华丽的柄，镶着金银或其他价值不菲的物件。比如在瑞典南部斯堪尼亚（Scania）的丹贝克（Dybäck），就发现了一柄有着银柄和金丝缠绕的手柄的 10 世纪宝剑。银柄上还雕刻着一些动物和几何图形的装饰图案。

剑是维京时代象征较高社会地位的北欧人的武器，这也是为何在诗歌及其他文学作品中剑出现的频率要远高过斧之类的日常武器。制作最精良的剑产于法兰克帝国。即便是远在巴格达（Baghdad），阿拉伯作家也对法兰克剑的品质称赞不已，而斯堪的纳维亚的诗人也是如此。西格瓦在他的《维京之歌》（*Viking Songs*）中就形容说，"威尔士（指外来的，多半产自法兰克的）剑咬人"，那是在讲述英雄领袖奥拉夫·哈拉尔德松试图攻占伦敦时提到的。事实上，法兰克剑深受维京人喜爱，所以法兰克统治者即便付出血的代价也要阻止剑的出口。但这些努力均是徒劳，维京人依然手持法兰克剑袭击法兰克人。[19]

当时最精良的剑当属伍夫倍尔特（Ulfberht）所制的剑。每把剑上都刻有 ULFBERH+T 或 ULFBERHT+ 字样，以及其他类似的标志。现已知有 100 把这样的剑留存下来，也许还有更多，因为仍有数百把留存至今的维京时代的废剑还未经 X 光确认是否留有刻字。现代冶金检测发现，一些伍夫倍尔特剑是由碳含量极高的高品质钢所铸，而这样的钢不可能出自维京时代的欧洲，因为当时欧洲采用的还是原始的熔铁技术；一定是从印度、波斯或中亚等地进口而来，因为这些地方当时已采用了较为先进的熔铁方式生产品质优良的高碳钢。在恰当的时间和合适的温度下加以锻造，这样的钢铁就能打造出坚硬刚韧的精良武器，就如那些留存下来的伍夫倍尔特剑一般。

然而，有其他标志的剑则由品质较差的钢甚至是原铁所铸，自然不够坚韧。很明显，真正的伍夫倍尔特剑品质很好而且很受欢迎，所以市场上自然也会有一些仿制品出现。一位冶金考古学家发现，铸剑钢铁的品质与剑上所刻的单词有一定联系。大多刻有 ULFBERH+T 的剑都由品质最佳的钢所铸，[20] 它们是杀伤力极强的武器。

伍夫倍尔特剑是维京时代最精良的铸剑，由非常坚硬的高品质钢所铸，而这样的钢是从亚洲进口而来。如此制作精良的武器的确值得配上装饰精致的手柄，照片由莫妮卡·隆戈（Monika Runga）拍摄（图片来源：位于纽伦堡的日耳曼国家博物馆）

  伍夫倍尔特铸剑的历史已有 300 年之久，基本上与维京时代重合，因此，这个名字绝不会简单地指某一位铸剑师，多半可能指的是一个作坊或某个家族，虽说如我们所见也会掺进一些抄袭者。伍夫倍尔特的发展活跃期尚不能确定。其所铸造的剑遍及波罗的海各国，还传到了挪威和德意志。从语言角度来看，一些学者认为这个名字应该代表其人来自德意志莱茵河流域，但锻造金属来自亚洲的事实也让其他学者认为这位铸剑师应该是来自斯堪的纳维亚商路穿过东欧地区沿线的某一段。伍夫倍尔特剑是维京时代最精良的铸剑，而且由于中世纪早期的文学作品中会将最精良的铸剑说成"威尔士的"或"法兰克的"，因此人们很容易认为其铸造地是在法兰克帝国，如莱茵河流域。不过，的确有对应的商路恰好能将来自亚洲的钢铁运送到这里。

  拥有坚韧刚劲的伍夫倍尔特剑的维京人是幸运的。一旦遇到对手拿的是由较软薄的脆钢铸造的较差的剑，维京勇士就能成功地毁掉对方的剑。然而，伍夫倍尔特剑稀有而昂贵，因此只有极少数维京人有幸拥有它。正如圣日耳曼作者所描述的那样，相比于法兰克军队而言，维京人"几乎是没有武器的"。他们必须用手中所拿的任何武器去战斗，即便这意味着他们必须手持木棒战斗，或带着家中平常劈柴用的斧子，抑或是将敌人掷向他们的长矛再掷回去。

战争和战斗是残酷危险的。没有人能预先知道自己能否取胜，大多数人尽可能地避免实际对战。维京人也是如此，不过他们却以好战嗜血闻名，而这种嗜血好战也似乎都是为了他们自己的利益。从现今可参考的文献资料来看，他们留下这样的形象并不令人意外，史料中对维京袭击的描述似乎也不断重复。这样的偏见并不仅限于文字记载，也出现在考古记录中。由高品质钢或原铁所铸的武器能留存至今的可能性很大，而且都将被考古学家或其他后人发现。一些保留下来的伍夫倍尔特剑在河底已沉睡了数百年，直到有人清理河道时才发现，如20世纪60年代在临近汉堡的易北河中打捞上来的那一柄。[21] 而用于许多其他活动中的木质器具却不能像钢铁所铸的武器一般在泥土中留存下来，当然也不会出现在河底。

现代人一想到维京人，就会因北欧杰出英雄的故事而感到兴奋激动。在故事中，他们是狂暴者，是一个由所谓的天赋异禀的维京战士组成的精英团体，还有着令人恐惧的带异教色彩的折磨手段如血鹰（后面章节会详细解释）。总之，这些都太令人震撼，所以通常最为严谨和挑剔的历史学家以及其他学者也常常对此感到茫然无措。本应更清醒的他们早已通过重要的研究了解到扣人心弦的维京人故事实则充满谬误，却仍乐此不疲地讲述着这些故事。

同时期的作家将维京人塑造成血腥暴力的形象，且将他们框定为"异类"；而中世纪后期的历史学家回顾斯堪的纳维亚劫掠者时，也将其事件看成是有独特破坏性的。英格兰的亨廷顿伯爵亨利（Henry of Huntingdon）在12世纪50年代（斯堪的纳维亚人最后一次劫掠英格兰后已经过了大约一个世纪）撰写了英格兰历史，他认为维京劫掠是真正的大灾难。维京劫掠比其他任何英格兰曾遭受的侵袭都"更加可怕也更加残忍"。维京人只想着"掠夺而非拥有，想要摧毁一切而非夺取统治权"。亨利将维京人描述成一群为了自身利益嗜血暴力、意图毁天灭地的人，即便大多数证据证明事实并非如此。[22] 从古斯鲁姆（Guthrum）*到克努特大帝（Cnut the Great）†期间的维京人或许想要摧毁一切，但比起摧毁，他们无疑更看重统治。事实上，他们中的一些人也觊觎过英格兰的王位。

　　在中世纪盛期，回顾先辈的辉煌成就，斯堪的纳维亚人也接受了自己天性喜好破坏的说法。他们写了关于英勇战斗的鼓舞人心的故事，还有些激动人心的冒险故事，最后以获得战利品并收获一大笔意想不到的财富而结尾。13世纪以及此后几个世纪的冰岛萨迦讲述者都生动地重述了公元845年圣日耳曼译本中所述的有关恶人朗纳尔（Ragnar）‡的故事——根据早些时候法兰克修道士的引述，朗纳尔是"上帝和圣徒的亵渎者"。在众多激动人心的冒险故事中，正如后来人们熟知的那样，朗纳尔·洛德布洛克（Loðbrók 意为"毛绒马裤"）被塑造成极其嗜血的英勇战士形象，而且还有着卓越不凡

---

* 异教徒大军入侵威塞克斯王国时的领袖。——译者注
† 丹麦国王斯韦恩之子，其统治的王国被称为北海帝国。——译者注
‡ 朗纳尔·洛德布洛克，传说中丹麦维京人的领袖。——译者注

的壮举。关于他的一切都不寻常，连他的死也成了令人难忘的一场处决。诺森布里亚（Northumbria）王国国王埃拉（Ella）抓住了朗纳尔，并将他扔进爬满毒蛇的蛇坑处决了他。蛇坑这样"优雅"而又恐怖的处决方式在文学作品中常会出现。比如，古北欧语英雄诗歌《阿特利之歌》（Atlakviða）中就讲道，匈人领袖阿提拉（Attila）[*]也是这样处死了勃艮第国王贡纳尔（Gunnarr）。在关于朗纳尔的这个萨迦故事中，身在蛇坑中的朗纳尔最后说道："公猪哀号之时，猪崽就要来了！"这句话让他的儿子们（"猪崽"）对埃拉国王起了狠绝的复仇之心，而他们也是享有盛名的维京人。在这些传奇中，他们有生动形象的昵称，这些昵称仍难有令人信服的解释。比如，"无骨者"伊瓦尔（Ivar Boneless）、"勇士"比约恩（Björn Ironside）、"白衣"[†]（Whiteshirt）和"蛇眼"西格德（Sigurd Snake-in-the-eye）。

历史上记载，公元866年，朗纳尔的儿子在英格兰约克郡大败埃拉，而同时期的文献中除了提到埃拉为了保卫国家死于战场外，并没有过多的记载，而这也正是冰岛诗人西格瓦·索尔达松在其吟唱诗《克努特大帝》（Knútsdrápa）中所描述的情形。西格瓦这首诗完成于11世纪早期，为赞颂他的资助人克努特大帝而作。克努特大帝在诸多先辈中最看重的就是"无骨者"伊瓦尔和朗纳尔·洛德布洛克。"接着，伊瓦尔进驻约克郡，招来雄鹰去抓挠埃拉的背"[23]，这样的描述简单直白却又让人难以理解，但这正是维京时代诗歌的特点。通过婉转曲折的描述，如讲述英雄们如何杀

---

[*] 匈人最伟大的领袖和皇帝，被史学家称为"上帝之鞭"。——译者注
[†] 朗纳尔之子哈夫萨克（Huitserk）的昵称。也有"白衣"就是哈夫丹的说法，但没有资料作为支撑。——编辑注

第二章　暴行肆虐的时代

一块哥特兰岛的维京时代图案石上记述了朗纳尔·洛德布洛克死于蛇坑的故事,照片由雷蒙德·海德斯朗姆拍摄【图片来源:位于维斯比(Visby)的哥特兰岛博物馆】

死他们的敌人来喂食嗜血的渡鸦和野兽,以此颂扬勇武的战斗精神。他们的敌人不仅被打败,被杀死,最令人羞耻的是尸首还会被留在战场上成为飞禽走兽的美餐,最终无法有个体面的葬礼。

雄鹰和渡鸦饱餐战场上的尸首是北欧吟唱诗中经常描写的意象,出现过于频繁,有时甚至会出现在一些最不该出现的地方,比如在奥克尼伯爵朗瓦尔德追求欧洲最负盛名的寡妇时,也将食腐雄鹰意象写进自己情意绵绵的诗歌中。[24] 11 世纪 30 年代,西格瓦在写去罗马圣彼得大教堂虔诚朝圣的诗歌时,便不自觉地描述了凶猛野兽撕咬敌人尸首的画面。为了鼓舞朝圣者的队伍,西格瓦说,他"放下了自己的宝剑……这把剑能让群狼饱食"。[25] 西格瓦是说这把剑可以杀人无数,而这些尸首能填饱群狼的肚子。狼、渡鸦和雄鹰是这些吟唱诗中提到最多的意象,一般都在诗人想要描绘有人战死沙场的时候出现,而诗人们也不回避这些对现代读者来说也许并无诗意的意象。"奥塔尔(Ottar)倒在鹰爪之下……鹰爪抓挠他……被血染红",10 世纪时诗人维尼尔的西奥多夫(Thjodolf of Hvini)对颇有鉴赏力的观众如此讲述。[26]

埃拉之死没有什么特别之处,数百位中世纪的统治者和领主都接连在战场上倒下,如同布里斯诺斯郡长和科克斯塔德领主那样。如此一来,后来那些作家便没有什么精彩绝伦的故事可讲了。中世纪盛期的斯堪的纳维亚作家写冒险故事,记载历史都把吟唱诗作为参考资料。这种中世纪诗歌中最为复杂精妙的创作艺术流传下来,尤其是在冰岛。可即便是冰岛人在读古诗歌时,也会因其过分修饰的婉转表达、过多的引经据典以及过于自由的表现方式而感到费解。西格瓦这首关于埃拉之死的诗也是如此,以古北欧语创作,简短生硬,信息过于集中,让人难以理解。因此,读者开始并没有按照"伊瓦尔招来雄鹰去抓挠埃拉的背"的意思去理解这节诗——这本意味着伊瓦尔杀了埃拉,让雄鹰有了腐肉可食——而是理解成"伊瓦尔在埃拉的背上切剁雄鹰"。这两种解读从语法上都讲得通,不过只有第一种具有文学和历史意义。想要解读这样令人费解的表述,需要时时揣度讲述者想象的画面。一开始,他们想象伊瓦尔在埃拉的背上刻出雄鹰的图案以折磨奄奄一息的埃拉。然而,后来故事逐渐完善,到 14 世纪时另一位讲述者在自己和诸多前辈对此诗节的误解上构思出一场真正可怕的酷刑:"国王(埃拉)被俘。伊瓦尔和他的兄弟们想起父亲(在蛇坑中)遭受过的折磨,便在埃拉背上刻出一只雄鹰，然后用剑将他的每根肋骨从脊柱上砍断，这样一来他的肺也被掏了出来。"[27]

在这位讲述者的想象中，设计得如此精心的称为"血鹰"的处决方式才是为惨死于蛇坑的朗纳尔最恰当的复仇方式。就这样，在讲述者的文学想象中，"猪崽"为受尽折磨的"公猪"报了仇。而关于血鹰的传说直到现代也颇受欢迎，随之也逐渐发展出一些新的手法，如在伤口上撒盐让受刑者更加痛苦，刺激了许多人体器官的倒卖（在受害者刚死的时候），也由此形成了代表着令人极其惧怕的异教宗教仪式的宗教图案。甚至在 1984 年吟唱诗研究学者罗伯塔·弗兰克（Roberta Frank）解释了血鹰说法如何从备受误解的吟唱诗中发展起来之后很久，许多历史学家（以及流行文化）却依然表示他们不愿放弃这一极其珍贵的，能表现维京人残酷冷血一面的文献资料。如此，他们便继续从中世纪亨廷顿伯爵亨利以及其他见证者的陈述中获得启示，将维京人描述成中世纪史上最可怕的劫难。维京人暴力说继续吸引着现代社会，而维京人已成为极其凶残、崇尚暴力的象征。

类似的血腥暴力的故事是中世纪及现代关于维京人的记述中最主要的内容，其中许多记述同样很难当真。对维京人或旧或新的记载中，最常见的字眼是"狂暴者"。这个词在古北欧语中的表面含义是"熊皮衣"。在约 1200 年，丹麦史学家萨克索·格勒麦蒂克斯（Saxo Grammaticus）描写过这样一个"狂暴者"：

> 此时，这个从海尔辛兰（Halsingland）来的狂暴者将绑架和强奸公主当成最大荣耀，谁挡了他的路，让他无法满足欲

望,他就对谁赶尽杀绝……他身形高大,足足有9腕尺*高……他突然着了魔似的发狂,狠狠地啃起了盾牌;他毫不犹豫地吞下火红的煤炭,还直接咽进肚里;他将铁手套扔进红红的火焰中;最终在近乎疯狂的咆哮之后,暴怒地把剑刺进6个手下的胸膛(此前他们密谋反对过他)。这样的疯狂究竟是因为好战还是天性,始终令人疑惑。接着……他袭击了(国王)哈夫丹(Halvdan),却被哈夫丹用巨大无比的锤子砸死了。于是,他既打了败仗,又丢了性命。这便是他挑战哈夫丹、对国王子嗣施暴所付出的惨痛代价。[28]

13世纪及之后几个世纪的冰岛萨迦中都讲述了许多狂暴者的故事,说他们"像狼和狗"一样疯狂地打斗,也说他们体格健壮如"熊和公牛"。[29]许多现代评论者相信狂暴者事实上是存在的,也揣测他们如何获得如此力量。评论者毫无历史根据地猜测他们之所以陷入癫狂迷幻的状态,是因为吃了毒蘑菇或感染过紫色麦角菌†的谷物,或者自身肾上腺素水平过高。[30]

与血鹰的例子类似,有关狂暴者的主要历史问题在于狂暴者几乎只出现在他们死后数百年的文献资料中,可能只有一次例外。早期记录狂暴者的是一首献给9世纪挪威国王"金发王"哈拉尔(Harald Fairhair)的诗,其中简单地陈述道,哈伏斯峡湾之战(Battle of Hafrsfjord)打起来了,"狂暴的勇士们('熊皮衣')咆

---

* 测量单位,指从肘到中指末端的距离。——译者注
† 此菌寄生在黑麦、小麦、大麦、燕麦和鹅冠草等禾本科植物的子房内,将子房变为菌核,形状如同麦粒,故称为麦角菌。——译者注

哮着，号叫着，如狼（'身披狼皮'）似虎，十分凶猛"。[31]如果在此后没有形成用此类意象指代狂暴者的传统，那现代专门研究吟唱诗的译者便能简单地将"熊皮衣"和"狼皮"译成"（勇士们所穿的）护身铠甲（锁子甲）"。不过，这种说法很可能就是诗人实际上想要表达的内容。

在冰岛萨迦和萨克索的作品中，狂暴者被认为是生活在"很久很久以前"的一群人，更具体些就是生活在异教徒时期，因为他们与异教信仰之间有很紧密的联系。根据萨迦中的描述，狂暴者一旦接受了洗礼，他的狂暴力量就会消失，那么这一点就与萨迦作者对狂暴者的看法不相符了，毕竟他们认为狂暴者生活在久远的异教徒时期。狂暴者的故事体现了冰岛萨迦作者善于将想象转化成文学和传奇的鲜明特点。这些作者发现古吟唱诗虽令人着迷，却不那么容易理解。他们在古吟唱诗有关哈伏斯峡湾之战的描述中找到了神秘的"熊皮衣"和"狼皮"的说法，但无法真正理解，又或者他们并不想将这些说法当作对勇士铠甲的诗意化表现。他们反而构想出一类神奇的精英勇士，如同构想其他的文学形象那样，而这群勇士至今依旧保有神秘感，让人浮想联翩。而狂暴者（berserk）一词也被纳入英语中，读报时我们偶尔也能看到有新闻说某某"发狂"（going berserk）了，大多时候指的是男性。

血鹰和狂暴者的意象都脱胎于中世纪盛期作者的生动想象，他们对古吟唱诗的理解不够准确，但这并不意味着维京人就一点儿也不血腥暴力。如果仔细看这些文献资料，就能发现维京人的血腥暴力是他们达成目标的方式，而他们的目标与中世纪早期其他利益集团的目标没有太大差别，毕竟是在那充满血腥暴力的时代。维京人一心想要的是财富,用于实现政治目标的财富。

> 马尔顿之战开打前,维京人试着先谈判:
> 接着一位维京信使站在岸边
> (冲着布里斯诺斯)定声大喊:
> "那些大胆的水手派我来,
> 让我告诉你们快些交来
> 臂环以求自保。交贡金免去这长矛之战
> 岂不更好?
> 总比双方开打拉锯战强。
> 我们没必要非拼个你死我活。"[32]

将金银做成臂环在维京时代便是积累运输财富的方式。如果诗人描述属实,布里斯诺斯手臂上一定戴了很多臂环。[33] 所以维京人才会出现在这里,挥舞着手中的武器,索要贡金换得平安。很明显,这帮维京人想要的不过是能作为财富的金银臂环,而不是在暴力中寻求快感。

事实上,其他文献中也出现过许多类似的故事。如《圣贝尔坦编年史》记载,852 年,维京人乘 252 艘船出航,驶向弗里西亚,在那里收了一笔贡金,之后便继续四处航行,其间没有任何破坏性举动。类似地,868 年,维京人出现在奥尔良城外索要贡金,也顺利得手。[34] 在其他记载中,贡金都是在维京人开始大肆破坏后才交上的。991 年,布里斯诺斯在马尔顿与维京人相遇,他骄傲地拒绝向维京人支付贡金。维京人杀了他,击败了他的军队。之后,英格兰人同意缴纳 1 万磅白银作为贡金。一位盎格鲁－撒克逊编史作者说道："那一年是丹麦人第一次收得贡金，因为他们沿海岸制造了诸多恐怖事件。"[35] 而这只是个开始，接下来的几十年还会有越来越多的丹麦金需要支付给不同的维京人群体（也不全是给丹麦人，虽然叫作"丹麦金"）。994 年，有 1.6 万磅白银交付给维京人。来自奥卡斯塔（Orkesta，今斯德哥尔摩的北部）的瑞典维京人伍尔夫（Ulf）曾三次前去英格兰，为的是从丹麦金中分得一杯羹。他在自己下令制作的如尼石刻中吹嘘道："伍尔夫在英格兰三次拿到贡金。"[36] 他分别于 1006 年、1012 年和 1018 年跟随三位领主——托斯特（Tosti）、索克蒂尔（Thorketill）和克努特（Cnut）去英格兰。事实上是这几位领主，而非石刻中提到的英格兰人，给伍尔夫"付了金子"，而他也不过是拥有此类经历的众多勇士之一。领主们与英格兰人就所交的丹麦金进行协商，事成之后便将所得分给自己的追随者。实际上，领主以这样的方式分配贡金是至关重要的，因为这样才能使勇士们心甘情愿地追随自己。从勇士的角度来看，给他们分发自己既得财富的领主是慷慨大方的，而这样的领主才值得为其忠心效力。

维京人远征的目标和方式与其他中世纪早期战争的目标和方式相似。维京人对法兰克人的频繁侵扰也能追溯到查理曼时期，即帝国建立者"查理大帝"时期。从 768 年到 814 年，查理曼的统治长达近半个世纪，而他在统治期间大多时候都是东征西战。唯在他垂暮之年，他的史官即《法兰克皇室年鉴》的编纂者，偶然记下了特别的一笔，有整整一年皇家军队没有出征。这支军队通常由查理曼个人领导，主要攻打法兰克周边的邻国。正因为如此，查理曼的帝国在其逝世时远比其从父亲手中继承时疆土辽阔。他还征服了其他地区，包括意大利中部和北部、德意志西部和南部的大片地域、西班牙东部地区，以及匈牙利的部分地区。然而，征服却并非其远征的初衷。远征不过是为国王赢得战利品和贡金的方式。每当皇室国库空虚，赋税无法填补空缺时，国王需要获得财富以蓄养军队，也需要大体上留住对国家有重要影响的追随者。而获得财富的最佳方式便是直接通过军事征服获得战利品，或是以武力逼迫他人上缴贡金。法兰克周边一些不够强大的邻居，如布列塔尼人（Bretons）和贝内文托人（Beneventans，位于意大利中部），都会定期向法兰克的统治者上缴贡金。例如，一位法兰克的编史作者记载，863 年，布列塔尼公爵萨洛蒙（Salomon）"依照惯例向'秃头'查理（查理曼之孙）交付了应缴付的贡金"[37]，而其他没有交付贡金的邻国则成了军事征服和获取战利品的目标。法兰克皇室年鉴史官告诉我们，774 年，查理曼从萨克森（Saxony）征服归来，带回"大量战利品"。同年，他还征服了意大利北部古伦巴第王国的首府帕维亚（Pavia），抢掠了国库。[38] 在 796 年甚至更走运——法兰克军队以突袭的方式击败了居于匈牙利潘诺尼亚（Pannonia）的阿瓦尔人，突破了所谓的"阿瓦尔之环"防御工事，势如破竹的查理曼军队发现了意想不到的财富，"那些积累了数百年的财富"。军队将战利品带回查理曼的居住地亚琛[39]，其中一些财富最初便是拜占庭帝国支付给阿瓦尔人以免遭袭击求平安的贡金。

查理曼的军事征服非常血腥残忍。即便是《法兰克皇室年鉴》这样的官方文献对此也未加掩饰。事实上，该文献的作者对法兰克军队给敌人带来的破坏感到骄傲和自豪。他们的敌人是法兰王国周边各邻国的人们,但这其中唯撒克逊人(居于现德国地区)尤其难对付。查理曼的军队和撒克逊人之间的这场战争持续了30年。774年,查理曼将他的兵力分成3股,分别派去萨克森的不同地方,"烧杀抢掠,毁坏一切。而那些试图抵抗的撒克逊人则惨遭杀害"。[40] 查理曼军队多次攻打萨克森,如784年到785年的那个冬天,应国王个人之令或是国王手下将军之令,军队试图摧毁萨克森。[41] 据《法兰克皇室年鉴》记载,782年的一天,查理曼下令砍杀了4500个撒克逊人。他认为自己的举措合情合法,惩罚了那些违背誓约的人;那些被杀的撒克逊人也许不能认同,但撒克逊的历史中没有记录下这些受害者的只言片语。而与之相比,维京人于845年杀死111个俘虏这件事不过是小巫见大巫。795年,撒克逊人杀死了查理曼的盟友阿博德利人(Obodrites)*的国王维钦(Witzin),这一举措"使他(查理曼)对这群背叛者的仇恨更深……撒克逊人被狠狠痛打了一顿,此战之后,萨克森只剩一片荒芜,人质都被遣返。打了胜仗后,查理曼便回到高卢在亚琛的宫殿庆祝复活节和圣诞节"。[42] 凭借着辽阔的国土和训练有素的军队,查理曼施展更多暴行,获得了更多的战利品,索要到了维京人做梦也想不到的更多的贡金。[43] 不过,他所发起的战争也并非都像萨克森战争那样血腥残暴;与维京人一样,有时他也意识到自己的对手比较愿意合作,愿意上缴贡金以免受战乱之苦。

不过,维京人才是以血腥残暴闻名于世的。相比之下,查理曼依旧是如今我们所称赞的欧洲之父。法德两国为了争这位欧洲之父

---

* 一群讲德语的斯拉夫人。——编者注

做自己国家的开国者,可谓竞争激烈。而欧盟也是把查理曼作为欧洲联合的象征,以表敬意。例如,那座建在布鲁塞尔的欧盟最大的行政办公楼便叫作查理曼大楼。欧洲人始终记得查理曼将欧洲大陆的大片土地统一于自己治下,不过他们选择忽略查理曼在此过程中的屠杀行为。颇为讽刺的是,德国是欧盟的创始成员国之一,现在依然是主要成员国之一,而作为现代德国人祖先的撒克逊人却是查理曼统治时期遭受折磨最多的受害者。

查理曼对邻国的掠夺为他带来了大量的战利品和贡金。他用这些夺来的财富奖赏追随者。在796年,他的军队攻占了阿瓦尔的堡垒,将巨额财富送到他在亚琛的居所。"收到财富并感恩上帝后,拥有这些好东西的给予者——这位最睿智慷慨的大人命他的管家去送一份大礼给教皇。他把剩下的东西分给了手下、神职人员、平信徒和其他家臣。"同样,774年在拿下伦巴第的首府帕维亚之后,查理曼也"将他发现的宝物分给了他的军队"。[44]

换言之,查理曼与追随者共享战利品是为了激发他们的忠诚。这一点与维京领主托斯特、索克蒂尔及克努特给奥卡斯塔的伍尔夫这样的追随者分发战利品很像。他们都是以暴力征服或武力威胁的方式来获取战利品和贡金,并以此作为社会团体中的经济奖励,要求追随者献出自己的忠诚作为回报。很明显,这样的运作机制在查理曼王国的运行方式与在北欧人无政府社会中的运行方式不同,但终究本质相同。对查理曼来说,当然不只是他,还有法兰克帝王的先辈和后继者,金银及其他宝贵财富由外部流入王国对王国的延续是极其重要的。

同样,维京领主也一定需要用抢夺来的战利品和贡金成就伟业。如若不然，没有勇士追随，他们自然而然会失去自己苦心经营得到的位置。而那些以所获财富成就伟业的领主不断巩固自己的地位，最终定会在斯堪的纳维亚建立起自己的王国。暴力一向是国家建立的基石，而非维京人独有的特质。但与查理曼不同的是，维京人所袭击的群体是有一定文化知识而独享写作特权的人。因此，查理曼的举动并未记载下来，倒是维京人的所作所为被记录于史册中，他们声名狼藉、蛮横鲁莽而嗜血的形象就此形成。接下来，我们将会抽丝剥茧，发现更加真实的维京人。

第三章

留里克在家守候，留里克远走奔波：维京时代大迁移

2014年，在瑞典近500万男人中，只有一个名叫留里克（Röriks）[1]。这个名字向来不太常见，瑞典如尼石刻上数千个刻下姓名的人中，也只有五位叫留里克。[2]而其中有位留里克就住在斯塔瑞斯塔德（Styrstad），一个位于数百年后所建的北雪平市（Norrköping）所在地东边的村庄。这位留里克似乎是个比较富裕的农夫，大概还有些艺术爱好。至少，他捐建了一块有特殊图案的如尼石刻：两条身形纤细的蛇蜷动身躯，相互缠绕，形成10个结。两条蛇之间的空白处刻有文字，告诉我们留里克（HRURIKR，留里克在石刻中如此拼写自己的名字）立下此石刻是为了纪念自己的两个儿子弗罗泽（Frode）和艾斯比约恩（Asbjörn）。他们先于父亲离开人世，但我们无从知道他们是怎么死的。[3]此外，就没有更多关于他家里的记载了。

如果说这位留里克就这样在他的农场里度过了一生，那么还有其他的留里克离开了斯堪的纳维亚。其中两位留里克在9世纪时扬帆远航，从此再未归家。虽然他们有着相对少见的相同姓名，可大概从未听说过彼此，也不知道在斯塔瑞斯塔德还有一个叫留里克的

人。这两位留里克朝着完全相反的方向起航——一个向东,一个向西——可他们却有着相似的命运,在异国他乡成就霸业。去往西边的留里克定居在如今的荷兰一带,成为那里的国王,即便只是名义上的——他忠心耿耿地效忠着法兰克皇帝;去往东边的留里克开创了留里克王朝,他的后人以大公与沙皇的身份统治着俄国,直到16世纪。

三位留里克各有成就。一位在家经营牧场,另外两位背井离乡去闯荡,在异国他乡艰苦奋斗。跟他们一样,许多斯堪的纳维亚人也都迁到了欧洲的其他地方,还有一部分去了北美。他们在所到之

留里克在瑞典的斯塔瑞斯塔德立此如尼石刻以纪念故去的弗罗泽和艾斯比约恩。石刻图案非常罕见,由两条细蛇相互缠绕而成,其间有如尼刻文,照片由哈坎·斯文松拍摄,经授权转载

地遇到了各不相同的生存环境——从人烟稀少的苦寒之地格陵兰岛到部落冲突频繁的俄罗斯，还有已各地有主的不列颠群岛和诺曼底海岸——可他们一心所求的不过是比斯堪的纳维亚更加优越的生活条件。迁移带来了各种各样的机遇和挑战，而斯堪的纳维亚人的涌入也改变了这些土地本来的命运，这样的改变有时甚至是天翻地覆的。比如，大量的斯堪的纳维亚人迁居到英格兰东部之后，对英语语言的影响很大，且已深深扎根于其中，现代使用者几乎无法察觉。在维京时代，斯堪的纳维亚人一直在路上：去往俄罗斯和爱尔兰，去往低地国家*和纽芬兰岛，还有其他遥远的地方。

斯堪的纳维亚人的迁移通常由首领和领主组织领导，而他们在斯堪的纳维亚家乡时也许还不是领主。这里两位出走的留里克都成了领主，在新的迁居地成功地掌握了大权。可我们也不该忽略那些与他们一样有着雄心壮志却不幸失败的男男女女。他们中当然也有叫留里克的，可历史便是如此，我们看到的大都是成功而非失败。

去了西边的留里克也就是拉丁文献中所记载的 Roric 或 Roricus。他出身于显赫的丹麦家族，他的伯父或叔父哈拉尔是丹麦国王，直到后来被放逐，成为"虔诚者"路易皇帝的追随者。留里克作为维京人，9 世纪 40 年代参与了对洛泰尔一世皇帝（Emperor Lothar I）治下王国（差不多是现今的比利时和荷兰等地）沿海地区的劫掠。留里克从与洛泰尔敌对的弟弟"日耳曼人"路易（Louis the German）统治的王国出发去劫掠，而他所做的一切也让"日耳曼人"非常满意。† 然而，留里克的野心远不止于此，无

---

* 低地国家包括荷兰、比利时和卢森堡，尤用于旧时。——译者注
† 洛泰尔一世和"日耳曼人"路易分别是"虔诚者"路易的长子和幼子。——编者注

论简单地做一个维京领主还是为名扬四海的国王效力，都无法让他满足。公元850年，他袭击并攻占了商贸重镇杜里斯特，而且决定扎根于此。洛泰尔意识到若想赶走留里克，自己的军队必定会遭受巨大损失，还会面临巨大危险。于是，他决定接受留里克的割据行为，并承认留里克是该属地的首领。只要留里克依照惯例上缴赋税和其他费用，并且守卫该地域不受"丹麦海盗的入侵"，一切都会很好。还有比让维京人来抵御维京人更好的防御吗？

留里克与洛泰尔这样的安排事实上重启了留里克先前与洛泰尔的父亲"虔诚者"路易所达成的协议。此前丹麦维京人作为臣属首领效忠于"虔诚者"路易，直到公元840年路易逝世，维京人才被驱逐出去。也就是在那时，留里克找到洛泰尔的弟弟，即他的劲敌"日耳曼人"路易，并自愿请战，代替路易攻打洛泰尔。作为商贸重镇的杜里斯特虽然日渐衰落，但依旧是块富庶诱人的宝地，作为奖赏，自然比路易所给的德意志其他地方要好得多。留里克自此便安顿于杜里斯特，效力于新主和新主的儿子及继承人洛泰尔二世。留里克的统治范围远超过杜里斯特的邻近地区，还囊括了弗里西亚一大部分区域，大小大致相当于现在的荷兰王国。869年，洛泰尔二世逝世，由于他没有子嗣，王国便被划分给他的叔叔"日耳曼人"路易和"秃头"查理。这其中也包括留里克统治的区域，虽然名义上同样被划分了，但实际统治者还是留里克。如此他便需要同时效力于两位国王，直到他于873—882年间的某一天去世。[4]

几乎所有法兰克人的文献都提到了留里克（当然，他的名字也没有出现在别的文献中），他的形象是积极正面的。他以德高望重的地方统治者的形象出现，是一位值得信赖的，对国王忠心耿耿的属地首领。他手中掌控着极大的权力,以至于在他去世后,有两位法兰克作家写到留里克时都以"国王"相称。9世纪时,爱尔兰诗人塞杜里乌斯·斯科特斯(Sedulius Scottus)写道,有个祭坛"在留里克国王统治时期受奉为圣坛"。[5] 圣阿德尔伯特(St. Adalbert)所收藏的故事集和传奇故事中,有位公元10世纪晚期的作者追述道,当"蛮族国王留里克"到达圣徒教堂时,命令手下将它挖出,因为沙暴将它掩埋。可等到第二天,已经太迟了。第二天早上,他们回去打算继续挖时,才知道已经不需要了,因为圣人已经神奇地在夜里转移了所有的沙子。[6]

丹麦人留里克也许是个野蛮人,不过虔诚的基督徒执笔者却毫不犹豫地将他与基督教传说和圣坛联系在一起。公元9世纪60年代,知识渊博的兰斯大主教辛克马尔与留里克有书信来往,也就是从这件事我们知道留里克在此之前还没有成为基督徒。令人意外的是,他似乎首次统治弗里西亚时也还未接受洗礼。辛克马尔写信劝阻留里克,让他不要为佛兰德斯伯爵鲍德温(Baldwin)提供庇护,毕竟鲍德温伯爵是和"秃头"查理的女儿朱迪丝(Judith)一起私奔出来的。辛克马尔也听到有流言说留里克协助维京人袭击了法兰克的领地。如果这是真的,留里克就该接受乌得勒支主教洪格里厄斯(Bishop Hungarius of Utrecht)所要求的任何补赎。于是,留里克在他的臣民眼里成了一个信仰基督教的统治者,有自己的主教和告解神父(乌得勒支就在他的统治势力范围内),而且他将自己的领地统治得很好,如果他愿意的话,甚至有能力保护那些西法兰克王国国王的强大敌人。[7]

留里克在弗里西亚待了数十年,而其他的斯堪的纳维亚人也一直追随着他。想要征服和掌控自己的公国,他必定有一支庞大的军队,一支大都由追随他的斯堪的纳维亚人组成的军队。然而,这些斯堪的纳维亚人却没有在此留下可以追溯的痕迹。与诺曼底和丹麦律法区不同的是,弗里西亚没有哪个地方的地名明显保留着古北欧语的印迹,而且几乎没有考古证据能够证明这些斯堪的纳维亚人曾出现过。留里克也许并没有带很多斯堪的纳维亚人去往弗里西亚,又或者他带去的斯堪的纳维亚人并没有在此停留太久。

弗里西亚缺少斯堪的纳维亚人的遗迹这一点恰好与俄罗斯形成了鲜明的对比。另一位留里克去了俄罗斯,当地人也十分欢迎他。这一点倒是与那位与他同名的留里克相似,他在弗里西亚也受到洛泰尔皇帝的欢迎:能保护好自己,也算是许多往往不太好的结局中最好的一个了。事后,当地人编了个故事,说是他们邀请留里克来当统治者的。这样的故事只出现在 12 世纪所留存的文献中,更像是充满早期民族主义色彩的一厢情愿的想法。在俄国古斯拉夫文文献中,留里克被写作 Riurik 或 Rurik。

12 世纪的一位基辅罗斯编年史家追述,"楚德人(Chuds)、斯拉夫人(Slavs)、梅里安人(Merians)、万斯人(Ves)和克里维奇人(Krivichians)"(居住在俄罗斯西北地区以及芬兰海湾南部和东部地区的民族)在 9 世纪早期会向"瓦兰吉人"缴纳贡金。这里的"瓦兰吉人"便是斯堪的纳维亚人。换言之,各维京人部族抢掠他们,逼迫他们花钱消灾,就如同他们的族人对待西欧人那样。然而,这些当地人原本能够将瓦兰吉人赶出去的,结果自己先斗了起来。因此,他们决定"寻找一位能依法治理国家的君主"。于是,他们去海外寻找瓦兰吉人,要求"罗斯人"来到"我们的土地……统治我们"。有三兄弟答应了他们，便漂洋过海，渡过波罗的海去往他们的土地。长兄留里克留在诺夫哥罗德（Novgorod）。[8] 而他的后人，也就是留里克家族，便统治俄罗斯直到16世纪。

留里克所创建的公国逐渐发展起来，很快便有了足够重要的地位，与拜占庭帝国之间达成了许多商贸协定。公元907年，在前往君士坦丁堡协商条约的代表团中，一些人有着斯堪的纳维亚语发音的名字，如卡尔（Karl）、沃尔蒙（Velmud）和乌拉夫（Rulav）。公国的统治者同样将斯堪的纳维亚姓名在家族中保留了好几代，如奥尔加（Olga，由古斯堪的纳维亚语 Hælga 演变而来）、奥列格（Oleg，由 Hælgi 演变而来）及伊格尔（Igor，由 Ingvarr 演变而来）。考古证据也讲述着相似的故事。在留里克及其同伴统治地区的几座墓中均发现了别有两枚胸针的典型斯堪的纳维亚风格的女裙。不过这并不能充分证明墓里埋葬的女子就是斯堪的纳维亚人，只能说明她们都受到了斯堪的纳维亚文化的影响而选择穿上这种风格的裙子。[9]

留里克领导下的这些定居于俄罗斯的斯堪的纳维亚人对当地有一定的影响，不过时间很短暂，几代之后斯堪的纳维亚风情便消失殆尽了。只有作为统治者的王公贵族还保有一些斯堪的纳维亚的痕迹。比如11世纪时，王公雅罗斯拉夫（Iaroslav）迎娶了瑞典国王奥洛夫·埃里克松（Olof Eriksson）的女儿安格格尔德（Ingegerd）公主。其他的痕迹还包括"罗斯"（Rus）一词，取自芬兰语中对瑞典的称呼（Ruosi），也与这一地区的斯堪的纳维亚人有关联。

这两位留里克向我们讲述了两个贵族首领寻求权力，在异国他乡雄踞一方的故事。去往弗里西亚的留里克曾尝试在丹麦家乡夺取权力，但失败了，跟他的伯父或叔父哈拉尔在9世纪10年代或20年代所遭遇的失败差不多。这两位斯堪的纳维亚人或许只是看到了远方更加丰茂的草场。从他们征服的民族的角度来看，在那个变化莫测而又血腥暴力的时代，这两位留里克保了一方的稳定和安宁。《往年纪事》（*Russian Primary Chronicle*）记录了留里克掌权前的俄罗斯的现实情况："毫无章法可言，部族之间斗争不断。"[10] 任何能够保护自己的部族且能维护秩序的领主都大受欢迎，不论他出身如何。

每位斯堪的纳维亚领主都梦想着成就这两位留里克所成就的一切：为自己谋得稳固的大权。他们多数都想直接在斯堪的纳维亚实现自己的抱负（如同留里克试图在丹麦所做的那样），但许多却是离开家乡后才实现了抱负。于是，北大西洋群岛，从格陵兰岛到文兰（Vinland），再到冰岛、设得兰群岛（Shetlands）、奥克尼群岛（the Orkneys）以及爱尔兰和不列颠，都成了诞生领主的地方，或是斯堪的纳维亚人后裔的安居地，就如同斯堪的纳维亚人在俄罗斯、弗里西亚、诺曼底及欧洲大陆其他地方获得了权力一样。在维京时代，各种各样有着斯堪的纳维亚姓名的人都自封为国王、君主或一般的领主，他们在不同时期活跃在诺夫哥罗德、杜里斯特、鲁昂、都柏林、马恩岛（Isle of Man）、约克（York）、设得兰群岛、赫布里底群岛（the Herbrides）、奥克尼群岛、法罗群岛（the Faroes）、冰岛及格陵兰岛等不同的地方。

我们不该忘记这是些渴求权力的领主所进行的一场迁移，主角并非普通大众。这些领主必定都会有勇士军队相伴，虽然规模大小不一，但这样的迁移与斯堪的纳维亚人19世纪开始的大规模迁移有着根本的不同，19世纪的迁移中还有相当一部分人迁到了北美地区。此外，维京时代斯堪的纳维亚人迁移的主要原因也并非人们常猜测的人口压力。正如托马斯·马尔萨斯（Thomas Malthus，1766—1834）*所提出的，人口会一直增长，但往往会受到饥荒、战争和疾病的限制。人们也许因为在家乡总是缺乏机遇而感受到压力，而让维京时代显得与众不同的并不是家乡带来的异常大的压力，而是其他地方出现的真正能抓住的机遇。斯堪的纳维亚地区作为蛮族故土人口过剩的固有印象早在维京时代之前就已形成，且出自为中世纪学者所熟知的希波克拉底和亚里士多德所研究的古代气候理论。比如，博学多识的助祭保罗（逝于799年）就写道，寒冷的北方地区"太适合强身健体和提升国家实力了"。接着，他又说道："自此成千上万个民族将如雨后春笋般在北方涌现。"[11] 6世纪中期，历史学家约尔丹尼斯（Jordanes）在君士坦丁堡写作时尝试着解释入侵罗马帝国的哥特人（Goths）的起源，他找到了同样的理论，说哥特人定是来自斯堪的纳维亚，而斯堪的纳维亚在他眼里是"人口增长和国家扩张的沃土"。[12] 后来的一些学者谈论起维京时代斯堪的纳维亚人口过剩的情况时，也会沿用保罗和约尔丹尼斯的传统观点，简单地重述着这古老却并无实际根据可言的陈词滥调。

如维京领主哈夫丹的故事所示，是掌握军事大权的领袖而非斯堪的纳维亚地区的人口压力推动了维京时代斯堪的纳维亚人的迁移。公元876年，哈夫丹的军队攻下了诺森布里亚（位于英格兰东北部）之后，"哈夫丹将土地分给"他的追随者，而"这样他们就能自己耕作、自给自足了"。[13] 换句话说，哈夫丹不需要再供养他们

---

* 英国教士、人口学家及经济学家。著有《人口论》。——译者注

了。但哈夫丹所划分的"土地"的确切所指仍颇受争议，没有统一的解释——到底是诺森布里亚在遭受了多年维京劫掠后变成了人烟稀少的地区，还是哈夫丹直接将其他人口较为稀少的聚居区土地进行了划分？又或许他直接驱逐或杀死了当地的常住人口？[14]无论如何，哈夫丹的确拥有一支庞大的维京军队，所以只要他愿意，就一定有能力用血腥暴力的方式夺取土地。

斯堪的纳维亚迁居者对常住居民影响最大的地方要数不列颠群岛。哈夫丹是众多北欧维京首领中唯一一个成功地在此为维京人谋得权位的领主。另一位"异教徒大军"的领袖古斯鲁姆在东安格利亚*也做过同样的事，他甚至还接受了盎格鲁－撒克逊名字埃塞尔斯坦（Ethelstan）。公元878年，前维京领主接受洗礼并将这位著名的国王奉为教父时，一个威名不亚于威塞克斯王国国王阿尔弗雷德大帝（King Alfred the Great of Wessex）的人为古斯鲁姆起了这个名字。[15]

通常，像古斯鲁姆（埃塞尔斯坦）这样的维京首领似乎都渴望吸收并同化定居地的文化。成为欧洲统治者的维京领主迅速接受当地盛行的统治文化，这其中就包括依靠教会的支持，以及在政府内部使用书面文件。和不列颠群岛的大多数其他维京统治者一样，古斯鲁姆也动用了在当时鲜为人知的重要王室特权：他模仿英格兰铸币规格与图案发行刻有拉丁文的铸币。也有例外，约克国王奥拉夫·古斯弗里松（Olav Guthfrithsson）就发行过刻印有北欧文的铸币。公元940年前后，他以北欧语中表示国王的cucunc一词自称，

---

* 对东英格兰一个地区的传统称呼，以古代盎格鲁－撒克逊王国中的东安格利亚王国命名。——译者注

而非拉丁语中的 rex。[16]

与他们的首领一样，普通维京迁居者也接受了许多定居地的文化风俗。这一点在大多数斯堪的纳维亚人定居的英格兰部分地区的丧葬风俗中有明显的体现：除了个别例外，大多数斯堪的纳维亚人的坟墓都与英格兰当地人的坟墓极为相似。[17]

一些维京首领定居在爱尔兰、苏格兰，以及不列颠北方和西方诸岛：奥克尼群岛、设得兰群岛、赫布里底群岛和马恩岛。虽然他们的故事以及他们所创造或继承的王国、公国和领地的历史无法从文献中找到完整的叙述，但显然他们从未在得到荣誉后有过片刻安宁。其他斯堪的纳维亚人及不列颠群岛上的居民经常出击以挑战他们的统治。例如，公元 877 年，哈夫丹显然是在自己刚征服的诺森布里亚王国被驱逐出去之后遭到杀害。同样，古斯鲁姆和他的东安格利亚王国也很快从文献中消失。不过，这两位攻占过的土地依旧掌控在斯堪的纳维亚人手中，至少断断续续地在接下来的大约一个世纪中都是如此。而这些地方成了后来众所周知的"丹麦律法区"，也就是"丹麦的（斯堪的纳维亚的）法律施行的地区"。[18]

在北欧人占领不列颠群岛的历史中，一个显赫的家族脱颖而出：哈夫丹其中一位继承者，即约克和诺森布里亚国王古斯瑞德（Guthred）的后代。[19] 像古斯鲁姆一样，古斯瑞德也成了基督徒（或者他在去往诺森布里亚之前就已经是基督徒了）。后来据说诺森布里亚的主保圣人圣卡斯伯特（St. Cuthbert）让古斯瑞德成为诺森布里亚国王；圣卡斯伯特托梦给修道院院长，在说到此事时提到了古斯瑞德的名字。古斯瑞德统治诺森布里亚十多年，直到他于 895 年逝世。他死后被葬在约克大教堂。此后，王国陷于统治权纷争，在公元900年左右，诺森布里亚王国及古斯瑞德家族到底经历了什么，我们尚不清楚。

古斯瑞德的儿子拉格纳尔（Ragnall）和斯特瑞克（Sitric）在他逝世时还只是孩子，他们于917年第一次出现在历史记载中，各自率领着一支维京舰队到达爱尔兰，击退了爱尔兰军队。斯特瑞克控制了利菲河岸的早期维京人定居地，并让自己的手下在名为"都柏林德"（dub lind，意为"黑池"）的水池上方的山脊处修起一座驻防堡垒，以及数条精心布局的街道。这便是都柏林（Dublin）的起源。到19世纪时，在城市中心还能看到斯特瑞克所规划的城市早期的痕迹。拉格纳尔则去了其他地方。先是劫掠了爱尔兰沃特福德（Waterford）一带，接着回到不列颠，并在那里最终成为诺森布里亚国王，定居于约克。公元10世纪20年代初，拉格纳尔逝世，斯特瑞克在约克继承了王位，他们的另一个兄弟古斯弗里斯（Guthfrith）则留下统治都柏林。

斯特瑞克和他的兄弟们不再是海盗领主，他们成为实力强大的国王，不列颠群岛的其他国王也认可了他们的身份。10世纪20年代中期，麦西亚王国的盎格鲁－撒克逊国王埃塞尔斯坦将自己的妹妹嫁给了斯特瑞克以承认其王室地位。我们不能确切地知道这位公主的姓名——12世纪，历史学家马姆斯伯里镇的威廉（William of Malmesbury）说自己已无法找到答案——但她很可能就是斯特瑞克非常出名的儿子奥拉夫·库阿兰（Olav Cuaran）的母亲。

奥拉夫的父亲婚后一年就逝世了，显然，当时奥拉夫还很小。他出现在历史记载中的年份是941年，当时他还是个少年。那一年，他与表亲拉格纳尔·古斯弗里松（Ragnall Guthfrithsson）一同成为诺森布里亚的统治者。944年，他们二人被逐出诺森布里亚王国，接着奥拉夫便前往爱尔兰掌控了他父亲曾统治的都柏林。可后来他在都柏林又被推翻，便回到了约克，大约在10世纪中期做了几年约克的国王。952年，苏格兰人和盎格鲁-撒克逊人联合起来攻击反对他，他又逃到了爱尔兰。他在约克的王位由诺森布里亚的最后一任北欧国王即来自挪威的"血斧王"埃里克（Erik Bloodaxe）继承，不过埃里克在954年也被驱逐出境。

回到爱尔兰后，奥拉夫重新夺回了都柏林，并在此继续统治了近30年。在此期间，他接连娶了两位爱尔兰公主，而都柏林也发展成举足轻重的商业中心，成了爱尔兰的第一座城市。作为都柏林国王，奥拉夫既资助北欧诗人，也资助爱尔兰诗人，如索吉尔斯·奥拉斯加德（Thorgils Orraskald）和西纳德·奥海坦（Cináed ua hArtacáin），其中奥海坦还说自己会两种语言，但没有确切的证据能够证明。奥拉夫的诗人注意到奥拉夫的威名并未沉寂。的确，在12世纪以及之后的法国和英国诗歌中，奥拉夫被塑造成高贵野蛮人的形象，化名为"丹麦王子哈夫洛克"（Havelok the Dane）。奥拉夫早年毫不留情地劫掠教会，980年战败于塔拉（Tara）大战后，他便撤退到位于赫布里底群岛艾奥纳岛的圣哥伦巴修道院内。次年，他在这里去世。

奥拉夫的儿子及其后代在一个多世纪中依旧是爱尔兰海域政权的主要角逐者，其中尤其突出的是奥拉夫那有着动人名字的儿子斯特瑞克·斯肯比尔德（Sitric Silkenbeard，逝于1042年）。他是冰岛传奇故事中的著名人物，母亲是位爱尔兰公主，祖母是盎格鲁-撒克逊公主，曾祖父则曾是诺森布里亚国王，可在12世纪讲述爱尔兰历史的《爱尔兰抵御外来者的战争》(*Cogad Gaedel re Gailab*) 的记述中，斯特瑞克仍被当作"外来者"。该历史文献中记述了1014年都柏林北部发生的克朗塔夫之战。在这场战争中，斯特瑞克的军队与其岳父的军队相互拼杀。其岳父也是其继父，即当时的爱尔兰国王布里安·博鲁（Brian Boru）。其中有很多对"外来者"高度贬损的描述："现在阵地的另一方正高声呼喊，十分可憎……（接连27个贬义形容词）……恶毒的、残忍的、恶狠狠的丹麦人；粗鲁的、铁石心肠的丹麦人；残暴掠夺的外来者；冷血残酷的异教徒；对上帝、对人类没有尊重，没有敬意，不在乎名誉，也毫无怜悯之心。"[20] 斯特瑞克却并不全是如此意义上的异教徒，毕竟，1028年他去罗马朝圣的时候，曾向教皇请求将都柏林纳入大主教的教廷。

事实上，爱尔兰的战士尤其是斯特瑞克的舅父伦斯特国王梅尔·莫尔达（Máel Mórda）手下的部将在克朗塔夫这场战役中都是为斯特瑞克而战的，斯特瑞克的军队中也有来自不列颠群岛的各位北欧统治者所派遣的部队，如奥克尼群岛的西格德伯爵（Earl Sigurd）以及诸岛王国（赫布里底群岛及马恩岛）国王朗格曼（Lagmann）之子奥拉夫。这些统治者都来自斯堪的纳维亚，血脉相承，又有着共同的语言文化，这使得他们必须对彼此保持忠诚。然而，西格德和奥拉夫此举更多的是想要抓住机会以扩张实力，提升自己的威望。布里安·博鲁这边如我们所想自然有其他斯堪的纳维亚人相助。爱尔兰所发生的这些战争，其主要矛盾并非"维京人"与爱尔兰人之间冲突的延续，不过《爱尔兰抵御外来者的战争》的作者和其他作者大都喜欢想象和描述这样的战争场景。克朗塔夫战场上的将士都是为了各自的利益而战。

《爱尔兰抵御外来者的战争》中对战争结果的描述很明确：布里安·博鲁的"爱尔兰"一方获胜，他自己却在战场上牺牲。从另一方面来看，几乎同时期的北欧吟唱诗《旗帜之歌》(Darraðarljóð)却颂扬了斯特瑞克的胜利。然而，可以确定的是，爱尔兰人一直没能将斯特瑞克从都柏林驱逐出去，直到1036年在他统治了近半个世纪后才最终将其驱逐。斯特瑞克之后所生活的地方已无法确认，但他一直在那里活到了1042年。

斯特瑞克被驱逐并不代表着斯堪的纳维亚人在都柏林的统治已结束。他们依然统治着都柏林（这其中就包括斯特瑞克的侄子伊瓦尔），直到12世纪英格兰的诺曼统治者入侵爱尔兰。斯特瑞克的弟弟哈拉尔家族统治了诸岛王国许多代，也就是担任马恩岛和赫布里底群岛的国王，而他的孙女朗希尔德（Ragnhild）则成了威尔士国王格鲁福德·阿普·卡南（Gruffudd ap Cynan，逝于1137年）的母亲，也因此成了后世威尔士统治者的先祖。

斯特瑞克统治都柏林的最后20年几乎恰好与另一位不列颠群岛的斯堪的纳维亚统治者统治时期重合。这位统治者便是丹麦国王克努特。他曾在1016年征服了英格兰并一直在那里统治，直到1035年去世。历史学家猜测，克努特与斯特瑞克之间有来往或结成了联盟，他们甚至猜测克努特之死与次年斯特瑞克被逐出都柏林也有联系。然而，却没有证据能够证明这些猜测。[21] 克努特在英格兰的统治被认为是斯堪的纳维亚人统治不列颠群岛一个多世纪以来权力的鼎盛时期。9世纪时，古斯鲁姆和古斯瑞德对治下郡县大小的领地已经比较满意了。但11世纪早期，克努特几乎拿下了整个英格兰，而且还从弟弟那里继承了丹麦的王位，一时间成了北欧权力最大的统治者之一。他延续了父亲"八字胡"斯韦恩（Svein Forbeard）曾走过的路。斯韦恩也曾攻占英格兰，但未能长久统治，因为他在1013年的圣诞刚宣布自己获得英格兰王位后没几周便去世了。

斯堪的纳维亚迁居者对大不列颠群岛的社会文化影响巨大，且其影响至今仍清晰可查。现代遗传学研究者经常在诸岛现今的人口中找寻斯堪的纳维亚人的基因，并且经常能够找到（并非总是如此）。[22]例如，一项关于不列颠群岛居民的基因调查资料显示，设得兰群岛上有40%的居民祖先来自斯堪的纳维亚，而奥克尼群岛有30%的居民祖先来自斯堪的纳维亚，西部群岛则只有15%。[23]

按照现代的思维定式，我们通常会想象在不列颠和爱尔兰定居的斯堪的纳维亚人都是些结实健壮的男性，他们会与当地的女性结婚组建家庭。然而，有历史与遗传学的证据表明，这些维京迁居者通常会带着自己的家庭来此定居。公元9世纪90年代，领主哈斯坦（Hæsten）领导下的一支维京大部队劫掠了英格兰。他们在埃塞克斯的本弗利特（Benfleet）建了一座堡垒，并将"钱财存放于此，妇女孩子保护于此"。893年，英格兰人占领了这座堡垒并抓住他们的家人，这其中就有哈斯坦的妻子和儿女。[24]这一历史事实有考古证据佐证，从这些证据中还可发现，迁居到不列颠群岛的斯堪的纳维亚人中有一大部分是女性，而其人数也比此前猜测的更多。[25]如遗传学证据表明的一样，设得兰群岛和奥克尼群岛居民，其祖先是斯堪的纳维亚女性的比例与男性差不多。相比之下，西部群岛的结果则表明大多基因遗传来自斯堪的纳维亚的男性。为何会出现这种情况很难解释清楚。

斯堪的纳维亚迁居者使用的北欧语也很大程度地影响了不列颠群岛上使用的语言。[26] 在爱尔兰语中，这样的影响并不是很明显，但其中也的确借用了一些北欧词汇。其中一个例子便是北欧语中形容皮肤和毛皮的词 skinn 在中世纪爱尔兰语中为 scing，意思是"服饰、衣物、斗篷"。该词后来也发展成英文中的 skin，即"皮肤"一词。古北欧语中的 rannsaka（搜查屋子）一词同样被纳入爱尔兰语和英语中，即 rannsughadh（搜查、搜寻）和 ransack（彻底翻查）。北欧语对现代英语影响深远，让现代英语使用者难以察觉到自己正在使用如此多的北欧词汇。相比之下，英语从法语和拉丁语中借用的词汇很容易发觉；我们知道 mutton（羊肉）和 prescribe（规定）是取自其他语言，但也许难以发觉 window（窗户）和 flawed（有缺陷的）也是外来词。事实上，我们完全可以用来自古北欧语的词写一篇完整的记叙文（除了连词、连缀动词，the 和 a 一类的冠词，以及 of 和 at 一类的介词之外）*。举个例子：

奇怪的北欧外来词就像一扇神奇的窗，透过它们似乎可以看到一群笨拙粗犷而又易怒的家伙，还有那一串串在船尾低处的尾流中摇晃的锈迹斑斑的钩子。这群诡诈且破绽百出的"贵客"甩掉铠甲，一心奔向金银财宝，用手中的棍棒无情地进行残杀。他们的子孙后代同样是烧杀抢掠的强盗、无恶不作的丈夫，将奴隶装袋贩卖；同样喜好女色，沉浸在肉欲之中忘乎所以；劫掠敲诈，从战利品中挑出最适合的礼物，看似缺乏热情

---

* 从这部分引言的英文原文可以直观地看出用词特点，中文译文无法呈现，有兴趣的读者可以对照原版书。——编者注

又有些乏味，却总能惹上一堆麻烦。他们加速驶向远方，历经狂风暴雨、层层巨浪，有的溺于水中，有的历经风雨后定居下来。盖屋搭棚，天空之下，山坡之上，都成了家。开开心心地清理完脏兮兮的软被，摊开双腿，怀抱着自家衣衫破旧而又絮絮叨叨没完没了的女人，生几个孩子，共同抚养着一群有着大大的眼睛却满脸斑点的毛娃娃长大。这群调皮鬼又丑又淘气，脸上留下了好些疤。穿着苏格兰的小短裙来来去去跑个不停，呼哧呼哧地你追我赶，一会儿哭哭啼啼，一会儿号啕大哭，成天吵吵闹闹炸开锅似的。这些勤俭节约的年轻人乐于发表些负面的演讲，不为鸡蛋牛肉或是面包蛋糕，他们只想抓住机会抱怨抱怨地方规定或是家长里短——纵情畅饮几桶泛着泡沫的麦芽酿酒——一切都会变好。之后继续摸爬滚打，步履蹒跚、摇摇晃晃、慢慢悠悠地跨过前方的崎岖坎坷之路。[27]

北欧语言对不列颠群岛居民家族姓名的影响也很深远，却常常被忽略。盖尔语姓氏的前缀 mac（孩子、子孙）常与北欧语的姓名组合在一起，如麦克劳德（Macleod，源自北欧语中的 Ljotr）、麦考利（Macauley）、麦考利夫（MacAuliffe，源自北欧语中的 Óláfr）和麦克斯韦尼（MacSweeney，源自北欧语中的 Sveinn）。不过这并不能说明这些家族一定是挪威人、丹麦人或瑞典人的后代，毕竟许多没有北欧血统的人们也会使用北欧语的名字，显然这在维京人聚居的范围内很流行。

许多英国地名都包含北欧语词汇，而这些富有个性的地名也是证明斯堪的纳维亚人定居范围的重要依据。如斯旺西（Swansea）就源自北欧名字斯温（Sveinn）。斯堪的纳维亚人用来表示"岛屿"的词，如柯尔比 Kirkby 和 Kirby（在不列颠群岛岛名中有 47 个例证）则源自 kirkja 和 by 两个词，分别表示"教堂"和"农舍、乡村"的意思。又如凯特索尔普（Kettlethorpe），源自北欧名字 Kettil 和 thorp，意思是"偏远农场"。一些地名也会与女性名字组合在一起，如罗文索尔普（Raventhorpe）就源自 Ragnhild。一位研究约克郡和林肯郡（Lincolnshire，均在丹麦律法区）地名的学者发现有 57 个地名分别源自 28 个不同的女性名字，这大概也更进一步证明了斯堪的纳维亚女性的确是随着维京军队一同到达了英格兰。不过，地名中所纪念的这些女性也可能是移民的第二代或第三代。[28]

迁居到不列颠群岛的斯堪的纳维亚人对当地王国的体制也有一些影响，虽然其中最明显的影响后来演变成了消极影响。在克努特既是英格兰国王又是丹麦国王的时候，丹麦从更为进步的英格兰王国吸收学习了许多先进的管理制度和管理形式。然而，斯堪的纳维亚的传统规定在丹麦律法区（顾名思义）依然保持有效性，就算北欧人不再是统治者，这些规定依旧有效。其中斯堪的纳维亚人对英格兰制度最重要的影响大概就是税收稽征制度。1012 年，国王埃塞尔雷德雇用索尔凯尔（Thorkell）领导的维京军队时，他从刚征收的丹麦金中抽取了一部分用来支付索尔凯尔军队的报酬。丹麦金也就是租地税或后来所说的贡金，每年都会从土地所有者那里征收一次，后来的英格兰国王在索尔凯尔和他的维京军队走了很久之后还继续征收这种税。直到 1162 年，这项制度才在亨利二世统治时期被废除。

这些入侵并迁居至此的维京人对不列颠群岛产生了持续的影

响。原因显而易见，他们此前占领过当地人居住的地方，而当地人也许被残杀，也许成为奴隶被运到欧洲其他地方，又或者自发离开了故土。毕竟，维京人的"大军"在9世纪晚期击溃了3个盎格鲁-撒克逊王国，这对他们自己也造成了极大的损失。以奥克尼群岛和设得兰群岛为例，有学者怀疑是否在岛上的原住民全部消失后斯堪的纳维亚人取而代之了，而且斯堪的纳维亚人所使用的北欧方言诺恩语（Norn）在当地一直沿用到19世纪。[29] 斯堪的纳维亚人在迁往不列颠群岛的过程中经历了与原住民的交锋，在这过程中虽有和平相处，却也难免带有血腥暴力。

相比之下，一些斯堪的纳维亚的迁出者定居在人烟稀少的地区或是荒芜地区，如格陵兰岛。格陵兰岛以大部分土地被冰川覆盖而闻名，但我们也不该忘记其沿海的狭长地带，尤其是西边沿海地带，是没有冰冻的。当地气候极其寒冷，无法维持森林生长或是大面积的谷物种植，但狭长地带还是有绿草生长，而这些绿草既是该岛名字的由来，又能维持家畜的生养。此外，这片土地也是动物的竞技场，动物种类繁多，如驯鹿、狐狸和熊。格陵兰岛外的水域中也有丰富的鱼类和其他珍贵动物，如海象、海豹和鲸。因而，人们在此不仅能够生存下来，还能通过出口北极地区丰富的物产资源过上安乐的生活，像海象牙和鲸鱼皮制成的船绳等远销欧洲。

斯堪的纳维亚人在格陵兰岛定居到10世纪末。后来的《格陵兰人萨迦》(*Saga of Greenlanders*)和《红胡子埃里克萨迦》(*Saga of Erik the Red*)中都描述了红胡子埃里克（Erik）只身一人去格陵兰岛殖民的壮志。他在传说中被塑造成因杀人而被迫离开冰岛的无用之人和惹事鬼。他劝说其他冰岛人一同迁居到格陵兰岛，之后他在格陵兰岛也成了当之无愧的领主。如此一来,埃里克的故事便也匹配了此前两位留里克的谋生法则:在家乡不可能成为一方之主,却能在远离家乡刚开始生活的地方恰巧抓住实现抱负的机会。这些传奇故事很可能为了加强文学效果而对埃里克在冰岛的悲惨遭遇加以夸张的描述,以此与他之后在格陵兰岛辉煌的领主生涯形成鲜明的对比。但即便如此也难以掩盖这样的事实:埃里克成了又一个通过迁出故土而实现抱负的开创者。

在格陵兰岛,斯堪的纳维亚人有两个定居地,即西部和东部定居点。[30] 西部定居点在东部定居点西北部约 650 千米的地方。埃里克在这里为自己选了个不错的地方来经营农场。他将此地称为布莱塔里德(Brattahlid),坐落在埃里克峡湾(Eriksfjord),即现今位于通德利阿菲克峡湾(Tunugdliarfik)的卡西阿苏克(Qagssiarssuk)。在这里他建起了自己的大厅和其他建筑。据传奇故事描述,他的妻子斯约德里德(Thjodhild)先于他之前皈依基督教,建了一座教堂,而考古学家们认为,这座教堂便是他们在距离布莱塔里德不过几百米处所发现的那一座。教堂非常小,平地面积不过 6~10 平方米,里面是木质的,外墙用厚厚的草皮围起来。墙边有木质长椅,可以坐人。教堂周围是公墓,已发掘了 144 座 10 世纪末至 12 世纪的墓穴(有 24 个孩子、65 个男性和 39 个女性的遗骸)。我们有理由相信红胡子埃里克与妻子斯约德里德及儿子莱夫·埃里克松(Leif Eriksson)有可能存在于此公墓内所发掘的尸首中。

在埃里克峡湾建起自己的大厅后,"红胡子"埃里克感到很得意:他从最初的充满迷茫,到后来成为一方之主。东部定居点的人们也将他当成政治领袖,到 14 世纪 50 年代东部定居点已拥有 190

个农场及大约 12 个教区教堂。1126 年,格陵兰岛甚至有了自己的主教。主教就住在加达(Gardar),也就是伊加利科(Igaliko),在距离布莱塔里德不远的下一个峡湾——埃纳尔斯峡湾(Einarsfjord)。西部定居点则拥有 90 个农场和 4 座教堂。那么北欧的格陵兰岛上到底有多少人居住呢?对此的估计也是差异巨大,从 1500 人到 6000人不等,但实际可能更接近 1500 人。[31]

如此少的人口在这样极端的气候下生活,几乎难以为继。疾病和冲突不断威胁着迁居者的生存。格陵兰人对暴力冲突并不陌生。布莱塔里德那座小教堂所埋葬的遗骸中,有一具遗骸在考古学家发掘出来的时候肋骨间还插着一柄匕首。这公墓的墓穴中还有另外 13 具男性和一个 9 岁男孩的遗骸,这些遗骸的骨骼也都是残断的。其中三位男性颅骨受损,是被锐物所伤,伤痕像由类似斧子或剑的器物留下。对此最贴近的解释也许是这 14 个人参与了某次远征或劫掠,结果失败了。从这一点也能说明北欧社会领主之间相互竞争,常发生暴力争斗。这些尸骨被运回布莱塔里德之后埋在这神圣的公墓中。不论是因太久未下葬而只剩骨骼,还是因水煮而骨肉分离,最后这些遗骸都被运回了家。中世纪历史中便记载了这一习俗,如《格陵兰岛编年史》讲述的格陵兰人埃纳尔·索卡森(Einar Sokkason)远征的故事中就有相关描述。埃纳尔·索卡森的远征军走到离狩猎场较远的地方,在那里埃纳尔和他的手下看到一艘沉船的遗迹,里面还有几具尸首。他下令让手下"将这些尸首扔进沸水中……直到骨肉分离,如此便能更加容易地将其带回教堂"。[32]

之后,格陵兰岛的北欧居民在中世纪时期便销声匿迹了。15 世

1209年格陵兰岛加达教区的第三任主教约恩·阿纳森（Jon Arnason）去世时，他的陪葬物中有由海象象牙精心雕刻而成的主教戒指和权杖。海象象牙是北极地区出口的最畅销的物品之一（图片来源：位于哥本哈根的国立丹麦博物馆）

纪早期，他们还定居于此，可到了 17 世纪初，丹麦和挪威的国王克里斯蒂安四世（Christian Ⅳ）不断派人远征考察却没有在格陵兰岛找到斯堪的纳维亚人。格陵兰岛上的这些北欧人究竟经历了什么，至今还是个谜，而对此的猜测也不一而足，从与因纽特人的武力冲突失败到无法在日益恶化的气候中觅食。另有说法称，这些北欧人成了英格兰人的渔夫，而且迁到了北美洲东北部生活。[33]格陵兰岛北欧文明的兴盛没能抵住渐渐衰败直至被抛弃的命运，这一点恰好有考古发掘能够证明。一处保存极其完好的考古发掘点中发现了沙土覆盖下的农场废墟残迹，在冻土多年的冰冻下留存了近 5 个世纪。这个农场就是现今已知的"沙土下的农场"，坐落于西部定居点的边缘地带，在临近河流且距海尚有一段距离的平原地区。[34]

"沙土下的农场"其北欧名字已不为人知，大概出现在 11 世纪初的前十年。我们所知道的是曾在此生活过的两位男性和一位女性的姓名——托尔（Thor）、巴尔杜尔（Bardur）和比约克（Bjork）——因为他们的名字以所有权标志的如尼文形式刻在木质器物上。该农场的中心建筑是个有 3 条走道的小门厅，经测量里面大致的面积为 60 平方米。墙壁很厚（1.2~1.9 米），由中世纪格陵兰岛上最常用的建筑材料草皮覆盖而成。草皮能够隔绝外面的寒冷，而这也正是在此生活所需要的，因为这里的气温在冬季最低会降到零下 50 摄氏度。门厅里面，沿着墙边有长椅，也有木桩支撑起草皮屋顶。这小小的门厅就像那些伟大领主的大厅的缩影，如已知的位于斯堪的纳维亚内陆的莱尔、斯勒英厄（Slöinge）和旧乌普萨拉城（Gamla Uppsala）的那些大厅。然而，不论这些格陵兰人曾有过怎样的豪情壮志，很快他们便放弃了。这样的门厅是人们暂时性的过渡居所，之后便会将其改成草棚，用来圈养家畜，主要是绵羊。绵羊产的羊毛是"沙土下的农场"农舍产业的基础，羊毛纺织也在这里进行。农场的一间屋舍里还保存下来一架立式织布机的残骸，而这也是保存最完好的维京时代的织布机了。屋内还有多达80件重物，用作使纱线保持紧绷。考古学家还在这里发现了纺织器具，如一些锭子和纺锤定盘。在农场经营中，这间大屋子主要用来制作纺织品。同时发现的还有成衣和一些贮藏起来的原毛。出产的织布品质很好，当然也能帮助农场居民抵御寒冷，虽然格陵兰人也有可能将这些织布出口到欧洲。有趣的是，经成分分析，这些产自"沙土下的农场"的织布不仅含有我们所能想到的绵羊毛、山羊毛和牛皮等原料，还有其他野生动物，如驯鹿、北极狐、北极熊、棕熊和野牛等的皮毛。棕熊和野牛并非在格陵兰岛上生存的动物，那么这些毛皮如果不是大老远从欧洲运来的，就很可能是从北美洲运来的，又或者这些格陵兰人去北美洲猎捕棕熊和野牛，或者他们和因纽特人做生意换来了这些皮毛。

"沙土下的农场"大约在1400年的某个时候被废弃。这次废弃似乎进行得悄无声息，却也是有计划的，毕竟几乎没留下什么值钱的物件。我们不知道这些农场居民都去了哪儿，但我们可以确定他们是坐船走的，否则很难解释他们为何会留下一些家畜没有带走。毕竟，这些家畜就在他们住地附近或是屋舍之内，这一点从屋舍内所发现的大量动物粪便可以看出。雨、雪、风慢慢侵蚀着屋舍，而家畜也会对屋舍有一定磨损和撕扯。最后留下的只有一只山羊，也不幸被倒塌的墙壁砸死；但由于尸体很快被多年冻土冰冻，其皮毛和骨骼均被完好地保存下来。倘若还有人在此生活，很难想象他们竟没有去吃这山羊肉。[35]

伴随着考古学家的惊人发现，"沙土下的农场"的命运渐渐被揭开。经证实，中世纪最后去过西部定居点的欧洲人中，有人讲述过相关经历。14世纪40年代至60年代间，神父伊瓦尔·巴达尔森（Ivar Bardarson）便住在东部定居点，主管加达主教辖区的事务。作为主教，他更喜欢待在挪威。然而，14世纪50年代中期的某个夏天，西部定居点那边什么消息都未传来。紧接着次年夏天，他便开始调查西边究竟发生了什么。但在西部定居点，他只发现了废弃的农场和一些圈养的牲畜，没有找到任何人。[36]奇怪的是，伊瓦尔在14世纪50年代时就对外宣称在西部定居点没有找到任何人，但考古学家却发现"沙土下的农场"是在1400年左右被废弃的。如此来看，要么就是考古科学发现的日期不够准确，要么就是伊瓦尔当初在西部定居点的搜查不够仔细。

东部定居点最终也灭绝了踪迹。从东部定居点一处保存完好的墓穴中发掘出的衣物表明，格陵兰人虽然居住在相对偏远而又与世隔绝的偏僻地带，但实际上一直跟随着斯堪的纳维亚内陆的时尚潮流。到15世纪中期也是如此，不过之后却发生了改变。这些定居在此的北欧人此后某个时候便销声匿迹了。而我们最后一次在书面文本中了解到有关他们的消息，便是一对年轻情侣西格丽德·比约恩多特尔（Sigrid Björnsdottir）和索尔斯坦·奥拉夫松（Thorstein Olafsson）于1408年秋季在格陵兰岛的赫瓦尔塞（Hvalseye）教堂结婚。这不禁让人猜测两人也许婚后便迁居到冰岛。目前对于格陵兰岛两处定居地的考古调查研究，都尚未发现有关这些北欧人突然绝迹的任何线索，而他们的销声匿迹又似乎组织有序，提前计划好的。也许这些北欧人选择到别处生活,特别是在气候条件从13世纪开始不断恶化的情况下,他们本就难以维持的生存变得更加艰难,逼迫他们不得不去寻找格陵兰岛和冰岛之间的新航线,以避开面积不断扩大的冰川。

原本北欧人定居的地方,因纽特人住了进来。19世纪中期在记录自己的传说和传奇故事的时候,因纽特人似乎仍记得他们与北欧人的相遇:

> 往昔,海岸还没有这么多人的时候,有一整艘船的人……渐渐靠近了康基乌萨克(Kangiusak)……来到了大房子前;但待走近一些,他们却不知道这些人从哪里来,只知道不是因纽特人。就这样,他们与第一批定居此处的北欧人不期而遇,同样他们也是第一次看到这里的原住民。[37]

在格陵兰岛这样又冷又偏远的地方生存必定要面临各种各样的挑战和机遇。而在诸多挑战中,岛上树木稀少便是其中之一。在斯堪的纳维亚家乡,他们不仅习惯了用木材造船建屋,也习惯了用木柴取暖,或是做各种各样的工具、家具和其他木质器具。后来也有萨迦记录,刚有人定居冰岛时,岛上也是树木茂密,但这一代迁居者在他们首次定居的地方不断砍伐树木,而绵羊和其他食草动物又使得草木无法持续生长。如此当格陵兰人需要木材时,最近的来源便是距此数日航程的挪威。

为了弥补格陵兰岛木材的匮乏,这些定居者创造性地使用了其他材料。我们已经看到他们用草皮和石头建屋舍,只有支撑屋顶的柱子和其他必要的支撑结构是木质的。一些冰岛人同样生活在这样的草皮屋中，一直到20世纪。[38] 格陵兰岛人也烧木柴，从他们火炉中的木炭就能看出，不过他们也一定会用某些动物的粪便来烧火。"沙土下的农场"中的居民用鲸鱼脊柱代替了木椅。他们的创造力从许多考古发现中都能看出。至于平常用的木铲，格陵兰人也将铲刃改成了鲸骨所制。农场里通向起居室的门由三块木板构成，两块木质横档将其卡在一起。木头上有许多蛀孔，所以很可能是西伯利亚浮木，也就是格陵兰人从岛上的海滩上捡回来的木头；船蛆会啃噬在海水中浸泡过的木头。门坏了的时候，他们会用鲸须将木板绑起来，再用一块驯鹿角来加固，不会用昂贵的木材来修补，所以门并不包含什么稀有的进口木材。

不过，在格陵兰岛的考古遗址中也发现了一些没有虫蛀的木制品，如"沙土下的农场"中的一碗一碟。因此，这些物件或所用的木料也定是从其他地方进口的。此外，也许是为了寻找木材的新来源，格陵兰人才开始向西向南航行，向着北美大陆进发，就在他们在格陵兰岛定居不久之后。如此，他们便成了已知的第一批到达北美洲的欧洲人，比克里斯托弗·哥伦布（Christopher Columbus）早了约5个世纪。拉布拉多半岛能提供大量的木材，而且比起挪威更是触手可及，因而在格陵兰岛发现的大多数浮木之外的木材可能都来源于此。

《格陵兰人萨迦》和《红胡子埃里克萨迦》中都讲到了发现文兰的故事。那片美丽富饶的土地盛产小麦和葡萄，河水中还游着一群群肥美的鲑鱼。有一个故事中提到这片沃土是在接近1000年的某个时候由"红胡子"埃里克的儿子莱夫·埃里克松首先探索发现的。

他们开始时打算在文兰定居,但由于遇上了难以对付的原住民而最终选择放弃。他们将这些原住民称为"斯卡灵佬"(Skrælingar)。这个词明显有贬损之意,但其确切的意思仍无定论。

这些传奇故事创作于文兰发现后的数百年,显然经过了文学修饰,但有一个事实毋庸置疑——格陵兰人的确远航去了北美洲。在近纽芬兰岛北端的兰塞奥兹牧草地(Anse-aux-Meadows)考古发现的一处斯堪的纳维亚的农场,更印证了这一事实。然而,这并不意味着传奇故事中的每处细节都是真实可信的。比如我们也许不太相信其中提到的自然生长的小麦和葡萄,不过,任何一个讲述发现文兰故事的人大概都会从文兰的名字中自然而然地联想到这一点,觉得叫"文兰"的地方就该是葡萄遍地的景象。如此,这一说法倒更像是民间传说而非几世纪以来口耳相传的真实故事了。此外,我们也应该对其他证明斯堪的纳维亚人在美洲定居的证据保持怀疑的态度——如如尼石刻或者其他类似的证据——因为其中多数都是在现代时期仿制的。

去往文兰的远航仍在继续,经文兰萨迦的诉说,最初的探险之行早已声名远扬。我们应该看到这是格陵兰岛上北欧人的一次契机。他们需要木材,所以他们从距离定居地尽可能近的地方得到了木材,那是比挪威更近的地方。据萨迦描述,这次去往文兰的航行经过了马克兰(Markland),其名意思是"林地",也说明格陵兰人非常重视这块土地,而这块地多半就是拉布拉多半岛上林地最繁茂的地方。一些格陵兰人寻找新的地方定居,建起农场,但格陵兰岛的人口太少,无法在文兰如此广阔的殖民地上繁衍下来。也可能,至少有这样的可能,他们将农场建在兰塞奥兹牧草

考古学家在加拿大近纽芬兰岛北端的兰塞奥兹牧草地挖掘了一处从公元 1000 年左右成为北欧人定居地的遗址。这一考古发现证明了斯堪的纳维亚人早在"地理大发现时代"的数百年以前就已到过北美洲。一家露天博物馆保存着一间维京时代的定居者所建草屋的仿制品,让人不禁想起时至今日在北欧格陵兰岛和冰岛也常常可以见到类似的建筑。照片由 D. 威尔逊拍摄,版权归加拿大公园管理局所有

地之外的美洲其他地方,但当早期现代欧洲人开始迫切地开垦美洲的土地时,大多数踪迹已无处可寻,因为他们可能恰巧选了几世纪前北欧人选择建农场的地方。

在维京时代,斯堪的纳维亚人几乎在纽芬兰岛与诺夫哥罗德之间,以及都柏林与杜里斯特之间的任何地方都有定居地。所到之处他们遇见了各不相同的环境,而他们也带着自己各不相同的目的。去往东边的留里克到一个没有强国的地方寻求商机;去往西边的留里克则攻下了商贸重镇杜里斯特,同时占领了周边地区,建起一个强大的帝国,赢得了其他帝王的尊重和认可。去往格陵兰岛和冰岛

的定居者则开拓了无人居住的新定居点,和斯塔瑞斯塔德的留里克一样,想要拥有自己的农场和家畜。其他维京领主,像古斯鲁姆和英格兰的哈夫丹以及爱尔兰的斯特瑞克·斯肯贝尔德,锁定的则是现有国家,考虑推翻当时的政权。他们抵达时所带领的军队足可以与防御部队相抗衡。一旦取得胜利,他们便至少能够带着随行的一些勇士住进那些曾有人居住的领地。所有的斯堪的纳维亚人都追逐着他们各自眼中的机遇。这一点也尤其适用于那些追求权力的领主们。他们都乐于接受欧洲的文化和文明,想要成为欧洲人,就像古斯鲁姆那样,接受基督教和自己盎格鲁-撒克逊的姓名埃塞尔斯坦。不论他们走到哪里,维京时代的斯堪的纳维亚人都带着他们自己的语言、习俗和血统。而如今这一切都能在欧洲的不同地方寻到些许踪迹。北欧外来词没有为东欧的斯拉夫语所借用,但英语中有许多,爱尔兰语中有一些,法语中也有一小部分。北欧习俗依旧在英国丹麦律法区的传统中有所体现,但诺曼底公爵和其他定居者很快接受了法国的传统习俗,反而变得更像法国人而非斯堪的纳维亚人了。斯堪的纳维亚人对弗里西亚的占领也几乎被忘却了。冰岛是保留了大多斯堪的纳维亚人传统特色的维京时代定居点。自北欧人首次在冰岛定居以来,其语言几乎没有什么变化,这也使得现代冰岛人能够较为轻松地理解古北欧语的篇章。

第四章

舰、船、后世摆渡

公元810年,查理曼年岁已高,他"收到消息说一支有200艘舰船的舰队从丹麦而来,在弗里西亚登陆",即查理曼帝国的北岸。维京人劫掠了弗里西亚,与弗里西亚人进行了3次大战,最终逼迫弗里西亚人缴纳了一大笔赎金才饶过他们的性命。查理曼闻此勃然大怒,随即命令自己的军队集结向北前去攻打。而他自己也骑着战马前去攻打正在烧杀抢掠的北欧人,临行还带着心爱的宠物大象阿布-阿巴斯(Abul-Abbas),也就是巴格达哈里发哈伦·赖世德(Harun ar-Rashid)赠献的礼物。但刚过莱茵河,这只大象突然死了,俨然成了凶兆。痛失宠物的查理曼坚持向北进发,却收到消息称"那支袭击了弗里西亚的舰队早已返航归家了"。气势汹汹的法兰克军队就这样白来一趟,未曾在战场上与斯堪的纳维亚人交锋。[1]

这一事件向我们展示了维京人如何利用他们舰船之快一击制胜。一声不响地突然出现,直击要害,再快速离开以避免冒险与训练有素的强大正规军交锋,如此才能在法兰克帝国的常规部队到来之前脱身。同时期的历史记录者通常会着重讲述维京袭击出奇制胜的特点，他们这样描述北欧人：他们带着舰船"破城而入""从天而降"或是"猛然闯进"。复制的维京舰船在海上试验中印证了其适宜航行并且移动迅速的特点。如复制"斯库勒莱乌5号"（*Skuldelev 5*）维京舰船的"探问号"（*Helge Ask*），其在海中的航速已超过15节[*]，而人力划行的速度最多能达到6节。其他仿造的维京舰船也成功经过了北大西洋狂风巨浪的考验。[2] 维京时代斯堪的纳维亚的造船者设计的这些精巧的战舰时至今日依旧让我们刮目相看。

同时期的记录常会记载维京人是乘舰船抵岸的。851年，"350艘舰船驶进了泰晤士河口"，盎格鲁－撒克逊的历史记录者如此记录道。859年，兰斯大主教辛克马尔记道："丹麦海盗在海上航行甚远，经过了西班牙和非洲之间的海峡，之后便沿着罗讷河（Rhone）继续上行，一路上他们'抢掠城镇，劫掠修道院'。"[3] 维京人是天生的水手。创作诗歌《马尔顿之战》的盎格鲁－撒克逊诗人也提到过这样的事实，公元1000年左右他与一位维京发言人谈话时称他们的勇士都是"勇敢的水手"，而这些维京勇士也只有在拿到英格兰人支付的数额可观的贡金后，才会"径直回到舰船，转身驶向大海"。[4]

如果中世纪早期的斯堪的纳维亚人没能成为技艺精湛的造船师，恐怕也不会有维京人和维京时代的存在了。他们学会了如何建造快捷实用的舰船，这些船既适于航海又适合在较浅的河流水域航行，而且还能运载许多维京勇士。因而，欧洲那些临海或临近宽阔河流的地方都遭受了维京人怒火的侵袭。斯堪的纳维亚人自己也强

---

[*] 船和航空器的速度计量单位，即1海里/时。——译者注

烈意识到了船对于他们的重要性,所以他们会在神话、诗歌、如尼刻文及丧葬习俗中颂扬他们的舰船。比如,他们普遍相信身后世界最适合乘船抵达,于是许多斯堪的纳维亚的维京勇士以及过着平静生活的耕民都会被葬在船中,或是至少有象征船的物件陪葬。

维京时代开始之前的几个世纪,斯堪的纳维亚人就已经建造出造型优美、航行迅速的舰船。不过这些船只能划行,不能航行,但这些船仍然是无坚不摧的战舰。19世纪时,在尼达姆(Nydam)发现了一艘约公元320年流传下来的、保存完好的舰船。那是一艘巨大的战舰,23.5米长,3.5米宽。当28名船员(勇士)同时全力划行时,这艘船可达到最高航速。如此舰船所带来的威慑力便能够解释为何那些波罗的海中哥特兰岛上的居民在前维京时期就将定居地从海岸线往内陆迁移了一些。虽然这段距离距最近的内陆地区差不多有100千米的距离,能预先保护小岛不受外来突袭,但后来像尼达姆这样的战舰经过不断改进,又迫使定居者必须做出防御措施,而非仅仅往内陆迁移了。[5]

虽然人力划行的船很容易就能抵达哥特兰岛以及其他距离内陆较近的岛屿,但这些船并不是非常适合维京人用来前往欧洲西部进行劫掠,或是航行去往冰岛、法罗群岛及不列颠群岛等地。很明显,这些船也并不是为了海上远航而专门建造的。长距离的航行还要等斯堪的纳维亚的造船师们建造出帆船才能实现。北欧人为何在很久以后才开始使用船帆,这也是斯堪的纳维亚造船业中最大的谜团之一。罗马人曾将帆船带去北海,一些德意志以及不列颠群岛的非罗马人吸纳了罗马人的航海技术。但斯堪的纳维亚人并非如此,至少在8世纪末之前都未这样做。一直到公元800年左右,哥特兰岛的图画石上才开始出现帆船的图案，代替了此前人力划船的图案。考古学家发现的最古老的斯堪的纳维亚帆船是"奥塞贝格号"（*Oseberg*），于公元815至820年间在挪威建造。其松木桅杆有些笨拙地伫立在船上，一定程度上也表明造船师并不是非常熟悉这样的新设计。此外，"奥塞贝格号"船身较低，从龙骨到船两侧上缘仅有1.6米高。正常情况下，其吃水线（陷于水中的深度）仅有80厘米，便于在较浅水域控制船身。但其干舷（从水面到船两侧上缘的距离）同样不长，这就意味着船在大风天里航行并不是很安全。"奥塞贝格号"的仿制船在试航途中已经显示出航行快捷的特点，但当在大风中航行或是航速超过10节时，并不是很安全。

目前保存完好的维京长船中有一艘是在挪威科克斯塔德的一座墓中挖掘出来的，现存于奥斯陆作为展品。一名战死沙场的健硕男性葬于此船中，船中还有大量陪葬品，包括马匹和狗。版权归奥斯陆大学文化历史博物馆所有

第四章 舰、船、后世摆渡

到公元900年左右时，斯堪的纳维亚的造船师们开始设计建造两种类型完全不同的船：一种是长而线条流畅的战舰，另一种是宽而相对较短的货轮。斯堪的纳维亚舰船有着令人震惊的承载力，比如在海泽比港口发现的一艘维京长船，大约于1025年建造，长约25米，预计一次能够承载60吨的重量。这其中最典型的代表也许就是名为"斯库勒莱乌1号"的舰船了。这艘船在丹麦罗斯基勒（Roskilde）附近被发现，是一艘非常适于航海的、结实耐用的舰船。该船约建于1030年，船身长约16米，能够承载约24吨的重量。一些完全按照其规制所建的船也证实了只需5~7名船员便能够轻松驾驶这艘船。在港湾以及其他较为封闭的水域，这艘船上的船桨能帮助船员控制驾驶这艘船，但这些船桨并不能用来为航行提供动力，能为船提供动力的只有船帆。

斯堪的纳维亚的造船师也会建造线条流畅的长船作为战舰使用。这样的长船通常配有船帆，不过也有人力划行的空间。在海泽比海港发现的一艘自公元985年保留至今的舰船就差不多有31米长，但却只有2.6米宽。这艘船能允许6名船员使用30对船桨划行。另一艘更长的船为1025年之后所建，在最近被发现，不过都成了碎片。令人惊讶的是，这艘船是在罗斯基勒海港附近扩建维京船博物馆的过程中挖掘出来的。其龙骨由3根独立的木头构建而成，这些木头总长32米，而这艘船原本应该有约36米长。中世纪盛期的萨迦中对这些大型战舰尺寸的描述曾被认为是夸大其词。比如，13世纪的历史故事《挪威王列传》中就提到，奥拉夫·特里格瓦松（Olav Tryggvason）的大船"长蛇号"（建于约公元1000年前）有68名船员划桨的空间。[6]而在罗斯基勒及海泽比最新发现的长船恰好证实了这些描述。

维京时代，各伟大领主之间会相互竞争，比较谁的战舰最长或谁的战舰装饰得最华丽，但其中也有建造比例一般却能很好协助维京劫掠的长船。我们所知的"斯库勒莱乌5号"就是这种建造比例的普通维京长船，长18米有余，能够容纳13对船桨。

维京时代的舰船之所以能脱颖而出，秘诀就在于他们建造舰船的方法。几世纪前，斯堪的纳维亚船只采用了名为结钉或瓦叠式列板的技艺：船体的主要部分由木板组成的外壳并排叠加而成，用一些拧在一起的小铆钉（"结钉"）相连，将木板固定在一起。这就使得船身侧面出现木板叠加形成的"阶梯"。这项工艺造出的舰船船体结实而又灵活，其间插入了小的架构和肋拱以使整体构造更为牢固。一位古英语诗人在描述盎格鲁－撒克逊人与维京人之间于937年发生的布鲁南堡之战（Battle of Brunanburh）时，就曾提到过典型斯堪的纳维亚船只的建造结构，他将这些侵略者的船称为nægledcnearr，即"铆钉长船"（nailed knarr），也可能是"结钉长船"（clinkered knarr）。knarr一词从古北欧语单词knörr演变而来，专指一类船，很可能是一种宽阔而坚固的船。[7]

维京时代所用木板都没有锯过，直接采用从树上用楔和斧砍下的原木。这意味着这些木板保留着天然的木纹，比锯过的木板韧性更强，也更容易弯曲。最适合造船的木头是橡木，坚硬而有韧性，在斯堪的纳维亚的南部就能找到。海泽比和罗斯基勒的大型长船，以及从奥塞贝格和科克斯塔德墓葬中挖掘出的那些著名的长船，除桅杆外全都由橡木所制。在吟唱诗中，北欧语用于表示"橡木"的词语也常被形象地用来指代"船"。在西格瓦·索尔达松赞颂

14世纪一份名为"斯加德之书"(Skarðsbók)的手稿用精美的彩饰画,阐述了冰岛的法律。图中与海员有关的这部分中首字母S描绘出了两位造船师造船图案。照片由位于雷克雅未克的阿尔尼·玛格努森冰岛研究院提供,一切版权归其所有

国王奥拉夫·哈拉尔德松打败地方巨头埃尔林·斯加尔格松(Erling Skjalgsson)取得胜利的那首诗中,他就形象地以此来指代船。两位大人物决一死战,埃尔林"启动橡木(船身)"时,这一仗便开始了。[8] 松木也会被用于建造船只,尤其是在斯堪的纳维亚北部地区,因为那里没有橡树。维京长船的残骸中也有一些其他木头的碎片,如枫木和桦木。

有了这些战舰,维京人的队伍便已做好了前去欧洲侵袭和劫掠的充分准备。有了船帆和一对对船桨,维京人便能够出其不意,攻其不备,悄无声息地出现在海岸甚至是宽阔的河岸。由于这些船吃

水较浅，所以他们能够乘船在河水中航行，并将船停靠在岸上。如此，维京人在劫掠之后，或是遇到出乎意料的反击之时，便能快速将船划出以躲避弓箭和长矛的攻击。而有了更大的船，他们远航时便不再需要沿着海岸游走了，而是可以穿越大片广阔的海域：波罗的海、北海和比斯开湾。

维京船的四方船帆是他们航行的最大阻碍。在顺风行驶时，四方船帆的确能够为航行提供很好的动力。但逆风时，带有这种四方船帆的船便很难逆风而行，这一点自然比不上现代有着三角船帆的帆船。此外，逆风而行时船桨也派不上太大用场。陈列于罗斯基勒博物馆的维京仿制船经过试航，证实了逆风航行时四方船帆的确航向曲折，不过并没有此前预料的那么糟糕。经试航，"斯库勒莱乌1号"的仿制样船也能够在大风大浪中逆风前进，24小时能够向前行驶30海里，速度虽然平均只有1.3节，但至少没有在逆风时倒退。[9]

维京人喜欢乘着他们威猛壮观的战舰向前冲，船帆扬起，甲板嘎吱作响。每个想成为伟大领袖的领主都期望有一艘结实耐用、威名远扬的舰船。因而，宫廷诗人们也会颂扬他们领主的舰船。吟游诗人西奥多夫·阿诺松（Thjodolf Arnorsson）就曾赞颂过挪威国王马格努斯·奥拉夫松（Magnus Olavsson）的长船。这艘船名为"野牛"（Bison），能容纳60人划船。如此看来，它与海泽比挖掘出的船大小相同。这样的名字也是维京时代的典型船名——通常都和动物有关。粗壮结实的野牛习惯于发狂般地勇猛向前，这也使得该名字异常具有吸引力。西奥多夫如此赞颂"野牛"和国王：

伟大的国王,您扬帆起航,(让)这艘可容纳30人划行的战舰在海上全力前进,尽显风姿;舵手脚下的甲板晃动着。怒吼的狂风猛烈地摇晃着桅杆,就在您的上方,主上;到锡格蒂纳(Sigtuna),英勇无畏的随从便放下了桅杆顶端那装饰华美的帆布。

战无不胜的国王,您大胆使用长船,率领着70艘战舰一行向东;听,船板正在向南怒吼;看,高高挂起的船帆正在拍打着前拉杆;伫立着高桅杆的橡木船一声怒号,划破长空;野牛便冲向了那狂风巨浪之中。[10]

显而易见,国王马格努斯为自己这艘壮观的长船感到骄傲。不论是摇曳的桅杆、华美的船帆,还是30张划船长凳或控制船桨的杰出勇士,样样都让他感到自豪。他当然是欣喜愉悦的。一艘像"野牛"这样真正的王室长船也向我们展现了国家主要资源有很大一部分都花费在增强军事力量上。

许多年来,罗斯基勒维京船博物馆一直在对馆内展示的维京船进行仿制与试航。2000—2004年间,该博物馆仿建了馆内最大的一艘维京长船,即"斯库勒莱乌2号"。该船最初于临近爱尔兰都柏林的某地建造,建造时间约在1042年,采用了斯堪的纳维亚人的设计。极有可能是当时定居爱尔兰的某位北欧领主下令建造的。这艘船在罗斯基勒峡湾下沉睡了900年,整个船体只保留了25%,共有1800块碎片,幸好这些残存的碎片包含了这艘船的主要特征信息,而研究学者也已经根据这些碎片研究出这艘船的尺寸和结构。这是一艘巨型长船,长30米,可容纳约60人划船。

想要建造这样一艘巨型舰船，总共需要花费 2.7 万个工时，使用 150 立方米的橡木。假设一位建造师与十位工匠一同建造"斯库勒莱乌 2 号"长船，也需要花费 7 个月的时间，并且还得在有大量劳工砍伐搬运足量木材的情况下。而这 7 个月的时间只是用来造船。此外，还需要 1.3 万工时来锻造铆钉和其他铁质框架，（从 18 立方米的松木里）提炼焦油，结绕船绳以及（用亚麻或羊毛）编织缝制船帆。总而言之，需要大量人力工作约 4 万个工时才能建造出这样一艘配置完善的长船。我们可以确定，女性也会参与其中的一些环节。如果我们相信中世纪文学作品中的固有形象，就一定会有编织船帆的环节。例如，11 世纪早期，吟游诗人"黑色奥塔尔"（Ottar the Black）在赞颂国王的长船时便提到了"船帆由妇女纺成"。最初想要建造"斯库勒莱乌 2 号"的人也定是耗费了大量资源，如人力和原材料。[11]

研究学者估计"斯库勒莱乌 2 号"长船的船帆面积约为 120 平方米，而于 1030 年建造的"斯库勒莱乌 1 号"远洋货轮的船帆面积约为 90 平方米。在维京时代，船帆都是由亚麻或羊毛制成的。1999 年，罗斯基勒博物馆仿照"斯库勒莱乌 1 号"货轮的船帆制作了一张巨大的羊毛帆，名为"奥塔尔"（Ottar）。制作这张船帆总共需要 200 只传统挪威绵羊的羊毛来纺线，然后再密密地编织出比较防风的帆布，接着涂上赭土、马鬃油和牛油，让帆布更加防风和耐用。至于索具，博物馆则用马毛绳、麻绳和椴木韧皮绳来仿制。在维京时代，造船师也会用拧成一股的海象皮绳来操控船，而海象皮制成的索具也非常坚韧耐用。9 世纪末，北挪威领主即商人奥塔尔，曾前来拜访威塞克斯国王阿尔弗雷德大帝，阿尔弗雷德便对奥塔尔讲到了海象，他说海象是鲸鱼的一种，"比其他鲸鱼体形小，身长不超过 7 埃尔[*]"。奥塔尔自己也会为了上好的海象牙而猎捕海象，他说："海象毛皮能制成很好的船绳。"[12]

维京船的使用寿命都不太长。如果用得太频繁，还需要尽快做修补，但最终依然会报废。作为罗斯基勒维京船博物馆镇馆之宝的这 5 艘船也都已经被用得又破又旧了，所以之后在 1070 年左右才会被沉没以堵住罗斯基勒峡湾的狭口。当时这些船才用了不过三四十年而已。其中的一些当然也经过一些修补。例如，巨型长船"斯库勒莱乌 2 号"就在爱尔兰，也就是在这艘船最初所建的地方进行过修补。文献资料有时也会告诉我们，维京人在战斗间歇会修补他们的船。又如，862 年，一群维京人在塞纳河周边突袭失败数次之后，便撤退到诺曼底的瑞米耶日（Jumièges）"去修补他们的船"。4 年后，他们中的一些人又停驻在一个"适合修补船只、建造新船"的地方，显然也是在诺曼底。[13]

如此来看，似乎任何地方都能够造船修船，并非只能在造船厂。可我们应该能想到，维京的造船师决定在哪里造船时会考虑那里的橡树或松树是否成熟。古挪威法典《古拉廷斯洛夫》（*Gulatingslov*）规定，在任何能够找到造船木材的地方都可以建造船只。[14] 不过，考古学家们也发现了维京人固定造船厂的遗迹，遍布维京时代斯堪的纳维亚人冒险的征途。例如，在波罗的海哥特兰岛上的帕维肯（Paviken）就有一处贸易区，其中就有专门修补船只的小型造船坊，专门生产专业工具来拆卸维京船上固定叠加木板的

---

[*] 旧时量布的长度单位，约合 115 厘米。——译者注

铆钉，以及大量类似的用于固定船身列板的铆钉。[15] 考古学家在他们的主要定居点，距离今斯摩棱斯克（Smolensk）市中心以西 10 千米的格涅兹多沃（Gnëzdovo），也发现了一些作坊。在这些作坊里不仅能够修补船只，当然也能够建造船只。[16] 这座城镇临近东欧的十字路口，非常需要造船厂，在维京时代这里便是极其重要的交通枢纽。

任何跨越波罗的海来到格涅兹多沃的斯堪的纳维亚人都会在东欧纵横交错的庞大河道网中航行游走。在航行中，为了适应所到之处多变的环境，他们会使用不同类型的船：坚固而适宜远航的船用于在波罗的海中航行；小而轻巧的船则用于在河道中航行，尤其在上游一些较浅的水域中。抵达河水的源头时，他们会将小船运到河道网的其他河流中，而这些河流也许会流经他们的目的地。

用在俄罗斯河道中航行的内河船只大都是独木舟，也就是将原木挖空只剩下一层木板而形成的船体。10 世纪时，一位学识渊博的拜占庭目击者说每年春天罗斯人都会建造 monoxyla。这个让人难以理解的希腊词由表示"一"（mono）和"木头"（xyla）的这两个希腊词构成，显然是指某种类型的船，一种可能的翻译便是"独木舟"。

这位目击者并非别人，正是学识渊博的拜占庭皇帝"生于紫室者"君士坦丁七世（Constantine Ⅶ Porphyrogennetos，913—959）。他重述了罗斯人如何从斯摩棱斯克起航，最终抵达第聂伯河。他详细描述了罗斯人如何渡过急流及落差达 35 米的瀑布——河水从瀑布落下后将汇入绵延 70 千米的水域。但自从苏联时期建起蓄水的水力大坝后，这些急流也消失了。君士坦丁说道，为了避免最湍急的水

从一条河到另一条河，维京时代的斯堪的纳维亚人横跨欧洲大陆运送他们的船只，图片由耶鲁大学班尼奇善本暨手稿图书馆（Beinecke Rare Book and Manuscript Library）提供。选自奥劳斯·马格努斯（Olans Magnus）的《瑞典人与汪达尔的历史》第369页，自1539年起，其木刻版便用于该作者《海图》（*Carta Marina*）中的插图

流，罗斯人会"拖着一部分船，将另一部分船扛在肩上"，以渡过急流上岸。这也就意味着他们必须要小心防范草原游牧民族佩切涅格人（Pechenegs），因为佩切涅格人可能会趁这个他们毫无防范的时刻袭击或劫掠。君士坦丁为这些急流起了名字，多数情况下起两个名字，一个斯拉夫语的，一个"俄语"的。许多语言学家认为这些"俄语"名字起源于北欧语言。

君士坦丁将第聂伯河最大的急流以俄语形式命名为"艾弗尔"（Aifor）。瑞典哥特兰岛的一块如尼石刻上也出现了同样的名字，是一个名叫拉文（Ravn）之人的兄弟为其所立，以示纪念。刻文上写道："他们从四面八方而来，为了艾弗尔（Eifor）。"也许与拉文同行的伙伴即他的兄弟，试图乘船跨越急流，可惜没能成功。即便到了 19 世纪，哥萨克舵手也以能够驾船安然渡过急流为荣。拉文或许也跟他们一样，同样以此为傲，却成了一个不够幸运的先驱。

瑞典中部有座教堂的墙上如今嵌入了一块雕刻精美的如尼石刻，用来纪念一个名叫班基（Banki；Baggi）的人。他的父亲索亚尔维（Thjalvi）与母亲霍姆劳格（Holmlaug）在他死后为他立此石刻并撰文，记下了他们记忆中班基所做的两件令他们非常骄傲的事：拥有一艘属于自己的船，并驾驶此船跟随维京领主英格瓦（Ingvar）向东远航。石刻上也提供了更多关于维京劫掠以及斯堪的纳维亚社会构成的线索。[17] 11 世纪早期，英格瓦从瑞典出发，带领大批追随者去劫掠一个非同寻常的目的地，即位于亚欧交界处的里海沿岸。他们成功抵达那里，但他们计划的劫掠却惨遭失败，因为他们遇上了强劲的抵抗力量，而他们中的大多数人也因此丧生。遍布瑞典中部的 26 块如尼石刻仍在纪念着那些"追随英格瓦战死在东方"的勇士们。而这些石刻中有一块纪念的是英格瓦的兄弟哈拉尔。稀松的几行诗句不仅生动地表现出了一位母亲的丧子之痛，还传递出她心中那份隐隐的自豪：

他们勇往直前，远航寻觅金子。
在东方用敌人的尸体喂了血鹰，
但（他们）倒下了，倒在了南方的萨克兰（撒拉逊人的土地上）。[18]

和哈拉尔一样，班吉也响应英格瓦的征召成为他的勇士，跟随英格瓦奔赴他们盼望已久、有利可图的劫掠。当然，在开始这次引以为傲的冒险之前，这些年来英格瓦一直精心培养着忠于自己的追随者。我们也许会想，班基也曾与英格瓦互相交换赠物，也曾多次受邀到英格瓦的大厅里畅饮蜂蜜酒，受到热情的款待。班基自己有一艘船，且有能力驾驶这艘船，他自己一定也是位领主，却选择了跟随英格瓦一同远航，虽然他也有机会做出别的选择，比如自己驾船去劫掠，或是跟随另一位领主去其他地方劫掠。庞大的维京舰队由许多小分队组成，这些小分队的首领不过是根据当时的需要才决定相互联合的。这也解释了为何如此庞大的队伍会突然出现，而后又很快地消失。像这样松散的临时联合也是维京时代早期的一大特点。

班吉有自己的船，而这也是让他的父母引以为傲的必须指出的一点。他能驾驶自己的船，操控挂在船尾右舷的巨大舵桨或船舵。因而，他肩负起指引这艘船安全出航的责任，他必须避开礁石和浅滩以确保自己这艘珍贵船只的安全。也就是说，他的船上也会有一些勇士，而这些勇士是他的朋友和乘客。毫无疑问，他们会获得班吉赠予的礼物，当然也会出席班吉在自家大厅举办的盛宴。

必要时，这些勇士便会划船，比如在他们需要跨越俄罗斯的河流前往黑海加入英格瓦的劫掠和掠夺计划时。划船时，他们可能会坐在横梁（坐板）上，但更多时候他们会坐在存放财物的箱子上，而这些箱子里或许也包括他们掠夺来的物件。维京时代，有位水手就曾在海泽比遭到抢劫，财物也被洗劫一空。抢劫者砸碎了锁，将里面的宝贝都一抢而空。接着，他们在箱子里装了块大石头沉进海湾。箱子也因此保存下来，留给了后人，不过里面的宝物已经没有了。这个箱子长约52厘米，宽约23厘米，是个典型的水手储物箱。

箱底比箱顶宽，如此设计是为了防止箱子在行驶到波涛汹涌的海面时发生侧翻。箱子由橡木制成，高约 27 厘米，箱盖略微拱起，如此便很适合坐在上面划船。

每位划船者都会控制一支船桨，不论他是坐在自己的宝箱还是坐板上，而身旁的搭档则会拿着船桨坐在船的另一侧。船桨通常由桤木和松木制成，但很快就会磨损报废，而这也正是像"奥塞贝格号"这样沉没前就已使用数十年的船还需要新桨的原因。其最初的船桨定是很久之前就用坏了。考虑到船员在固定的船舷（船身上有孔）或桨架上（船舷上用来架船桨的一对木销）有固定座位，很容易理解同椅搭档之间会形成友谊或敌意。诗人西格瓦·索尔达松在一节诗中表达了对他的划船搭档提特尔（Teitr）的敬意。其中提到了他们一同作为奥拉夫·哈拉尔德松的勇士的经历：

> 提特尔，我看到我们肩披冰冷的铠甲，同样作为伟大领主手下光荣战队中的一员……搭档，我知道我们都已准备好了去对抗（敌人）敌军。[19]

一旦舰船已扬帆起航，航行到广阔的海面上，通常便不需要全体船员一同操控了，如此那些不需要值岗的船员便开始讲故事、做游戏，尽其所能地为自己添些乐子。考古学家也经常在维京时代的勇士墓中发现一些游戏时所用的纸板和其他碎片。

斯堪的纳维亚的船员显然能够在北美洲纽芬兰岛与里海之间复杂的水域中找到自己的航向。而他们之所以可以辨清航向，是因为他们知道航线，而不是因为借助了什么先进的导航设备。他们有关航线的信息是一代一代传承下来的。有了这样的信息，航行会变得容易，不论是在河流中，沿着海岸，还是在波罗的海那样较为离散的水域中。波罗的海北岸的海域中有着成千上万座岛屿，岛屿形成的群岛对海岸形成了天然的保护屏障，而且岛岛相接，从斯堪尼亚东部一直延伸到临近圣彼得堡的芬兰湾的顶点。每条航线上都有足够多的陆标来帮助记忆，且一旦风暴突袭，总能在不远处找到临近的可供停靠的海岸。毕竟在波罗的海，海岸彼此不会相距太远。即使航船没有按途经群岛的航线行驶，也依旧不会离海岸太远，因为波罗的海中任意两处的距离最远也不超过330千米。

其他斯堪的纳维亚海岸，如挪威最长海岸的大部分，也都依靠群岛形成了有天然保护的航线。9世纪末，作为领主和商人的奥塔尔会定期从他居住的遥远北方远行去往商贸市场，也就是他所说的位于奥斯陆峡湾的"斯本林斯赫尔"（Sciringes healh）。他告诉威塞克斯国王阿尔弗雷德大帝，"他将一路乘船沿海岸航行"，这需要一个月的时间，"因为他晚上需要上岸休息"。奥塔尔一定知道沿途陆标的位置，而他晚上大概也会在自己喜欢的地方靠岸休息。

维京人也同样了解欧洲大陆沿岸以及不列颠群岛的航线，这样他们才能够找到通往劫掠致富机会的航线。不过，维京时代的斯堪的纳维亚人显然也擅长在海上穿行，寻觅跨越北海通往不列颠群岛以及穿越大西洋去往冰岛和格陵兰岛的路径。现今，真的很难想象这所有的海上远航都是在没有地图、指南针或卫星导航系统的帮助下进行的。正因为这样，才会有一些无事实根据的猜测说维京人应该也用过一些先进的导航设备。但我们必须承认的是，斯堪的纳维亚人如同现代社会以前的其他海上民族一样，非常善于直接通过观察周边的自然现象在茫茫大海中找到自己的航向。我们从 14 世纪早期冰岛保留的一些书面航行指南中看出其中的一些端倪，而这些指南也必定反映了维京时代的一些航海实践。想要从挪威直接驶向格陵兰岛，穿越广阔无垠的北大西洋，海员需要仔细观察周围的情况：

> 从赫纳尔（Hernar，位于挪威西海岸）起航，需要一直向西航行，直到抵达格陵兰岛近南端的赫瓦夫（Hvarf）。接着，往设得兰岛北部航行，只有能见度好的时候才能看得清该岛；但在法罗群岛的南部，海水会直接冲到半山腰；而就目前情况来看，在冰岛南方就只能依靠观察鸟类和鲸鱼的动向来辨别方位了。[20]

前往格陵兰岛的旅者可以通过观察天空和海流来确保航线一直向西。这些指南提到了天气晴好时如何直接观察法罗群岛和设得兰群岛，而其他提示也让海员们知道他们与冰岛之间距离恰当。每类海鸟在空中飞时都会与岛屿保持特定的距离，而鲸鱼也喜欢在某些特定的海域停留，也就是能找到丰富食物的地方。通过了解海鸟和鲸鱼的种类以及各自的特点，维京时代的海员们能够辨别自身所处的位置，如此即使看不到陆地，也能够分辨出方向。此外，云层的变化甚至气味也能帮助经验丰富的海员找到视野之外可以停靠的海岸。

即便有这些航海技能，船员们有时也会迷失方向。航海失误也许会将他们带到原定目的地以外的地方。实际上，中世纪盛期的冰岛萨迦也常会讲到这些冒险故事。如格陵兰岛、"文兰"（准确地说是北美洲的某地，可能是纽芬兰）、斯瓦尔巴特（Svalbard，很可

第四章 舰、船、后世摆渡

能是斯匹茨卑尔根岛）甚至冰岛，都是在海员们因风暴而被迫远离原定目的地之后发现的。即便这些故事都源于老套的文学作品，但也真实地反映出在海上航行的实际情况。不过，海上风暴的破坏力远不止于将船吹到意料之外的新大陆这么简单，有时风暴会直接将船或整个舰队都摧毁，而船员们也都淹没在海水中。欧洲的编年史家有时在追述维京舰队船毁人亡的宿命时多少会带些满足感。比如838年，"丹麦海盗从故土起航，却突然遭遇强劲的海上风暴，全部淹没在海水中，仅有极少数人生还"。[21] 再如，876年，"劫掠船队在西部航行，接着便在海上遇见了巨大的风浪，120艘船全部在斯沃尼奇（Swanage）失踪"。[22]

瑞典有一块用来纪念一个名叫吉尔比约恩（Geirbjörn）之人的如尼石刻。他是在战斗中被杀的："挪威人在阿斯比约恩（Asbjörn）的船上杀死了他。"我们也许很容易想到，这位阿斯比约恩是位维京领主，而吉尔比约恩则是在一场海战中被杀的。不过，也可能这艘船是商船，而吉尔比约恩是在跟商人们发生争执的时候被杀的；又或者是艘货船，遭遇了劫掠者的突袭。[23]

即便如此，维京人也一定知道如何在海上战斗，虽然一开始他们在劫掠欧洲的过程中并不需要进行太多的海战，因为欧洲的国王并没有能与维京舰队相抗衡的海军。欧洲人最终也学会了在维京人所擅长的领域即水中与之对抗，如882年，"阿尔弗雷德大帝带领舰队出发，与4艘满载丹麦人的战舰对抗，攻下了其中两艘，杀死了上面的船员；另外两艘投降，船员在投降前就已死伤惨重"。[24] 然而，欧洲的舰队从未非常有效地抵御过维京人的侵袭，所以欧洲的国王们宁可采用"以暴制暴"的手段，也就是依靠维京雇佣军抵御外来侵袭的维京人以捍卫国土。

在斯堪的纳维亚半岛,拥有雄心壮志的领主和国王彼此间也常常在海战中打得不可开交。吟游诗人喜欢详尽地描述这种英雄热血的场面,而我们也乐意从中了解更多关于维京人海战的故事。之后的萨迦文学,如《挪威王列传》就讲述了许多有关海战的激动人心的故事,不过这些故事展现的只是作者凭想象虚构出来的故事,没有什么历史参考价值。

真正的海战开始之前,领主会鼓舞自己的勇士英勇奋战。比如1062年,挪威国王"无情者"哈拉尔在与丹麦国王开战前,"下令让勇士们奋力出击、大力进攻",随后又说"英明的统治者曾说,我们宁愿前仆后继地倒下,也绝不投降"。[25] 接着,这艘战舰向着一艘敌船开去——如果是首领的船就更好了——最后"停在敌船旁边"。[26] 当勇士们"将长船头尾相连",便搭起了可以浴血奋战的平台。

很快,战斗打响了。一位诗人用北方特有的含蓄说道,"这并不像少女为男人拿来韭葱或麦芽酒那样简单";换而言之,这是非常恐怖的经历。[27]"英勇的领主砍杀了诸多勇士,在战舰上暴怒地游走着。"[28] 1016年,在纳斯加尔战役(Battle of Nesjar)中勇士诗人西格瓦在国王奥拉夫·哈拉尔德松的带领下浴血奋战,战后他如此追述道,"我们(勇士们)愤怒地挥舞着旗帜冲上敌船"。[29] 不同的诗人以不同的细节描写歌颂不同的战争。勇士们,尤其是他们的领主,在战斗中都该是"狂躁暴怒"的——这样的词在诗歌中不断出现。他们的敌人被怒火殃及,血流成河:"暗红色的血液溅在船身一排排的铆钉上,血液凝固在盾牌和铠甲上,甲板上血溅得到处都是。"[30] "军队冲到了甲板上",接着"船板上尸体堆成了山",除了那些"受伤落入水中"的。[31] 最终，"君王赢得了胜利"，夺走了失败者的船只。[32] 如果这些船修补之后还能继续使用，那么这些船就成了这场战争中极其宝贵的战利品。考虑到建造如此巨大的长船所耗费的工作量，这也不足为奇。

事后，海滩上尸横遍野，尸体被海水冲刷着。尸体上凝固的血迹深深触动着像阿诺尔·加拉斯卡尔德（Arnorr jarlaskald）这样的吟游诗人，而他们也毫不犹豫地用笔记录下这一凄惨恐怖的场景——飞禽走兽、秃鹰苍狼，共享饕餮盛宴：

> （失败的一方）斯韦恩手下的尸体被扔在海岸上，由南向北排开，沾满了沙石；四面八方都能看到从日德兰半岛漂浮而来的尸体。一只野狼从海水中拖走了一具尸首；奥拉夫之子（挪威国王马格努斯·奥拉夫松）让雄鹰开了戒；野狼在海湾撕裂了一具尸体。[33]

海战通常都会产生重要的影响，不仅关乎勇士的生命与荣誉，还关系着整个王国的存亡与名声。一旦开始，便生死由命。许多斯堪的纳维亚的国王和领主都死于战场。例如，挪威国王奥拉夫·特里格瓦松就是在公元1000年的斯伏尔德战役（Battle of Svölðr）中奋力对抗由丹麦国王、瑞典国王以及挪威一位领主组成的联盟时身亡的。与他同名的奥拉夫·哈拉尔德松则在1016年的纳斯加尔之战中赢得了挪威的王位。1062年，奥拉夫同母异父的弟弟"无情者"哈拉尔试图在尼桑河战役中从自己的对手国王斯韦恩·埃斯特里德松（Svein Estridsson）的手中征服丹麦，虽然挪威人在这场战役中取得了胜利，但哈拉尔也没能攻下丹麦。由于国王斯韦恩与手下的一些勇士狡猾地乘小船划上岸，从而成功地逃脱了哈拉尔的追捕，这场战役的结果便难有定论。在斯堪的纳维亚领主之间的对战中，大型海战往往是决定胜败的关键，而获胜领主的吟游诗人也定会确保自己主人的冒险能够名扬四方。在中世纪盛期的冰岛历史萨迦中，讲述战争的故事通常也会采纳那些最为刻骨铭心而又生动传神的文句。比如，13 世纪末留存下来的《奥拉夫·特里格瓦松萨迦》就是以关于斯伏尔德战役的民间故事来结尾的。这一故事深受斯堪的纳维亚几代孩童的喜爱，之后也继续打动着现代读者。

在维京时代，船不仅跟人们的生活休戚相关，还存在于人们的想象中。我们已经看到船这个意象在维京宫廷诗人赞颂国王与领主的诗歌作品中所占的显著地位。不过除此之外，船也常常出现在这一时期的艺术创作中，如图画石和如尼石刻。这一点在哥特兰岛的巨型石刻中表现得尤为突出，而哥特兰岛也通常是这些艺术创作的主要聚集地。大图画石"斯托拉哈马斯 1 号"（*Stora Hammars 1*）由 6 幅图案构成，其中两幅都出现了船的意象。第四幅绘制了一艘没有帆的船，可船舷却围了一圈圆盾。船上的 4 个男人手中举着剑似乎在袭击岸上的 4 个人，其中一个看起来像女人。这样的图案被解读为神话中的一个场景。然而，参观者的目光总会被其底部的大图案吸引。在这幅图案中，画面几乎被一艘正在远航的巨型舰船占满了，周围还有一些柔美的波浪。四方船帆高高地挂在船中部的桅杆上，船上也载满了人。这样的艺术创作具有维京时代哥特兰岛图画石的典型特征，几乎一半的幅面都用来绘制巨船了。这些石头可以做纪念碑，或是著名人物的墓碑，由此可以推测维京人绘制这些图案来代表船是相信船会将死者带往后世。

许多如尼石刻上也有船的图案,但只有其中一个上面提到船的文字。这块如尼石刻在瑞典的斯潘加(Spånga),也就是如今斯德哥尔摩的郊区地带。上面勾画出一艘舰船,不过上面本该是桅杆的位置却画着一个装饰华美的十字架。两兄弟古德比约恩(Gudbjörn)和奥狄(Oddi)立起这块石头是为了纪念他们的父亲古德马尔(Gudmar)。他们在上面附了一首简短的诗歌:"他,英勇威武地站在船首;他,死后长眠于西方。"诗中强调了古德马尔并非普通勇士,他站在船首这样一个非同寻常的位置,这意味着他占据了艏柱主要的进攻位置,或者是他率领部众,驾驶着船,从船尾攻到了船首,又或许这艘船本来就是他的。故事中似乎提到,勇士古德马尔在西欧的维京劫掠中或在斯堪的纳维亚的海战中被杀。如尼石刻还提到,虽然他客死他乡,但是他的葬礼非常体面。[34]

我们喜欢将斯潘加石刻上的那艘船想象成古德马尔自己的船,想象着他这一生中威风凛凛地驾着船远航出海的模样。不过,或许这样的解释才更加接近现实:他的儿子之所以选择画了这样一艘船,是因为他们相信这艘船会将他们死去的父亲带往后世国度。如果在这些伟大人物的一生中,是船载着他们阅遍今生,他们在死后难道不需要同样的游历方式吗?而石头上的十字架其实表明古德马尔是基督徒,或者至少他的儿子是基督徒;虽然用船将死者带往后世彼岸的想法与基督教的信仰有些不太相符,可毕竟这是一个宗教信仰不断变换的时代,所以我们应该能够接受这些相互矛盾的说法。

对船的暗指有时会出现在一些意想不到的地方。任何一位旅人在斯堪的纳维亚的郊区可能都会看到这样神秘的排列有序的大石头，而通常这些石头都会排列成船的图案。类似这样的组合结构称为船形排列。船形排列非常常见，不过由于植物蔓生或严重受损，通常难以辨识。许多船形排列会建筑在墓穴之上。早在远古时期，大约就在新石器时代开始时，斯堪的纳维亚人就已经开始使用这样象征性的船了，不过真正大规模的使用还是从维京时代开始的。这些古迹告诉我们，维京时代的人们将死亡与乘船航行联系在一起。这样的想法似乎表明亡者是乘船去往后世的，而这样一艘象征性的石船也已足够了。

这样的想法在当时一定流传广泛，毕竟在斯堪的纳维亚境内存在着大量船形排列。而这些船形排列主要集中在瑞典境内，也就是从斯堪尼亚南顶点到斯德哥尔摩北部的乌普兰之间的区域内，其中有很大一部分都是在哥特兰岛上发现的。但这些遗迹从未被全部编册录入。1986年，一位学者编录了斯堪的纳维亚各地近2000个这样的遗迹，但不够完整，也许因为他的编录主要依赖可获取的文献资料。[35] 从2003年发表的一份关于瑞典境内南曼兰地区的较为详细的研究报告中，我们或许多少能够了解到之前那位学者的编录究竟还遗漏了多少古迹。该报告显示，有非常多的船形排列古迹从未被记录到文献中。[36] 此前1986年的编录中南曼兰地区仅有26处遗址被录入，2003年的报告则明确指出该地区有不少于186处遗址，而其中共有228个船形排列遗迹。总而言之，斯堪的纳维亚一定有数千处船形排列遗迹，这也再次展现了船的意象在北欧人精神世界中的重要性。

死者乘船摆渡到后世的想法在古英文诗歌《贝奥武夫》

(*Beowulf*)中也有所表现。创作该诗歌的诗人在描述神话中的丹麦祖先西尔德(Scyld)的葬礼时,构想了古代斯堪的纳维亚人埋葬领主的方式,其中就有乘船远航的一幕。这样的描述从约公元1000年的一份手稿中流传下来,看起来其中的文学价值似乎更重于史实的准确性,不过字里行间至少也涉及了维京时代船葬的某些方面,如大量的陪葬品,以及葬礼中的船将亡者摆渡到后世彼岸的说法:

> 西尔德逝去了,在命定的时刻。
> 这位英勇非凡的首领自此将永受神灵庇佑。
> 亲友们目送他去往那汹涌的海洋,
> 就像他所嘱咐的那样。

> 海湾里停着一艘威风凛凛的帆船,
> 冰冷的、即将出港的贵族船。
> 船上躺着他们尊贵的首领,
> 船的正中间,摆放着许多指环,
> 桅杆竖起,扬起了他一生的荣耀。还有许多珍宝
> 也在船上,那是来自遥远国度的饰物。
> 我从未听说有哪艘船比这艘更令人瞩目
> 上面放着战斗武器和齿轮器具做装饰,
> 还有刀刃和铠甲。器物中间还摆放着
> 许多珍宝,将一同随他远行,直到被海水淹没。

> 随后再立起一面金色的旗,

在他的头上高高地飘扬。让海浪拥抱他，
将他交给大海，让大海带走这浓浓的悲伤，
而后永远将他铭记于心。[37]

在文学作品中没有比这更不切实际的想法了，埋葬死者需要将遗体放在船中，让船在海中任意飘荡。也许将这样的旅程看成一种象征而非事实反而更容易理解，如同奥塞贝格葬礼（参见后文）所构想的那样。在这首诗中，这趟旅途的目的地尚不明确。在诗中，诗人指出"人们不知……谁最终会迎船上岸"，不过这也许恰好表现出一位信奉基督教的作者对后世说法的不适应，毕竟后世彼岸的想法与基督教的信仰是相互矛盾的。[38]

乘船摆渡到后世世界的想法不仅为文学创作和许多船形图绘提供了灵感，同样也启发了维京时代真实生活中的丧葬习俗。在斯堪的纳维亚各地已发现了数百位葬在船中的亡者。[39]渡船大小各异，小到划艇，大到配备齐全的维京长船。像是在挪威"奥塞贝格号"的坟堆中发现且还保存得相当完好的那艘装饰华美的奥塞贝格长船，便是配备齐全的维京长船之一。有时随葬船也会被熊熊大火焚烧，亡者的遗体也会化成灰烬。在这些随葬的小型船中，有一艘6米长、1米宽的小船被葬在湖谷（Vatnsdalur）的一座墓中，而这片湖泊就位于冰岛西北边美若幻境的峡湾帕特雷克斯菲厄泽（Patreksfjörður）的海岸上。船里葬了一个女人，埋葬时间大约是在10世纪。船身由12块列板层叠搭建，所用木材多半是落叶松木。船缘上绑着两块鲸骨作为系缆角，以防锚绳或纤绳勒进船身。船体的木头基本都没保留下来，所以很难测定其来自哪种

第四章　舰、船、后世摆渡

树，好在固定船体的铆钉留了下来。1964年刚从墓中挖掘出来时，这些铆钉还保留在原来的位置，正好勾画出船体的形状。船中埋葬的这个女人有她的狗陪伴，而且船中有一些非常贵重的陪葬品，其中就包括两个铜臂环、镶有玻璃珠的项链和两块琥珀。还有个小圆银盘，多半是用阿拉伯银币所制，以及一件银制的托尔之锤样子的简易护身符。埋葬在船中的这个女人衣着华贵，即将乘着她的船安然抵达后世世界。[40]

公元834年或此后不久，在巨大的"奥塞贝格号"长船中，也埋葬了另外两位斯堪的纳维亚女性。她们身着装饰华美的织布衣物，身旁也有非常多的陪葬品。这艘船由橡木所制，上面还刻着精美的具有时代特征的动物图案。船身长22米，宽5米。在诸多陪葬品中，值得注意的是带有如尼刻文的木桶，上面刻着"西格丽德拥有（我）"。也许这便是其中一位埋葬于此女性的名字。[41]

这艘小心挖掘出的奥塞贝格随葬船让我们可以从更广阔独特的视野中了解葬礼仪式程序，以及维京时代的人们对于船葬意义的理解。葬礼至少需要4个月的时间来全面规划和举行。首先，需要挖一条从海里到岸上的沟槽，以便将船拖上岸。从沟中挖出的泥土会落在早春盛开的花朵上，于是我们便知道这项工作是在这一年早春完成的。当船的艏柱向南，墓室所建位置便恰好在桅杆后面。墓室的南端开着，而船尾则配有准备食物的器具，还放着一头已经宰杀的公牛，以便让这两位女主人有大量的肉可以享用。船的尾端所放的做饭的锅具、公牛及其他器物都会被盖上土。如此，船体的前部便仍显露在外，船尾的后半部分则被坟土盖住了一半，墓室便可以看成是这一半盖住的坟丘里面裂开的一个洞穴。这样极其重要的环节是专为这两位女性的丧葬仪式准备的，而对于其原本样貌的重建也极大地激发了我们的想象力。船体可见的部分中，划船的位置放着3支船桨，艉柱则由一根结实的绳索固定在一块大石头上，就像是西格丽德准备扬帆远航，开启她最后一次旅程所乘坐的船，如果她或她的同伴的确是叫这个名字的话。至于旅程的目的，任何一位看见这座完成一半的坟墓之人都清楚：这艘船将被埋入黑土，进入坟墓。也就是在这个时候，两位女主人会被放进墓室，大量的陪葬品也被放在此处和船首的位置：大概有10个宝匣，还有羊毛挂毯、坐垫、马车、雪橇、床和其他物品。其中还有些食物，如苹果和越橘。等这些水果埋葬在这里时已经成熟，按挪威的果熟季节推测，埋葬时间是在夏末，如此从为船的龙骨挖沟槽算起至少有4个月。葬礼仪式的高潮便是祭祀环节，此时会砍下10匹马和3只狗的头。至少有些宰杀是在船首进行的，所以最后上面都会浸满牺牲的血。或许随葬船载着女主人去往后世世界的想法代表船会航行在这样象征性的血海上？如果真是如此，那西格丽德和她的同伴将会身着华服，阵仗齐备地乘着这艘装饰最为华丽的维京船，载着满船各式各样的所需物件，抵达后世彼岸。在仪式的最后，在剩余的船体部分会堆起包含7吨石头的坟土。这些坟土压坏了船体，但却也保护了它，直到船身后来被挖掘、重建并且于1904年被迁至奥斯陆的博物馆。[42]

上面这两个船葬的例子中亡者都是女人，但其实男人也同样会埋葬在船中，而且男性船葬甚至可能比女性船葬更为常见。在瑞典乌普萨拉老城北边的瓦尔斯加尔德（Valsgärde）考古遗址，就发现了15具埋葬在船中的尸首，大概都是男性。这些尸首下葬时间的间隔约为30年，最早的约在6世纪晚期（也可能是7世纪早期），最晚的约在公元 1000 年。在此考古遗址中，还发现了其他墓穴，多于 75 处。给人的印象是政治首领接二连三地被隆重地埋葬在船中，而他们的家人和周围其他人逝世举办的则是更为普通的葬礼，没有船只或丰厚的陪葬品。考古学家已经在临近山丘的山顶上发现了领主大厅的遗迹。其中有人猜测此大厅属于这些船中埋葬的某位领主，而这位领主死后用同样奢华的方式航行去了后世彼岸。

瓦尔斯加尔德的随葬船十分壮丽辉煌，而且船中还有着各式各样高规格的丰厚陪葬品：战斗武器一套、马具一套、厨具、罕见的玻璃杯及棋盘游戏。其中还有数量庞大的兽骨，尤其是在 66 号墓穴中，有着不少于 31 升的焦骨。而 66 号墓穴也是 15 个船葬遗址中唯一一个采用火葬形式的：遗体与随葬船、动物及船上的所有事物一同焚烧。[43] 焚烧随葬船的情况除此之外也不在少数，事实上我们能通过阅读一位目击者关于焚烧葬礼的叙述来证实这一点。公元 921 年左右，一名阿拉伯旅者在罗斯人中目睹了这样一场葬礼并记录下来。

用了近一年的时间从巴格达（Baghdad）游历到伏尔加河上的不里阿耳镇（Bulghar）之后，这位阿拉伯使官艾哈默德·伊本法德兰（Ahmad ibn Fadlan）便被这里的罗斯商人深深吸引。当他听说"他们（罗斯人）中的一位伟人逝世"，便迫切地想要了解更多罗斯人的丧葬习俗，于是他便去了领主将要下葬的地方。他用阿拉伯文记下了他所看到的一幕——罗斯伟大的领主在熊熊大火中被焚烧的情景。不过罗斯人的血脉起源仍多有争议，而且我们也该注意，不能直接将伊本法德兰记录的有关罗斯人的情况完全当成维京时代斯堪的纳维亚人习俗的典型表现。但不论他们血脉承于何处，伊本法德兰见到的这些罗斯人也许已经在俄罗斯定居许多代了，而且受到不同传统习俗的冲击，因而改变了自己埋葬首领的方式。但显而易见的是，斯堪的纳维亚的葬礼仪式或多或少对将近1100年前俄罗斯诸多河流中某一河流的沿岸产生了影响。

伊本法德兰来到领主随葬船的所在之处，他"惊奇地发现船是停在岸上的"（就像是"奥塞贝格号"长船那样，被拖到了岸上）。筹备葬礼的时候，领主的遗体会暂时埋在地下洞穴里。会有木头放在船的旁边，"接着船会被拖着放在这块木头的顶部……他们会制作一张长椅并将这张长椅放到船上，上面铺着拜占庭丝棉花缎的被褥和软垫"。此时，罗斯人才会将他们的领主从临时墓穴中挖出：

> 为他穿上外裤、套裤、长靴、短袍和金色纽扣的丝绸长袍，再戴上丝绸貂皮帽。抬着他……到船上，将他放在长椅上，盖上丝绸被，再塞上软垫。接着，他们会拿着酒、水果和香草放到他的身旁。再拿来面包、肉和洋葱撒在他的面前，将一只狗截成两段扔在船上，也会将他所用的武器放在他身边。接下来，他们会牵来两匹马，赶着马跑，直到马开始流汗，再将马杀死，切成肉块，血淋淋地扔到船上。再拉来两头牛，也剁成肉块扔到甲板上。最后再宰杀一只公鸡和一只母鸡，也扔上船。

躺在船中的领主已经有了丰厚的陪葬品和充足的食物。那么现在，就缺个人来与他做伴了。据伊本法德兰所说，领主的奴隶中有个姑娘自愿陪伴主人长眠地下。在筹备船的时候，这个姑娘会走进祭祀现场大大小小的帐篷里。"每间帐篷里的男主人都会和她发生关系,并且让她'告诉你的主人,我这样做完全是出于对你的爱'"。之后在某个星期五的傍晚,这个奴隶姑娘就会出现在随葬船旁,继续进行接下来的仪式。她砍下母鸡的头,然后便看到了后世世界。在后世世界里她看到主人在召唤她。她被抬到船上,喝了一些酒,随后便被带进主人安息的帐篷中。"会有6个男人走进帐篷,每人都会与这个奴隶姑娘发生关系"。之后,"他们会将奴隶姑娘放在她主人身旁,让她平躺着,由两个人分别抓住她的双手和双脚"。

根据伊本法德兰的描述,一个称为"死亡天使"的"丑妇"将会在葬礼仪式上主持祭祀,"只见她面容阴沉幽暗,身形臃肿不堪,看不出年老还是年轻"。就在这个时候,她拿起一根绳子绕在奴隶姑娘的脖子上,并将绳子的两端分别递到剩下的两个男人手中。接着,死亡天使"拿着一把宽刃匕首上前,开始在姑娘肋间刺进拔出,一会儿捅这儿,一会儿刺那儿。与此同时,那两个男人紧紧地勒着绳子,直到那姑娘断气"。

之后,死者的直系亲属上前,拿着一截木头点燃船。只见他赤身裸体地退了几步,背对着船,面对着人们,一只手拿着点燃的木头,另一只手遮着下体。他用手中的木头引燃船体下所放置的木头……接着,人们都拿着棍子和木柴走上前去。每人都会点燃手中的木棍,然后扔到木头上。木头点着了,接着,船、帐篷、男人和奴隶姑娘,所有的一切都被火光包裹起来。一阵劲风刮过,火苗蹿得更高,烧得也更烈了……烧了不到一个小时,船、木柴、奴隶姑娘和她的主人便都成了灰烬。

> 他们在船上堆起了一座圆形的小丘……在小丘的中间放了一块白桦木，上面写着那个男人的姓名和罗斯国王的名字。然后他们便离开了。[44]

伊本法德兰足够幸运才能看到这场隆重盛大的随船火葬仪式。在仪式的最后，一阵风吹过，吹走了领主和那艘船留下的灰烬，如同这艘船仍在海中航行一般。一些阿拉伯目击者声称他们看到了祭祀牲畜、随葬船及灰烬之上的土堆等，这些恰好能与考古发现所告诉我们的关于维京时代的葬礼习俗相吻合，但其他的发现还缺乏相应的考古依据。总而言之，伊本法德兰所说还是较为真实可信的，毕竟他所叙述的内容没有带入个人的情绪，较为客观。不过，他的叙述中对于罗斯人性习俗的描述，却让人联想到当时哈里发帝国男性聚在一起时讲的一些粗俗故事。这些故事确实影响了许多中世纪阿拉伯文学作品的风格。伊本法德兰对罗斯人的描述中也有一些元素是带有种族偏见的。[45]并不是所有事情都会按照他讲述的方式真实发生，但可以肯定的是其叙述的真实性也足以让我们认真对待。

船在世界上的诸多文化中都有着很重要的地位，斯堪的纳维亚人对于船之地位的强调看重并非特例。然而，他们所处的地理位置却赋予了船帮助他们跨越海洋，实现沟通交流的重要意义。挪威一些地方也和冰岛与格陵兰岛一样，从一个峡湾到另一个峡湾定居点的最佳交通方式也是跨越海洋，直到20世纪有了现代飞机和铁路道路基础设施投建，才有了更多便捷的交通方式可供选择。丹麦坐落于波罗的海与北海卡特加特（Kattegat Bay）之间一些海湾围绕的岛屿和半岛上，得依靠船舶来保证对外的沟通和交流。瑞典则被大片森林分隔开，因此也难以融入中世纪时期，直到开了水路后交通交流状况才有所改善。斯堪的纳维亚人总是毫无悬念地擅长搭建和掌控各式船舶。尤其是在维京时代，他们的造船和驾船能力迅速提升。也是在这一时期，船的文化和象征意义也达到了历史高峰。斯堪的纳维亚人不仅会乘船去西欧劫掠，还会用船运输商品，因此也重塑了欧洲的商贸与经济。

第五章

铸币、丝绸和鲱鱼：维京时代的北欧贸易

1975年，在波罗的海丹麦较大的岛屿哥特兰岛上，有一个特别班的学生在斯达夫嘉尔德（Stavgard）露营过夜。他们在学校里研究史前斯堪的纳维亚已有数月之久，然后他们打算像维京人那般在这里生活。他们所选的露营地十分理想，到处是神秘的古代遗迹：竖立的石头、石上的刻文，还有一些史前留下的农耕痕迹。学生们生起篝火，建起房屋，烧制陶器，还在波罗的海中捕鱼。在露营最后一天的黎明，他们准备好了"牺牲"，放在年代久远的"包塔"立石那里。"包塔"立石是一块竖立的巨石，从远古时期的某个时候起便一直伫立在那儿。学生们把烟熏鲈鱼、鲜花和陶器作为祭品献给诸神，祈望诸神保佑收成大好、狩猎丰获、财源广进。最后这个愿望也恰好特别应景，因为他们的露营地刚好就是民间传说中维京领主斯达瓦尔（Stavar）的藏宝地。

这是少年们一生中悠闲惬意的一天，他们假装生活在维京历史上最辉煌灿烂的某个时期。一只野兔跑过田野，刚好他们也干完了活儿，就试着去逮兔子，只为了好玩。兔子躲进了洞里，有个孩子勇敢地将手伸进兔子洞去抓。他会不会拽着兔子耳朵就把兔子拉出

来了？不，并非如此，当他将手拽出来的时候，手中却攥着更有意义的东西：古币。难道兔子也找到了斯达瓦尔的宝藏？

学生们联系了当地博物馆。博物馆派了考古学家到兔子洞挖掘，找到了1452枚维京时代的银币，这些银币大约在10世纪时便埋藏在这里。在这些银币中，有1440枚是阿拉伯迪拉姆，即远在欧洲另一边的阿拉伯哈里发国发行的银质货币。瑞典政府给这个班颁发了发现者奖金。他们用这些钱去参观了丹麦莱尔市考古研究中心，在那里他们看到了重建的中世纪早期的建筑和一些仿制的工艺品，都依旧保留着一千年前的模样。他们所经历的一切激发了心中想要再现维京时代的热情，于是他们决定在瑞典也建个相似的考古中心，这样他们就能在里面体验铁器时代的生活，找寻维京人的宝藏了。而每个夏天，斯达瓦尔仍然吸引着世界各地的游客。[1]

1975年的这个学生的故事也许非常罕见，但在波罗的海的哥特兰岛或在波罗的海的其他地方发现维京时代的阿拉伯迪拉姆却并不是件稀罕事。仅在哥特兰岛上就已经发现了700多处藏有此类银币的宝库，而且往往每年都会发现一处。班里的学生发现之后及时上报给考古部门，所以斯达夫嘉尔德的宝藏被妥帖地发掘并做了检验。其他的宝库是由盗贼发现的，通常他们是用金属探测器检测挖掘，而且在偷盗银币的过程中也不会顾及是否会损坏这些宝贵的文物。1666年首次颁布了保护瑞典的这些文物不受盗贼破坏的法律，规定违犯法律偷盗文物的人将被判处监禁。2011年，瑞典上诉法庭历史上首次因特别偷盗判处3名犯罪嫌疑人14~18个月的监禁。不过，也有许多其他类似的罪行既没有被举报也没有被制裁。[2]

1999年，瑞典电视台录制了有关古代文物和文物偷盗者的纪录片。考古学家来到哥特兰岛东北部的斯皮林斯（Spillings）农场，向大家演示如何使用金属探测器。有位常年在这里耕作的农夫发现了许多银币和其他的古代文物，所以他们非常希望接下来能在电视镜头前有更多有意义的发现。但他们却没那么幸运，最后只找到一些铜片。在节目组收拾东西回去之后，考古学家们却还在继续寻找。毕竟，来的时候带着设备，如今回去的时候却发现了这么多探测器都没探到的金属。这次挖掘中发现了维京时代最大的一批银质宝藏，比其他任何地方的都多，总重量超过 65 千克，其中包括 14295 枚银币。这些宝藏分别被埋在两个独立的地下宝库中，是在公元 870 年或此后不久埋入的。此外还发现了一些在海泽比抢得的钱币，以及几把波斯的钱币，但绝大多数还是阿拉伯的迪拉姆，也就是在阿拉伯哈里发国东端像撒马尔罕和布哈拉（Bukhara）这样充满异国情调的地方铸造的银币。[3]这些钱币又是如何到了波罗的海中哥特兰岛上的乡野呢？

之前在第四章中我们提到过的阿拉伯旅者哈默德·伊本法德兰提供了一条非常重要的线索。公元 921 年，哈里发贾法尔·穆克塔迪尔（Jafar al-Muqtadir，908—932）派伊本法德兰去完成一项外交任务。这次外交出使的目的地是坐落于伏尔加河畔的不里阿耳。现在从莫斯科东部坐一天火车就能到达这里。除了其他事情，伊本法德兰还有一项任务就是向不里阿耳国王宣读一封哈里发写的信。不里阿耳国王在此不久前刚皈依伊斯兰教，并与哈里发国结成联盟。10 世纪时，不里阿耳是重要的贸易中心，也是伏尔加保加利亚人的主要城镇。伏尔加保加利亚人也是在此不久前刚来到欧洲大陆草原上的一支使用土耳其语的游牧部族，他们是现今保加利亚人的远亲。

1997年在瑞典哥特兰岛的奥克萨尔福（Ocksarve）发现了银库。库中不仅有来自不同国家的银币（大多数来自德意志地区），还有阿拉伯迪拉姆、螺旋指环及其他器物。这些宝物原本藏在一间屋子所留下的洞中。如果仔细分析，这个宝库中宝物的构成便能揭示贸易交流（商贸和其他）的方向以及维京时代斯堪的纳维亚社会的性质。照片由雷蒙德·海叶德斯特罗姆（Raymond Hejdström）拍摄（图片来源：位于维斯比的哥特兰岛博物馆）

伊本法德兰对其经历的详细报告于1921年在伊朗的一个图书馆里被找到，所以我们能读到他在这趟旅途中的许多有趣的发现。比如，他被短促的夏夜深深吸引——那是高纬度特有的现象，又深深地沉醉于第一次看到的北极光，显然，他从未在故乡美索不达米亚见过这样的美景。

伊本法德兰在报告中描述了一群人，将他们称为罗斯人。罗斯人为俄罗斯起了国名，而他们的确切身份几世纪以来却一直备受争议。不过，大多数现代学者都认为罗斯人是商人，而且至少有一些斯堪的纳维亚人的血统。伊本法德兰描述了罗斯人如何乘船到伏尔加河从而抵达不里阿耳，还描述了他们接下来如何祭祀神灵：

> 船一到这港口，他们便一个接一个地上岸，随身带着面包、肉、洋葱、牛奶和蜂蜜酒。他们一直走，走到一根插在地上的巨大木桩跟前，木桩上有张人脸，周围围着些小人。这些神像背面有长木棍插入地中来支撑。他们每个人都跪伏在神像面前，对神像说道："主人，我不远千里而来，带来了这些年轻的奴隶姑娘，还有如此之多的貂皮……"接着，他会继续列出自己带来的所有货物。随后，他又说道："我为您献上这礼物。"之后，他将所带的货物放在木桩前面（说道）："请您帮帮我，让我遇到一位拥有大量第纳尔和迪拉姆的富商，他将会买走我售卖的所有货物，而且不会跟我讨价还价。"说完他就离开了。[4]

如此，伊本法德兰便见证了斯堪的纳维亚商人渴望通过在不里阿耳的贸易交换赚得第纳尔和迪拉姆（阿拉伯的金币和银币）的心愿。很明显，伊本法德兰所看到的是其中一个步骤，阿拉伯的银币从哈里发的银矿和铸币厂到哥特兰岛和斯堪的纳维亚的其他地区则需要经过一段漫长的旅途。罗斯人在不里阿耳售卖毛皮和奴隶以换取阿拉伯铸币，之后带着这些钱币去往西方。也许伊本法德兰在不里阿耳遇见的一些商人自己也会完整地走一趟前往斯堪的纳维亚的旅程，便将所得财物埋藏在后院里。但这些银币很可能是在经过多次转手之后才最终被埋在哥特兰岛的宝库里,此后才可能在现代被打洞的兔子、热情洋溢的学生或肆无忌惮的偷盗者发现。

哥特兰岛所发现的银币以及伊本法德兰所述的不里阿耳的经历,展示了重要而广泛的北欧贸易网的两个侧面。总之,在哥特兰岛已经发现了8万多枚维京时代的阿拉伯银币迪拉姆。而在瑞典内陆也发现了4万枚。[5]丹麦、挪威和波罗的海的南岸地区也发现了一些银币,但总体上数量相对较少。显而易见,维京时代从阿拉伯哈里发帝国一定流出了相当多的银币,我们可以认为发现的银币只不过是其中一部分交易货币。此外,还没有算上那些熔化了制成银锭、珠宝首饰或是打造成新铸币的银币。在维京时代,私人铸币是非法的,而这一部分银币尚未被发现。迪拉姆自然是从阿拉伯哈里发国流出——维京时代的哈里发国从伊比利亚半岛延伸到地中海南部海岸,穿过中东地区,直达中亚,囊括了沙什(Shāsh)、乌兹别克斯坦、潘杰希尔(Panjshir)及阿富汗等地丰富的银矿——但流到斯堪的纳维亚的白银却不只来自这一处。在斯堪的纳维亚发现的仅公元990—1051年间的英格兰银便士就超过5.1万枚,而英格兰当地留下的还更多。[6]这又是一笔巨额财富,让目击者看到的不只是北欧贸易的兴盛,或许更多的还有维京人向被劫掠的民族勒索贡金的能力。

但如此巨额的哈里发和西欧货币是如何又是在什么情况下流传到斯堪的纳维亚?一些商贸交易会将银币带入北欧,但并非所有的流转都是这样实现的,毕竟钱货转手也有许多其他实现方式。比如,钱币会被偷盗、劫掠,用于交赎金、贿赂,或作为赠礼等。大多数钱币在转到北欧之前都会经过数次不同方式的转手。

经由波罗的海地区，北欧庞大的商贸交流弧线将哈里发东部与西欧紧密联系在一起，也深深影响着其触及的每个地区。波罗的海及北海周围发展起诸多贸易城镇，其数量之多前所未有。这些贸易城镇繁荣活跃了一到两个世纪，直到后来斯堪的纳维亚的社会、经济经历了翻天覆地的变化，而哈里发国也自此败落。此时，北欧贸易需要重建，不过中世纪的这一局面很快便被德意志汉萨同盟[*]掌控。

这些城镇功能很多，可为商人提供市场，让他们售卖北方的稀罕物，如海象牙、奴隶或毛皮。住在挪威北部哈洛加兰（Hålogaland）的领主奥塔尔就会定期航行前往两座贸易商镇：挪威南部的斯本林斯赫尔，即发现考古遗址卡庞[†]（Kaupang）[7]的地方；以及位于丹麦南部波罗的海西南角的海泽比。由于离住所较近，奥塔尔收获了许多产自北极的货物，如海象牙、海象皮制的坚韧船绳，以及各类毛皮，其中还包括一块北极熊皮。一些是奥塔尔自己狩猎所得，其他的则是从北方萨米人那里收来的贡品。[8]

北欧出口的货物为领主和贸易商、捕猎者和狩猎者以及中间人和商人都带来了收益，但或许商贸网和贸易重镇本身比其为斯堪的纳维亚带来的好处更为重要。商贸网和贸易重镇能为权贵人士带来具有异国特色的商品，满足他们对更大权力的渴望，毕竟他们可以利用这些商品来巩固权力，扩大周身的权力光环。中世纪的权力是很显著的，权贵人士需要显示自身的权贵。领主穿着异国珍稀衣料

---

[*] 12—13世纪中欧的神圣罗马帝国与条顿骑士团诸城市之间形成的商业、政治联盟，以德意志北部城市为主。——译者注

[†] 表示市场、集市的北欧用语，现今也指挪威第一个类似市集的地方。——译者注

第五章　铸币、丝绸和鲱鱼：维京时代的北欧贸易

所制的华贵服饰，戴着最绚丽夺目的珠宝，用着他国所制的最锋利的宝剑。这样的领主才是最热情好客的主人，才是最慷慨大方的首领。斯堪的纳维亚的领主们相互竞争，个个都想成为最富有且权力最大的领主。他们相互竞争的一个方式便是进口最昂贵、最罕见的异国商品。他们会把这些进口商品作为自己的饰品或饰物来装饰大厅，又或者在送礼大赛中不断扩大受赠范围，争相将这些商品赠给他们的追随者。[9]

正因为需要商人带来的贸易品，斯堪的纳维亚的领主们才会组织贸易，建立商贸城镇。城镇如雨后春笋般迅速发展起来，遍及北海与波罗的海，且大多数都是有军事防备的天然良港。在这些大大小小商贸城镇的考古遗迹周围，星星点点地遍布着许多海岸、峡湾和入海口，从极其重要的商贸市镇，如俄罗斯的旧拉多加（Staraya Ladoga）、瑞典的比尔卡（Birka）和丹麦的海泽比，一直延伸到当地的一些重要港口。一些规模较小的贸易市镇是暂时性的，只在夏季才会是一片兴盛繁荣的景象。研究者在波罗的海周围和斯堪的纳维亚北海沿岸发现的维京时代的贸易市镇至少有 82 处。[10] 例如，以发现藏有诸多阿拉伯迪拉姆的地下宝库而闻名的哥特兰岛就至少有 5 处已知的贸易集散地遗址：维斯比（在中世纪时发展成一座城市，保留了其城市风貌，如今依旧能看到城市周围中世纪时期的城墙）、帕维肯、弗勒耶尔（Fröjel）、邦德伦蒂维肯（Bandlundeviken）和伯格维肯（Bogeviken）。维京时代的书面文献中没有提及其中任何一个地方，但这些贸易集散地留下的遗迹均已被考古学家探索到。

帕维肯便是其中一个较小的贸易城镇。临近哥特兰岛最西端的海角，狭小的海湾为这座小镇提供了天然良港，小镇便在此发展起来。考古学家发现了一个石码头、一些居民建筑、一间造船厂、铁匠铺的痕迹，以及生产玻璃珠和珠宝留下的遗迹。除了规模，帕维肯与比尔卡和海泽比的贸易集散地基本相似。帕维肯聚居地的占地面积约有1.5公顷，而海泽比则可扩展到约24公顷。与维京时代大多数贸易城镇命运相似，到10世纪末帕维肯便不再发挥其作为贸易城镇的作用了。[11] 这座小镇不是很大，也并没有举足轻重的地位，而人们也许只有到了夏季才会来这里生活。与之相比，斯堪的纳维亚一些大的贸易集散地却是常年存在的，而且对建立运营这些集散地的国王和领主也有着至关重要的意义。其中最重要的要数波罗的海西南角狭长海湾沿岸的海泽比。

不是每位想要拥有商贸市镇的领主都会像丹麦国王戈德弗里（Godfrid）那样坚定。公元808年，他在波罗的海南岸袭击了宿敌斯拉夫民族奥博德里特人（Obotrites），摧毁了他们的小镇瑞里克（Reric），但其间小心谨慎地避免伤害到当地的商人。他将这些商人直接转移到自己管辖的城镇海泽比。这里可确定年代的最古老的考古遗迹便是811年砍伐的木材。这两个时间点前后相隔很近，也许我们可以将其大致当成海泽比建成的时间，而在接下来的两个世纪，海泽比迅速发展起来，成为维京时代斯堪的纳维亚最大的商贸城镇。商人们来自"四面八方"，汉堡主教林贝特（Rimbert）在870年左右如此记载，而海泽比也的确容易从四面八方靠近。[12] 这座小镇坐落于日德兰半岛沿海平原的东边，在40千米长的峡湾施莱湾（Schlei Fjord）的尾端，内陆部分从波罗的海的西南角向内开始扩展。从波罗的海海域驶来的船很容易就能抵达海泽比港的这些码头。另外，陆路贸易沿着旧的陆路通道进行，从日德兰半岛中轴上的德意志和萨克森出发，再穿过距海泽比不远的达内维尔克（Danevirke）。从北海驶来的船想要抵达海泽比，可绕行日德兰半岛来实现，但航程危险而漫长。关于这一点，德国海军从1927年开始便在航海手册中一直叮嘱着出海的船员。相比之下，跨越相对较窄的半岛区域会更为便捷，通航的河流可将小船从西边带到距离海泽比几千米之内的地方。[13]

海泽比随着城市规划一直在扩大，戈德弗里在其规划中将街道通路排成网状，与海岸线或平行，或垂直。最大曾扩建到约24公顷，约1.2万人埋葬在城外的公墓中。建筑用地通常是相互隔开的，其中有些小的矩形木质建筑，大都用篱笆和胶泥所筑，用来做居民住所或手艺人的作坊。一些地方还会有一口水井和一间小棚。有座保存较为完好的建筑占地面积比长12米、宽5米的一般建筑稍大一些，已被重建并且成了很受欢迎的旅游景点。

10世纪时，城镇周围建起高11米的半圆形土墙作为防御工事，在海港周围也筑起了原木栅栏。从文献记载中可以清楚地看到这些防御工事的必要性，文献中不断提到10世纪和11世纪期间海泽比遭遇的袭击。一个名叫托鲁尔夫（Thorulf）的男人自称是"斯韦恩"（Svein，也许是位丹麦国王的名字）的家仆，他如此追忆同伴勇士埃里克（Erik）："他死在海泽比被围困的时候。"[14] 1049年，挪威国王"无情者"哈拉尔袭击了他的宿敌丹麦国王斯韦恩·埃斯特里德松。多亏有位哈拉尔的勇士为摧毁海泽比而庆祝狂欢，这才使得一段有关围攻的描述在一首匿名作者的诗篇中保留下来：

海泽比的一切从头到尾被怒火烧了个干净，这才称得上是英勇，我想。我们希望，将继续攻打斯韦恩；昨晚，在黎明到来之前，我就站在要塞的城墙之上，看着屋舍接连燃起大火，火光连天。[15]

这次袭击（也许埃里克并不是在此次战役中倒下的）或许也表明了海泽比已经不那么重要，很快它便彻底消失了。到了11世纪，凭借着施莱湾另一分支上的较深海港，临近的城镇石勒苏益格（Schleswig）接替海泽比成了商贸重镇。

海泽比繁荣之际曾是北方最大的贸易集散地，感兴趣的买家在此能买到大多数自己需要的东西。从四面八方而来的商人叫卖着自己的商品，其中有实用品，也有外来的奢侈品。如此，从戈德弗里开始一直到他后来的继承者，斯堪的纳维亚领主们的地位得以巩固。考古学家发现了许多证据，从中可以明显看出远距离贸易过程中货品的多样性：小汞陶瓶、琥珀、铁条、铅、银、铜和水晶玛瑙这样的外国珠宝；还有玻璃、外国陶器、丝绸、一套仿制的阿拉伯迪拉姆，以及莱茵河流域的葡萄酒桶。酒桶还可以重复利用，做成井筒。在海泽比发现的北方货品中，有海象牙、海象骨、驯鹿角、挪威皂石和磨刀石。从其他的证据中我们可以看到，在海泽比也有毛皮和许多纺织品售卖，但没有留下太多可以追寻的考古遗迹。毕竟过了一千多年，大多数有机物质早已腐烂殆尽。在海泽比的海港，还发现了一把奴隶镣铐上的铁锁，这让我们不禁想起海泽比的奴隶贸易。[16]

10世纪中期，阿拉伯使者易卜拉欣·伊本·雅各布·塔尔图希

（Ibrahim ibn Yacoub al-Tartushi）在前去拜访德意志皇帝奥托一世（Otto Ⅰ）的路上曾游览过海泽比，而他作为目击者的记述也流传下来。他写道："'石勒苏益格'（Shalashwiq，海泽比的德语名）是座非常大的城市，就在海岸边。城内有许多甘甜的泉水。居民除了一小部分是基督徒，大多数都敬拜天狼星（他们是异教徒）。"中世纪的地理百科中只保留了一部分记述文本。文中继续讲述着海泽比居民的一些风俗习惯：盛宴和宗教祭祀，以及这位阅历丰富的阿拉伯裔西班牙人目睹的当地居民的贫困——"大多时候他们都吃鱼"。他们会扼杀新生儿"以留存养育孩子的花费"；他们的女人有权利和丈夫离婚；他们会在身上画上或文上双眼的图案；他们的歌声听上

斯堪的纳维亚奴隶贸易是维京时代经济的重要组成部分，但却很少留下可辨别的考古遗迹。这把奴隶镣铐上的铁锁是在海泽比海港发现的，据说，9世纪时不来梅主教林贝特在这里目睹了许多基督徒被拖走为奴的场面（图片来源：位于石勒苏盖格的海泽比维京博物馆）

去很可怕,"像是猎狗的号叫,甚至更糟"。[17]要想理解这份记述的确很难,毕竟保留下的部分与原稿相比会有删减,而且其中有一些非常奇怪的描述,可能带有易卜拉欣或抄录者的种族偏见。但如果将他的记述与其他文献相对照,就会发现其中也有一些准确的信息。比如,在海泽比的确有基督徒;9世纪中期,法兰克传教士安斯加尔(Ansgar)就在海泽比建了一座教堂。有条溪流从海泽比城中穿过,城里居民的饮食结构中包括大量的鱼,虽然他们也会吃许多其他的肉类。关于这一点,考古学家对垃圾堆残留物做了研究分析,扔在里面的动物骨头可以作为证明。扼杀新生儿在斯堪的纳维亚似乎也是个习俗,但从12世纪开始,最古老的斯堪的纳维亚法典中就已经明令禁止这一做法。此外,易卜拉欣也几乎没有告诉我们什么关于海泽比贸易和手工业的信息。

海泽比或许是斯堪的纳维亚首屈一指的贸易市镇,但北欧也遍布着许多其他贸易市镇,其中只有比尔卡在规模和重要性上也许能与海泽比相媲美。小镇比尔卡坐落于梅拉伦湖的一座岛屿上,就在现今斯德哥尔摩(维京时代时还没有这个地方)的西边。在维京时代,梅拉伦湖是波罗的海的一个海湾。从9世纪传教士安斯加尔写的传记中我们可以知道有条海上航线将海泽比与比尔卡连在一起。829年,安斯加尔与其修道士同伴维特马尔(Witmar)付费上了一艘去往比尔卡的商船。他们的旅程也佐证了商人们会经常面对危险:"在旅途当中,他们会遇到一些海盗。与他们同行的人奋力抵抗,也取得了短暂的胜利,但最终还是被海盗打败并制服了。海盗夺走了他们的船,拿走了他们所有的财产,与此同时,侥幸逃脱的他们就只能靠双脚走到岸边了。"安斯加尔的继任者兰根伯特(Ragenbert)

神父被他（此时安斯加尔作为主教负责北方的使团）派去比尔卡，但他自己却没有如此幸运。甚至在登上从海泽比去往比尔卡的商船之前，他就遭遇强盗袭击并被杀害了。[18]

比尔卡地理位置优越，适宜通商，不仅与海泽比，还与波罗的海沿岸的其他城镇，尤其是东部和东南部海岸也有商贸往来。11世纪70年代，德意志历史学家不来梅的亚当[*]记述道，从比尔卡出航可以在5天后到达俄罗斯。[19] 比尔卡也方便贸易商聚集，他们从瑞典内陆带来了铁器和毛皮。可以肯定的是，比尔卡在公元800年的时候就已经存在了，但可能创建集镇的时间会稍早一些。这块定居地的大小估计约有13公顷，在附近发现了约2000个坟冢。像海泽比一样，比尔卡至少也有一部分由城墙保护，公元870年之前的某个时候在聚居地正南边的高地上也建了一座堡垒。到了10世纪晚期，比尔卡显然已经开始败落。在此最新发现的一枚钱币铸造于公元962年，而可追溯到的10世纪70年代之后的器物则非常少。11世纪60年代，不来梅大主教阿德尔伯特（Adalbert）曾到过比尔卡，寻找前任主教乌尼（Unni）的坟冢。乌尼于公元936年在比尔卡逝世，但阿德尔伯特那次到比尔卡寻找坟冢时，这里早已是一片荒芜，乌尼的坟冢也没有找到。[20]

海泽比、比尔卡及北欧其他城镇都是通过波罗的海与北海上相互交叉的航线联系在一起的。有文献记述了几位在斯堪的纳维亚周围水域航行的贸易商的经历。我们之前提到的奥塔尔，先从挪威北部起航沿着挪威海岸去了位于奥斯陆峡湾的斯本林斯赫尔，接着去

---

[*] 德意志中世纪史学家，生活于11世纪下半叶。最知名的著作为《汉堡大主教史》。——译者注

了海泽比，依旧是沿着海上的线路航行。另一位贸易商沃尔夫斯坦也曾到英格兰国王阿尔弗雷德那里做客，他跟国王谈起过从海泽比的正东边起航，沿着波罗的海南岸去往特鲁索（Truso）的路途。特鲁索这块贸易集散地位于维斯图拉河的三角洲地带，而维斯瓦河也就是如今波兰的维斯拉河（Wisla）。奥塔尔和沃尔夫斯坦都曾在斯堪的纳维亚与英格兰之间穿梭航行，而他们的故事也在这些地方被记录下来。[21]

如尼石刻上偶然也会记录关于商人们的一些信息，而这些信息也足够用来还原至少一部分当时他们走过的航路。比如 11 世纪时，英伊比约格（Ingibjörg）与女儿朗希尔德（Ragnhild）和嫂子乌尔维希尔德（Ulvhild）建造了两块如尼石刻，以纪念自己在瓦伦蒂纳（Vallentuna）的丈夫。瓦伦蒂纳就在如今斯德哥尔摩稍偏北的地方。由于如尼石刻受到磨损，这个男人的名字我们不得而知。"他淹没在霍尔姆海中；他的卡纳尔（Knarr，船）沉没了；只有三人活着逃脱。"[22] "霍尔姆海"暂且可以认为是波罗的海南边博恩霍尔姆岛（Bornholm）周围的水域。如此一来，这块如尼石刻便证明了距离伍尔夫比约格（Ulfbjörg）家不远的比尔卡地区与经由这座霍姆岛可到达的海泽比之间存在一条贸易航线。但这艘卡纳尔也可能正在去往波罗的海南岸诸多贸易城镇中的某一个的途中，又或是刚从那里出发起航，比如临近现今什切青（Szcecin/Stettin）且位于奥得河河口的特鲁索或沃尔林（Wollin），甚至是去往博恩霍尔姆当地的小型贸易中心如索尔特蒙德（Sorte Muld）。也有可能"霍尔姆海"指的是去往诺夫哥罗德所经过的芬兰湾水域，毕竟维京时代斯堪的纳维亚人将此水域称为"霍尔姆加德"（Holmgárd）。若是如此，那英

第五章　铸币、丝绸和鲱鱼：维京时代的北欧贸易　　129

伊比约格的石刻便见证了从瑞典到俄罗斯内河水域商船网之间贸易航线的存在。

我们确信曾到过波罗的海南岸的人便是斯韦恩了,他从瑞典中部距离比尔卡并不远的梅瓦拉(Mervalla)出发。在他的回忆中,妻子西格丽德立了一块如尼石刻:"他常常驾着一艘宝贵的卡纳尔航行去往瑟米加利亚(Semigallia)。"[23] 瑟米加利亚是拉脱维亚的历史地区之一,位于德维纳河(Dvina River)左岸,而德维纳河也是通往东欧大陆为数不多的几条河道之一。如此,我们便可将斯韦恩看成是去东欧交易的一位斯堪的纳维亚商人。西格丽德的这块如尼石刻上只提到了瑟米加利亚,由此我们可以推断出斯韦恩运送贵重货物只跨越了波罗的海,而其他的商人则通过维纳河将货物向上下游运送。总之,这样的运送很可能需要换船。毕竟,像卡纳尔这样存货容量大的大型货船更适合在波罗的海中航行,而非在河道中游走。如此看来,斯韦恩只不过是这些东欧贸易参与者中的一个经销商。

波罗的海南岸和东岸的贸易城镇主要分布在东欧几大河流的河口地带。斯堪的纳维亚人最晚在公元 8 世纪晚期开始探索这些河流的上游地区,为了得到珍贵的毛皮,他们一直追寻至此。

在维京时代北方商贸繁荣期前后,斯堪的纳维亚人参与的一向是长距离商贸交易。到 6 世纪中期,拜占庭历史学家约尔丹尼斯记述道,瑞典人"有上好的马匹……(还)将紫貂毛皮派送给无数经销人出售",很可能就是销往君士坦丁堡,也就是约尔丹尼斯居住的地方。[24]

在维京时代及其此后,北方动物的毛皮一向是斯堪的纳维亚的主要交易品。毛皮是很受欢迎的奢侈品,而且在各个市场上的需求量都很大。正如传教讲道的教士和编年史家不来梅的亚当在 11 世纪 70 年代所说的那样："我们渴望得到貂皮绳，那种渴望不亚于对极乐的渴求。"[25] 亚当所说的"极乐"，确切意思是死后的极乐世界，也表明了他认为人们都会去往地狱，因为对拥有皮夹克的渴求会让他们忘了如何按基督徒应有的方式行事。

　　动物生活的地方气候越寒冷，它们的毛皮就会越昂贵，这明显是来自寒冷的斯堪的纳维亚贸易商的一大优势。斯堪的纳维亚贸易的一大动力便是找寻可以获得最上乘毛皮的来源，以及寻觅最有利可图的售卖商机。公元 9 世纪末的时候，挪威领主奥塔尔在这两方面都有所收获。他向国王阿尔弗雷德讲述了自己如何航行绕过斯堪的纳维亚北角，又一路去往白海找寻毛皮以及其他受欢迎的北极产品，如海象牙和驯鹿角。奥塔尔是位领主，不需要亲自狩猎去获得这些物品。他曾劝服，也很可能动用了军队的力量，要求自己统治下的挪威北部地区的萨米游牧民族向他缴纳年贡，这其中就包括很多物品，如"兽皮"。"每个（萨米）人都要根据等级缴纳贡金。最高等级需要缴纳 15 张貂皮、5 张鹿皮、1 张熊皮……以及 1 件熊皮或水獭皮制成的皮衣。"[26]

　　奥塔尔习惯每年都起航沿挪威海岸去往一座他称为"斯本林斯赫尔"的贸易城镇。这座小镇坐落于奥斯陆海湾的西边。而同样他每年也会去丹麦南部的大贸易城市海泽比。每个北方的贸易城镇都会有类似的专门的毛皮交易中心。在瑞典贸易城镇比尔卡的一项奇特的考古发现为我们大致描绘了毛皮交易的场景。考古学家发现了大量狐狸和其他有毛皮的动物的爪子，但几乎没找到什么兽骨。对这种情况的解释显然是贡金缴纳者、狩猎者和捕猎者直接将猎物剥皮，将肉身扔在森林里（或是带回了家，如果这些肉可食用），只将毛皮带到了城镇。在城镇里，这些毛皮经过处理后便会放到市场上售卖，这就意味着其他多余的部分比如爪子都会被去掉。[27]

接着，这些毛皮就会在城镇之间交易，会经过多位经销商，每位都会提高价格从中为自己谋取利润。伊本法德兰亲自证实了一条毛皮交易的可能路线，即经过伏尔加河上的不里阿耳，从这里将皮毛运到更远的南方，直到哈里发国，正如从维京时代开始时几位阿拉伯地理学家记述的那样。在哈里发国内，上好的毛皮价格非常昂贵。公元934年，阿拉伯作家马苏第（al-Masudi）[*]就说过"一张黑狐皮的价格可达100第纳尔"。第纳尔是阿拉伯金币，如此看来，稀有黑狐皮的价值十分可观。虽然马苏第也许会夸大一些实际情况，但有一点可以肯定：毛皮很受欢迎，而毛皮贸易商也能赚取巨额利润。[28]

这样可观的利润驱使着斯堪的纳维亚和其他地区的贸易商不断寻找着新的商机。为了找寻更多更好的毛皮，至少从8世纪开始，斯堪的纳维亚人便远行前往俄罗斯。俄罗斯北部是广袤的森林与沼泽，人烟稀少，冬季的时候非常寒冷，恰是寻找上乘毛皮的理想狩猎场。我们已经知道奥塔尔为了获得珍贵的毛皮曾远航越过北冰洋去往白海，而其他斯堪的纳维亚人则穿越波罗的海，经东欧的主要河流抵达俄罗斯内陆。任何人如果能驾驶航船或划行小船渡过不长的涅瓦河，经过今圣彼得堡的位置最后到达拉多加湖（Lake

---

[*] 一位阿拉伯历史学家、地理学家，被称为"阿拉伯的希罗多德"。——译者注

Ladoga），就能有很多继续前往俄罗斯北部内陆的路线可供选择。其中一条注入拉多加湖的河流就是沃尔霍夫河（Volkhov）。约在公元8世纪中期，斯堪的纳维亚人参与建立了一座贸易集镇，就在沃尔霍夫河的河岸上，距离拉多加湖以南不过几千米。从这里他们能很容易地深入俄罗斯北部的广阔内陆，从而得到数量丰富的毛皮。不过，他们似乎需要和当地的游牧部族芬兰人及波罗的人（Balts）进行合作才行。同斯堪的纳维亚北部的萨米人一样，这些芬兰人和波罗的人毋庸置疑也都擅长狩猎和捕猎。此外，斯堪的纳维亚领主到俄罗斯时可能也带着自己的一些勇士如奥塔尔，如此便能逼迫当地的部族用毛皮及俄罗斯森林中的其他珍贵之物来缴纳贡金，又或者斯堪的纳维亚人通过与波罗的人和芬兰人的贸易交换得到了这些物品。

军事实力强的领主们不断逼迫游牧民族上缴贡金，这渐渐形成了吸引大量阿拉伯作家的风俗。无声交易也出现在其他地方或其他历史阶段。买主将支付毛皮或其他物品的钱款放在约定好的合适地点之后就离开。买主离开后，卖主到约定地点拿走钱款，并将货物留在那里。这样一来，他们在货物交易的过程中遇到抢劫或其他暴行的风险就很小。显然，采取这样的方式需要双方相互信任，不过双方是为了各自的利益而保持诚信，如此无声贸易才能进行下去。[29] 考古证据表明，旧拉多加的工匠们制作了大量的玻璃，其中一位考古学家猜测这可能是毛皮采购款中的一部分。在俄罗斯北方的遥远地区也发现了维京时代的阿拉伯迪拉姆，很可能也是有人带来用于购买毛皮的。

在斯堪的纳维亚人抵达旧拉多加，开探了俄罗斯的河道后，他们很快就会发现其实没有必要跨越波罗的海不远千里前来售卖毛皮，他们可以将货品卖给南边或东边的一些城镇，如不里阿耳和基辅（Kiev），以此将商品出口到阿拉伯及拜占庭的市场。不里阿耳是实现与阿拉伯贸易交换的重要转口港。伊本法德兰亲眼看到过从哈里发国来的贸易商出现在不里阿耳。可以肯定的是，伏尔加河畔的保加利亚人皈依了伊斯兰教——这是伊本法德兰作为使臣游历至此的直接原因——表明伏尔加河上游地区与哈里发国的联系很紧密。

北方贸易网的另一分支可达拜占庭帝国，以其都城君士坦丁堡，也就是如今土耳其的伊斯坦布尔（Istanbul）为中心。古斯拉夫文历史文献《往年纪事》于12世纪初在基辅成书，其中就介绍了"瓦兰吉人"的商贸路线，而这里的"瓦兰吉人"便是斯堪的纳维亚人的古斯拉夫语表达。贸易商从"瓦兰吉海"（波罗的海）起航，途经拉多加湖和旧拉多加上游到达诺夫哥罗德。在诺夫哥罗德考古学家发现了维京时代的贸易集散地，就在现今城市中心以南约2千米的地方。从诺夫哥罗德继续延伸，贸易航线穿过伊门尔湖（Lake Llmen）向北经洛瓦季河（Lovat River）到达丘陵地区，也就是现如今的瓦尔代高地（Valdai Hills）。

由于乌拉尔河以西的俄罗斯地区总体而言非常平坦，河流流经此平原时也会较为平缓，如此只要河道中有足够的水，那么斯堪的纳维亚人在此航行时便相对容易。瓦尔代高地占据了这块平原上的制高点，这也是大多数俄罗斯河流都由此发源的原因，也解释了瓦尔代高地为何是这平原的交通枢纽。如同编年史家所勾勒的那样，经瓦尔代高地便可继续沿着伏尔加河向东而行，去往像不里阿耳和里海这样的地方。又或者沿着第聂伯河向南到达基辅甚至更远的地方，抵达黑海或君士坦丁堡。从一条河道换到另一条河道时，斯堪的纳维亚商人时不时还要在陆地上搬运他们的船舶。

斯堪的纳维亚人发现了通向哈里发国的东部贸易航线，这清楚地反映在斯堪的纳维亚的钱币记录中。通过观察每个迪拉姆宝库中仅存的能够检测年代的钱币，钱币研究者能够确认宝库最早可能是在哪一天储蓄的。通过检测宝库的储蓄构成及规模，他们也能大致推测出宝库已经在地下埋了多久。在这些证据的支撑下，我们可以知道 8 世纪末迪拉姆才开始如涓流般流向斯堪的纳维亚，而之后大约在 9 世纪中期其数量才变得可观。到了世纪之交，数量明显减少，或许因为哈里发帝国国内银产量下降，再加上像弗拉基米尔大帝（逝于 1015 年）这样强势的统治者当时在基辅附近建立了公国，这就意味着更多来自阿拉伯毛皮贸易的利润留在了东欧。

东欧毛皮贸易只是维京时代北方贸易网的一小部分。贸易远及西欧和中欧，除了毛皮，还有许多可交易的货品在欧洲的诸多城镇间流动。伊本法德兰提到了另一种交易商品：奴隶女孩。在维京时代，斯堪的纳维亚人是主要的奴隶贩子，将奴隶出口卖到拜占庭和阿拉伯帝国，可能还有其他地方。拜占庭和阿拉伯帝国也逐渐依赖于奴隶贸易来补充国内的奴隶人数，此前他们主要是通过奴役战俘来实现的。7 世纪上半叶阿拉伯人兴起之后，拜占庭帝国的军事力量大不如从前，已无法再通过俘虏足够的战犯来补充奴隶人数了。[30] 阿拉伯哈里发帝国在约 8 世纪中期停止了对外疯狂扩张之后，也面临着同样的困境。

拜占庭和哈里发国需要奴隶是因为其经济的构成方式，而斯堪的纳维亚人及其他欧洲人也是只要有需求，不论基督徒还是异教徒，都会毫不犹豫地将其卖作奴隶。大多数人认为奴隶贸易主要是在东欧，如不里阿耳等地进行——伊本法德兰目睹的奴隶交易就发生在不里阿耳。不过，有些奴隶贸易也会途经欧洲地中海的一些港口，如马赛和威尼斯等。[31]

在劫掠中，维京人不只劫掠金银和其他贵重物品，也会抓走一些人作为奴隶进行买卖。1048年，维京领主洛蒂恩（Lothen）和耶尔林（Yrling）从英格兰"带走了数不尽的俘虏和金银财宝作为战利品"。[32]俘虏与金银一样宝贵。公元923年，高卢北边的当地人成功夺取了维京人的一个据点，得到了"数额巨大的战利品"，此外还找到了"数千名俘虏"。[33]所给出的数字只是象征性的，没有那么准确。不过，这些俘虏显然会被送到奴隶市场上，除非他们的亲友愿意出赎金将他们赎走。西欧信仰基督教的公国也有奴隶市场，西欧人自己也拥有奴隶。据史册记载，他们的劫掠也表明洛蒂恩和耶尔林在"鲍德温的领地"卖掉了他们的战利品，想必也包括奴隶。"鲍德温的领地"就在佛兰德斯，即现代比利时的一个地区。

斯堪的纳维亚人自己也没能逃过成为奴隶的命运。德意志编年史家不来梅的亚当在11世纪70年代说过，在丹麦的西兰岛上有大量的黄金，是通过维京人的劫掠逐渐积累起来的。他继续解释道："他们相互不信任对方。只要他们中的一个抓住了另一个，那被抓的就会被无情地当成奴隶买卖，不论是卖给另一个同伴还是卖给一个野蛮人。"[34]汉堡及不来梅大主教林贝特写的自传进一步讲述了丹麦的奴隶贸易，而这位大主教自己也在海泽比见证了奴隶交易：

> 一次（林贝特）来到丹麦人的领地，到了一个名叫石勒苏

益格（海泽比）的地方。他在此处为新基督徒建了一座教堂，却也在这里亲眼看到了大批基督徒被当作俘虏拖走。在这些俘房中，有位修女远远看到他后便屈膝不断地向他鞠躬，不仅是尊重他，似乎还在恳求他能够仁慈地将她赎回。为了让他知道她是名基督徒，她开始大声唱起了圣歌。[35]

林贝特满足了她的愿望，用自己所乘之马换取了她的自由。大多数奴隶却没有如此幸运。维京时代，许多欧洲人都是在海泽比被卖掉的。有些也许会被运送到往北或往东更远的地方。虽然许多奴隶在西欧生活并在此被买卖，但欧洲奴隶贸易的中心还是在中欧和东欧。这一点显然可从"奴隶"（slave）这个词本身来解释。该词来源于带有种族标签的"斯拉夫"（Slav）一词，用于代指生活在中欧、东欧和德意志西部易北河以东地区讲斯拉夫语的人。大多数欧洲语言中的奴隶一词都基本同源，如法语中的 éscalve 和瑞典语中的 slav。类似地，阿拉伯语中的"阉人"（一种特别的奴隶类型）一词 siqlabi 也源自代指斯拉夫民族的 saqalibi 一词。查理曼以及其他加洛林王朝的统治者早在 8 世纪时就已开始在法兰克王国的东部边界上抓斯拉夫人做他们的奴隶了。阿拉伯文献中——伊本法德兰及其他诸位——也提到了东欧的大量奴隶贸易。在维京时代，大多奴隶贸易都由斯堪的纳维亚人来管理运作。

除了毛皮和奴隶，北欧地区也出口许多其他产品，有奢侈品也有实用品。海象牙之类的奢侈品在经过雕刻和打磨之后也能拥有象牙般的釉亮光泽。有一些巧夺天工的海象牙制品保留了下来，如刘易斯棋子和数位大主教权杖上的弯钩。其中有一件权杖就是在格陵兰岛的13世纪加达主教的墓中发现的。[36]格陵兰岛有许多海象，正是理想的海象狩猎场。鲸骨的使用方式也类似，如从8世纪诺森布里亚流传下来的精巧而神秘的法兰克首饰盒（现今在大英博物馆中展示）。[37]北欧贸易网的主要目的是进口南方的奢侈品以供领主和国王所用。我们也许可以通过追溯维京时代核桃的历史来看看贸易网是如何运作的。

考古学家在海泽比挖掘时，从土壤中看到了中世纪早期留存下来的超过六个核桃的残迹。核桃壳也许可以用来染布，但核桃被带到海泽比则更可能主要是作为一种特有的异国食品。中世纪早期，核桃生长在原产地中亚以及巴尔干地区，不过瑞士圣加伦（St. Gall）的修道士和亚琛的查理曼也曾将核桃移植到他们的花园中。12世纪早期，在挪威奥塞贝格挖掘的9世纪的巨型随葬船中有许多各式各样的奢侈品，其中就包括一个核桃的残迹，能够用于这样一场盛大的葬礼陪葬说明这种坚果本身足够奢侈。11世纪上半叶的一首诗或许可以用来诠释核桃在当时有多名贵。"威震四海的伟大国王（奥拉夫·哈拉尔德松）递给我些坚果；君主如此追忆着他的朋友"，由诗人西格瓦·索尔达松所作。他没有详细说出国王奥拉夫给他的是哪种坚果，但我们也许可以猜测应该是比斯堪的纳维亚南部的野生榛子要大一些的坚果。按照这样的思路，最可能的便是核桃了，除非西格瓦是在取笑国王所给的坚果算不上王室礼物。[38]

核桃虽美味可口，但在维京时代，斯堪的纳维亚核桃的最大价值源自核桃罕见且须从异国进口。任何一位名不见经传的领主也许都可以吃到和赠送本地产的榛子，但只有真正富有且交际甚广的领主才能获得核桃。一位可以任意吃食或分发核桃的领主能让更多的追随者相信自己是位好领主,也是位成功的首领,由此提高自己的地位和声望。领主们建立贸易城镇,这样他们便可获得商人们带来的诸多商品如核桃。

商人将其他各种各样的异国商品进口到斯堪的纳维亚,也是为了满足领主各方面的需求。考古学家在一些著名的考古遗址如伟大人物的墓穴,或领主大厅的遗迹中也不断发现新的货品遗迹。当然,也不太可能将这些带有异国特色的奢侈品与那些抢来的物品(如通过维京劫掠)区分开来。不过,有一点可以确信,诸多维京时代贸易城镇的最主要功能便是将奢侈品带来供领主们所用。

另一件颇受欢迎的奢侈品便是丝绸。在维京时代,不只是中国盛产丝绸,拜占庭帝国以及中东的其他地区也生产丝绸。考古学家在许多斯堪的纳维亚的墓穴中都发现了丝绸的碎片。例如,瑞典比尔卡的一座墓中有一个曾安在帽子顶尖上的精致银质小锥体。在这块银质帽顶里残存了一些丝绸碎片,如此便可知道这顶帽子至少有一部分由丝绸所制,而帽顶的银质部分则很可能是在东欧第聂伯河地区完工的。[39] 有人猜测这顶帽子是在俄罗斯贸易网络中的某地制作的,在那里会有从中国途经中亚的商旅车供给的丝绸。公元922年,在去往不里阿耳途中的某地,伊本法德兰加入丝绸之路上的一支商队,商队规模庞大,由数千人组成,还带着大量动物。[40]

比尔卡的这顶丝绸帽以贸易这样平和的方式辗转到了瑞典,无疑也是经由东欧贸易航线到达的。相比之下,其他的丝绸制品似乎都是维京劫掠中的战利品。在瑞典瓦尔斯加尔德的一位伟大领主的坟中就发现了丝绸所制的袖口和领口。对这些丝绸的详细分析也为

第五章 铸币、丝绸和鲱鱼:维京时代的北欧贸易 139

这件锥形银质帽顶有着颗粒状的图案，是俄罗斯和乌克兰第聂伯河地区的特色图案。锥体里面残存有丝绸碎片，这件帽顶原本安在一顶部分由丝绸所制的帽子上，在瑞典比尔卡的一座墓中被发现（图片来源：瑞典国家遗产委员会）

我们揭开了一段有趣的历史。这些丝绸碎片是在中东地区织造的，上面绣有银线，多少都会让人联想到西欧的基督教会；镶边是后来加上的，又在一定程度上表明是在斯堪的纳维亚或是深受斯堪的纳维亚人影响的地方完工。这些丝绸碎片很可能曾是主教或教士礼拜时所穿长袍上的一部分。[41] 完全可以大胆猜测，这些丝绸制品是在维京人劫掠修道院或主教堂之后获得的战利品，随后被带回斯堪的纳维亚，再后来成了领主衣服上的复古装饰，以此来彰显他作为富有首领的地位。在斯堪的纳维亚也出土了其他金属物件或物料，明显是改作他用的战利品。[42] 总之，如果瓦尔斯加尔德的领主穿戴过这些丝绸制品，那这无疑是在告诉所有人：看，他才是拥有真正财富的首领。

英伊比约格的丈夫斯韦恩和公元922年伊本法德兰在不里阿耳见到的商人，都参与了斯堪的纳维亚地区以及东欧的贸易。其他许多人也参与了斯堪的纳维亚和西欧之间的贸易，如奥塔尔和沃尔夫斯坦。在维京时代，商贸城镇遍布西欧，而其中许多城镇都已经过大规模的挖掘。位于莱茵河下游（在今荷兰境内）的杜里斯特便是其中一个主要的商贸集散地，尤以铸造小额银质硬币的铸币厂而闻名。杜里斯特与斯堪的纳维亚之间的联系得到了历史记录很好的佐证。公元9世纪40年代时，传教士高斯伯特（Gauzbert）访问瑞典的比尔卡，遇见了一位名叫弗里德伯格（Frideburg）的虔诚的女基督徒。她与女儿卡特拉（Catla）一起住在比尔卡。她委托女儿在她死后将财产分给杜里斯特的穷苦人，以此证明她与这座城市密不可分。此外，在9世纪50年代，安斯加尔去往海泽比传教时也发现了"许多人……都曾在杜里斯特受洗"。[43]

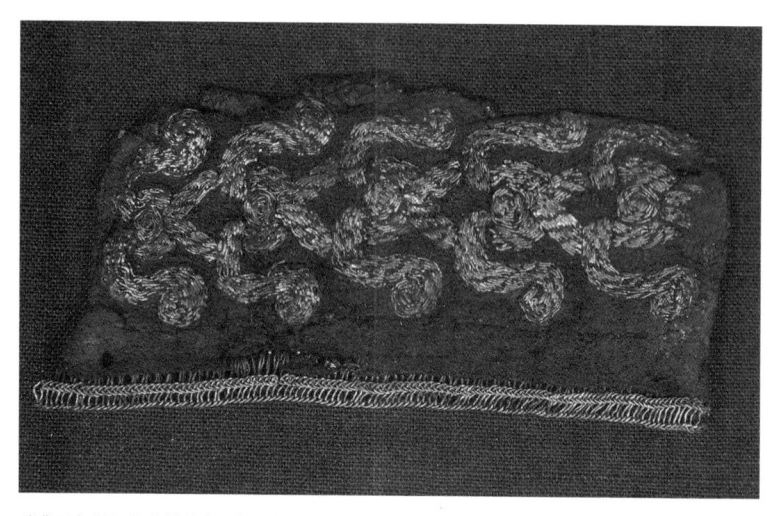

瑞典瓦尔斯加尔德的墓中不仅有船,还有这块在中东织制的丝织品,上面绣着银质亮片,也许原本是主教或其他教士礼拜时所穿长袍上的一部分,只是后来被斯堪的纳维亚主领重新用在光鲜亮丽的服饰上。照片由特迪·特恩朗德(Teddy Törnlund)拍摄,由位于乌普萨拉的古斯塔维勒姆(Gustaviannum)博物馆提供

杜里斯特是典型的早期贸易城镇,坐落于边境地区,因此临近法兰克帝国北界名为弗里西亚的沿海地区,充当着法兰克人与北方民族之间沟通交流的门户。另一方面,它又位于贸易主干线莱茵河畔。莱茵河上的贸易商会将许多商品如河流及支流山谷中的葡萄酒、埃菲尔山脉的玄武岩磨盘(常会在斯堪的纳维亚的考古发掘中发现)顺流而下进行运输,可能还有著名的伍夫倍尔特剑,如果关于其发源地是莱茵兰的猜测正确的话。这些贸易品在抵达目的地之前都会经过杜里斯特。

杜里斯特这个富有的小镇很快便成了维京人劫掠的目标。公元9世纪30年代,这里曾多次遭受维京人劫掠:834年、835年、836年和837年。当时,"北方人以他们常用的突袭方式忽然出现在弗里西亚"。每次北方人"抢掠贡品"就意味着他们会让杜里斯特的商人支付赎金来保命,商人中有一些也是斯堪的纳维亚人。有历史记载,由于他们来年还可以再来劫掠更多的贡品,所以他们的劫掠自然不会将一切都"摧毁殆尽"。[44] 商人们则将维京劫掠当成生意延续的陆路商贸成本和必经风险。同样,劫掠也袭击了斯堪的纳维亚的其他商贸城镇,像比尔卡和海泽比。久而久之,其中许多城镇的防御工事也强化了。在维京时代,商人显然是个危险的职业。

除了杜里斯特,西欧也有许多其他的商贸城镇。其中比较重要的有法国北部的昆特维克(Quentovic)及英格兰的约克、伦敦、伊普斯威奇(Ipswich)和南安普敦(Southampton)。这些城镇之间的贸易网是在公元8世纪时发展起来的,而且法兰克帝国及英格兰王国的老城也继续作为贸易中心发挥着作用。维京人在爱尔兰建立了都柏林,并将其变成商贸城市,而冰岛、格陵兰岛及北大西洋其他岛屿的定居者也与欧洲进行着贸易往来。

对于遭受袭击的城镇来说,无论维京劫掠的摧毁力和破坏性有多强,斯堪的纳维亚人所做的努力整体上竟然刺激了西欧的经济。罗马帝国灭亡后,商贸经济一度跌到非常低的水平,而在8世纪晚期第一批维京舰船出现之前,商贸经济又开始复苏。然而,这次复苏因严重缺乏资金而受阻。在没有资金的经济体系中,商贸的延续只能依靠实物交易。在这种实际操作非常不便的情况下,经济竟也运行得尚好,但也只是在一定程度上过得去。毕竟,实物交易需要经济学家所说的"双向吻合",即双方只有在彼此满足对方所求的情况下才能进行交易。如果你拥有奴隶而想要一柄伍夫倍尔特剑,那就只有找到情愿用伍夫倍尔特剑交换奴隶的人之后才能进行交易。相反,货币经济允许你将奴隶换成货币,之后再用这些货币去买那柄剑。在货币稀缺的情况下,比如在中世纪早期的经济中,贸易便不如预想中那么顺利。如此,热衷于促进商贸交易的国王和其他统治者便需要提供商贸交易的媒介——货币,以"让商贸交易更加顺利地进行"。[45]

中世纪早期只存在一种货币:含贵金属的铸币——8 世纪时出现在西欧,当时几乎完全是银币。查理曼于公元 793 年或 794 年改革了国内的币制,他将原本重 1.4 克的法兰克银分的重量增加到 1.7 克,为中世纪此后的币制制定了标准。中世纪的分币较小,直径略大于 1 厘米,也就比现今的美国分币或英国便士略大一些。查理曼的改革计划建立在他能够支配足量的银以增加分币重量的基础之上。但问题在于查理曼的王国及西欧其他王国都经历着贸易逆差。国王、主教及王公贵族都需要昂贵的东方奢侈品,如丝绸、香料和宝石,而售卖这些商品的商人则要求以金银支付,毕竟他们只对很少的欧洲商品感兴趣。如此,贵金属便从西欧流向中东和亚洲,而西欧的金银储备就会减少。再加上欧洲矿石中几乎不产银,也几乎没有金,所以贵金属储备也无法通过采矿来补充。可以肯定的是,查理曼从位于法国西南的梅勒(Melle)的一处矿中采到了一些银,以用于币制改革,但很可能大多数贵金属都是他在与邻国的战争中获得的战利品。[46]然而,欧洲依旧急需金银,欧洲商贸经济需要大量贵金属的投入,而维京人正好解了这燃眉之急。

在维京时代正式拉开序幕之前，西欧储存的大部分金银并没有制成铸币，而是以圣杯、圣骨匣及教堂中所用的托盘等形式保存。教堂与修道院的金库中盛满了贵金属，而这些贵金属通常不会用来制造铸币。维京人无疑改变了这一点。他们抢走了所有能拿到手的宝贝，又强夺了贡金和赎金。如同爱尔兰编年史家的描述："824年，一个维京人'惊动'了圣康格尔（St. Comgall）的遗物，将其从爱尔兰班戈（Bangor）的圣地带走。显然，他看重的是贵金属和宝石所制的圣骨匣，认为这些宝贝远比圣人的遗骸更为贵重。"[47] 从中能明显感受到他内心的恐惧。教堂金库中通常储备的大部分贵金属都会用于向前来威胁恐吓的海盗们支付赎金。公元858年，由领主比约恩领导的一支维京队伍抓住了法兰克圣丹尼斯修道院院长路易。路易是国王"秃头"查理的表亲，为了支付赎金赎回他，"应国王的命令，查理统治下的诸多修道院的金库都被榨干了"，编年史家普鲁登修斯如此抱怨道，毕竟普鲁登修斯是特鲁瓦主教，所以他自然也是捐献者之一。[48]

维京人收获的金银和钱币对欧洲经济来说并非损失，因为维京人身处欧洲经济之中，也和其他欧洲人一样参与经贸往来。[49] 858年之后，维京人将此前原本存于法兰克教堂金库中的金银托盘用于货币流通，就像使用他们通过各种手段拿到的贵金属那样。劫掠成功后，他们有时也会建立市场售卖抢来的东西。比如873年，国王"秃头"查理在昂热（Angers）击败了一大批刚远航去卢瓦尔河劫掠的维京人。当时，维京人"提出他们要在卢瓦尔河的岛上待到2月的要求，而且他们还在那里建了市场"。[50] 显然，他们打算卖掉掠夺物，而国王也批准了他们的要求。可以确定的是，一些维京人掠夺的贵金属被埋在斯堪的纳维亚地下的宝库中，也有一些制成了臂环和其他珠宝首饰，但只有很少的一部分一直没有用于货币流通。大多数银早晚都会被制成银币，而在强大的维京军队中的一些成员到英格兰东部的丹麦律法区定居之后，到公元9世纪晚期他们建成了管理井然有序的铸币厂，用于铸造大量含银量高的分币。[51]如此看来，似乎可以这样想，维京人在这些铸币厂将一些在劫掠中获得的大量储备银条铸成了银币，而这些银币也因此成了欧洲货币的一部分。

维京人将隐藏于基督教会金库中的金银带入流通领域，这的确很重要，但我们也不可夸大这种影响。在主教、修道院院长或国王需要资金的时候，教堂的金银托盘也总会被送到铸币厂熔化锻造铸币，所以托盘从未脱离经济体系。对中世纪早期西欧商贸复兴更重要的是斯堪的纳维亚商人带去欧洲的中亚白银。如我们所见，在地下宝库中发现了无数阿拉伯银币，而这些银币不过是冰山一角。维京时代，定有数百万迪拉姆流入北欧。虽然没有获得确切的数据，但似乎斯堪的纳维亚人和其他出口奴隶、毛皮及其他商品到阿拉伯哈里发国及拜占庭帝国的商人，对西欧与东方不平衡的贸易做过一段时间的调整。他们阻挡过甚至是逆转过流出西欧的金银流。金银的流入巩固了欧洲的银储备和币制，因此促进了商贸交易。也正是在维京时代，欧洲经济开始缓慢复苏，最终这股势头到了现代时期成就了欧洲的经济、政治以及文化霸权的地位。维京人在北欧商贸交流网中参与贸易往来的时候，他们便在这部世界历史剧中扮演了微小却重要的角色。[52]

在斯堪的纳维亚的贸易城镇，货物与货币的交易与在欧洲大陆及阿拉伯哈里发国的货品转手并不相同。在欧洲大陆及阿拉伯哈里发国，强大的中央政府会保证并确定钱币的价值，统一规范贵金属的价值，通常规定的价格比金银的实际价值要高一些。相比之下，斯堪的纳维亚市场中的钱币是通过称重而非计数来确认价值的，即以所含贵金属的分量来确定钱币的价值，以银币为主。在世纪之交斯堪的纳维亚当地的钱币开始受到冲击之前，的确没有政府强大到足以控制货币。[53]

在此之前，斯堪的纳维亚的贸易商及交易参与者需要能够称量其收取的金属的重量，通常称的都是白银。他们会使用秤和秤砣。考古学家在斯堪的纳维亚发现了大量的秤和秤砣，这正好说明了它们的使用范围很广。11世纪早期，来自萨塔（Såsta）的寡妻埃斯特里德（Estrid）的陪葬品中就有3个称重金属的秤砣。据我们所知，她并非商人，却经营了一个大农场。这表明农夫同样需要这些工具来称重白银。[54]（关于埃斯特里德，将在第七章介绍更多）这些被发现的维京时代的秤和秤砣，其精准程度令人惊讶，甚至可用现代的标准来衡量。[55]

在这样的经济体系中，钱币不过是银条的另一种表现形式。付款可以由钱币、银棒、珠宝或其他金属碎片构成，可以是全部加起来的，也可以是分开的。在斯堪的纳维亚发现的银币上面常常会有划痕，通常是用刀划的，这么做是为了检验银币的质量和硬度。一枚11世纪中期在施派尔（Speyer）为国王亨利三世所铸的分币上面，就有不少于118处这样的检测划痕。这些划痕证明了钱币作为金银的价值而非其作为货币的价值。如有必要，根据所需重量，这些钱币还会被切成更小的碎块，这也是考古学家常会在斯堪的纳维亚发现迪拉姆或其他钱币碎块的原因。与来自"实价货币"经济体系中的贸易商不同，斯堪的纳维亚的贸易商对钱币是否完整并不在意，因为他们认为钱币不会比里面的含银量更有价值。

维京时代的北欧商贸网由斯堪的纳维亚人监督运营，他们与其贸易商既有合作亦有竞争。整个北欧商贸网此时如同一张交织的密网，由海洋、河流和陆路运输线将大大小小的市场和商贸城镇联系在一起，从格陵兰岛一直延伸到中亚边境。商贸网的作用非常重要，不仅能为领主们提供额外收入，还能为他们带来异国的特色商品。如此，他们便可以将这些商品为自己所用或是作为礼品经济的一部分，以巩固自己在其他领主间的地位，对抗那些为了博得勇士的忠心而彼此竞争的对手。

10世纪后半叶，北欧贸易有了新的起点。大多发展起来的商品交易（严格意义上，只有一部分属于商贸交易）主要用于满足领主的需求，尤其是他们对那些为礼物经济体系注入动力的异国特色商品的需求，而且领主们也需要收入来维持这些进口商品的输入。大宗交易（如谷物与鱼类等食品）从10世纪晚期开始便成了商贸交易的重要组成部分。这一变化与北欧经济和政治上广泛的结构性变化，尤其是皇权的出现交织在一起。简单来看也许可以这样讲，我们所知的有着固定交易模式的"中世纪社会"约于千年之交在斯堪的纳维亚逐渐成形。

与传统体系下特色商品交易不同的是，大宗商品没有那种足以激发诗人和作家为其撰文诵诗的文化特质。因此，文献中没有留给我们什么线索来展现约在千年之交出现的重大变化，而主要的证据也都来自考古发现。比如，通过检测古代垃圾堆残留的鱼骨，考古学家能够追踪随着时间的推移当地人所食鱼类的变化。在中世纪早期的英格兰，人们吃鳗鱼、鲤鱼和其他淡水鱼或洄游鱼类。到了近公元1000年的某个时候，转而开始大量地食用鳕鱼和鲱鱼这两种咸水鱼。这表明这几种鱼的捕捞量开始变大，比如在临近挪威和冰岛的丰富水域中。之后这些鱼会被风干盐腌，并运送到顾客那里。鱼类的大宗贸易已经开始，并变得对此后的中世纪经济非常重要（对现代经济也非常重要）。[56]

大宗贸易的这一转变在维京时代的船舶工艺中也有明显的体现。维京时代早期贸易交换的奢侈品不需要占用太大空间，也都不是很重。这些奢侈品可用任何一种船来运送，因而传统的维京长船正合适，加之船上还有大批勇士保护这些贵重的特色商品。专门用于货物运输的船出现在10世纪的考古记录中，而且船员较少，可以运送大量货物。公元800年左右，这些船的承载量为10~15吨不等，而到了公元1000年左右，北方的货轮可以承载25吨的重量。到了12世纪，这些货船能够承重60吨，甚至更多。[57]货船承载力的增加本身就是低价大宗商品贸易最好的证明——自然有鱼类，也有其他食品，如肉类和谷物。此外，交易中也有挪威产的磨刀石和皂石，遍布斯堪的纳维亚的原木以及埃菲尔玄武岩制作的磨盘。

随着大宗贸易的发展，大多像杜里斯特、海泽比和比尔卡这样的老贸易城镇变得越来越不重要，最终在公元1000年之后完全消失了。比如11世纪60年代，不来梅主教阿德尔伯特曾到访比尔卡，他当时发现这座城"如今已是一片荒凉，看不到（它）曾经的一丝踪迹"。[58]海泽比也是在公元1000年过后不久的某个时候消失的，杜里斯特甚至更早一些。这些贸易城镇的作用由通常位于这些老城邻近区域的新城所替代。海泽比由施莱湾另一边的石勒苏益格替代，而比尔卡的贸易功能则由距离比尔卡北部30多千米的锡格蒂纳来延续。其他类似的新城还有丹麦日德兰半岛上的奥胡斯（Århus）及斯堪尼亚的隆德（Lund，现今瑞典的南部）。新城由王室所建。老城也是由权力阶层所建，但新一轮的城市建设则代表了新的更加强大的王权。此时，王权与教会联合，所以新城中常会有教堂。建新城的这些国王也从欧洲统治者那里学了一招。新城中通常也会建铸币厂，是国王收入的来源，这意味着实价货币已开始在斯堪的纳维亚的商贸中使用。

融入新兴城市的商贸网经历了根本性的再定向过程。从10世纪晚期开始，越来越多的西欧铸币从英格兰和德意志流入斯堪的纳维亚，当时正值970年左右之后阿拉伯银币的干涸期。而在这一时期，斯堪的纳维亚的国王们也开始在新兴城市的铸币厂铸造属于自己的货币。从约900年开始，海泽比的铸币厂，大概也有里伯（Ribe）的铸币厂，便仿照加洛林王朝的钱币生产铸造了含银量很低的非常粗糙的铸币。其他斯堪的纳维亚的钱币则是仿照英格兰便士所铸，有时也非常粗糙。11世纪早期，瑞典国王奥洛夫的形象被印在一些瑞典的货币上，却被称为"英格兰国王"，因为铸币者未考虑周全便直接仿照了同时期埃塞尔雷德（Ethelred）国王的铸币，将文字照搬上去。与英格兰的铸币相比，斯堪的纳维亚铸币上的图文不只制作粗糙，布局也不够好。从名字上可以判断出这些铸币的铸造者和手工艺人大都是英格兰人，但很明显他们当地的助手不如英格兰的同行技法娴熟。在10世纪90年代，有四位从英格兰来的铸币者代表国王奥洛夫在锡格蒂纳开始铸造铸币。他们分别是戈德温

这枚分币是 11 世纪早期专为瑞典国王奥洛夫打造的，但由于未经修改而直接仿造英格兰铸币，所以奥洛夫在铸币上被称作"英格兰国王"。奥洛夫是第一位发行国家货币的瑞典国王。照片由加布里埃尔·希尔德布兰（Gabriel Hildebrand）拍摄（图片来源：位于斯德哥尔摩的皇家铸币博物馆）

（Godwine）、里奥夫曼（Leofman）、斯内林（Snelling）和伍尔夫凯蒂尔（Ulfkettil）。又或许他们恰好与此前在林肯的铸币厂为英格兰国王埃塞尔雷德铸币的四位铸币者重名。[59]

国家铸币的出现意味着国家经济开始摆脱称重货币的机制，向计数货币经济体制又迈进了一步。在这样的情况下，货币本身被赋予了一定的价值，其价值也不再局限于所含的金银量了。但仍有国家货币被分割成更小的碎块，这也表明实际流通中称重货币的情况依然存在。另一方面，外币也继续流通。让国王的铸币作为王权的一大象征而存在，实现这一目标也许比在维京时代的斯堪的纳维亚建立起真正的货币经济更为重要。[60]

10 世纪末，瑞典和挪威同时开始制造铸币，这并非巧合。德意志的新银矿开始投入使用，铸币厂遍布欧洲，已经扩展到此前白银并未用于铸币的一些地区，如波兰和匈牙利。然而更重要的是，随着斯堪的纳维亚逐渐形成真正意义上的王国，新国王们有足够的权力来控制本国货币。毕竟这一时期也出现了运输缓慢、载货量大的货轮，这表明海上运输已足够安全，不再需要满载勇士的战舰来运输商贸货物了。我们或许可以猜测，它们也有足够的能力控制暴力冲突，至少在一定程度上可以做到。

第六章

领主的王者之路

吟游诗人西格瓦高声呼喊，赞颂着他的主要赞助人奥拉夫·哈拉尔德松："这位王公征服了奥普兰的每个角落……此前11位王公统治的国土。"维京商人奥拉夫在奔波数年之后于1015年到达挪威。他拥有大批勇士和大量财富，进而征服了这个国家，其中就包括东部内陆的奥普兰。"有哪位王公比他更卓绝超群，曾统治世界的北端？"西格瓦在此反问道，自然不认为读者还能说出另一位可与奥拉夫·哈拉尔德松相提并论的人物。[1]

西格瓦将奥拉夫塑造成一位击败诸多对手而意图独揽挪威大权的伟大征服者。我们可能不愿接受西格瓦所说的奥普兰此前正好有11位领主割据（北欧语中表示11的词*ellifu*恰好在西格瓦的诗节中构成头韵），但奥拉夫打败诸多小领主也是事实。未来的王者将此前多位领主手中分散的权力集中在自己的手中之时，斯堪的纳维亚的王国便出现了。

类似说法在斯堪的纳维亚王国建成史中也出现过。比如，吟游诗人埃纳尔也赞颂他的赞助人哈康·西居尔松（Håkon Sigurdsson）伯爵，说他在挪威击败了16位领主。[2] 丹麦国王"蓝牙王"哈拉尔（Harald Bluetooth）在其如尼石刻耶灵石上也曾夸口自己"征服了整个丹麦"，暗示了此前丹麦处于多位统治者割据的状态。比如，历史学家就认为他曾征服了斯堪尼亚，即此前由多位居于乌帕卡拉（Uppåkra）的领主所统治的地区。[3]

考古发现也进一步证明了这一观点。先是政治权力割据，此后到了公元1000年左右，斯堪的纳维亚才出现了中世纪盛期的王国。森林草木与山川河流将各个区域分隔，而这些区域也因此有了各自独具特色的物质文化。比如，维京时代在瑞典瓦兰德（Värend）地区生活的人们会将逝者的遗体埋葬在圆石之下，而在相邻的芬韦登（Finnveden），人们则会将亡者埋在小土堆中。[4] 公元6世纪时，拜占庭历史学家约尔丹尼斯也提到芬韦登人是28个重要的斯堪的纳维亚部落中的一个。[5] 这些证据清晰地表明，许多像芬韦登和瓦兰德这样小而独立的地区在史前时期显然是各自割据一方的。

我们或许可以以这样的视角来看待维京时代以及此前的斯堪的纳维亚政治史：威震一方的勇士领主们为了争夺政治统治权而相互厮杀。少数实力更胜一筹的领主击败对手积累起更大的权力。权力积累的速度有多快，或许土崩瓦解的速度就有多快。然而，整体趋势还是越来越多的权力集中在越来越少的人的手中。到了维京时代末期，出现了人们熟知的三大斯堪的纳维亚王国——丹麦、挪威和瑞典。当时三大王国分别由不同的统治者统治，且数百年后才算真正稳定下来。不过，在斯堪的纳维亚偏远的定居地如冰岛定居地，可能也包括格陵兰岛，一些旧习一直沿用到13世纪60年代挪威国王收服此地时才被废弃。

保存下来的资料偶尔会展示出这一过程的片段。比如，公元9

世纪早期法兰克帝国的两位伟大的君主——查理曼及其子"虔诚者"路易首次对丹麦事务予以高度重视。由此我们可以一窥丹麦内政。一位名叫戈德弗里的男子在世纪之初积累了极大的权力，至少已经掌控日德兰半岛。他是法兰克人的眼中钉，因为他袭击了他们的盟友，那些住在波罗的海西南海岸的阿博德利人。公元810年，有位法兰克史家写道，戈德弗里被身边的某个侍从所杀。4年后，听说哈拉尔、雷金弗里（Reginfrid）和戈德弗里的两个儿子为了继承戈德弗里的地位而相互厮杀。"在这场争夺中，雷金弗里和戈德弗里的长子都丧了命。"[7]这场争夺很容易被当成"丹麦王国"的争夺战，尤其是法兰克编年史家还为这些争夺者贴上了"国王"的标签，但这样的理解并不符合当时的情况。在公元9世纪的斯堪的纳维亚，还没有值得如此拼杀争夺的拥有固定资产和严格边界的国情稳定的王国。戈德弗里在与其他领主的角逐中逐渐掌控了越来越大的权力，但他手中的权力在他被杀之后就土崩瓦解，再后来至少有4位争夺者想要从中攫取自己的权力。这一争夺战持续了很长时间。后来到了公元826年，参与争夺的一位领主（国王）哈拉尔为了收复丹麦的一个据点找到法兰克皇帝"虔诚者"路易，向他寻求援助。公元814年，他就得到过一次援手。不过，虽然当时得到了援手，但哈拉尔还是没能在丹麦建立起自己的王国。因而他的余生都是靠领取法兰克皇帝的养老金过活，这也算是对他在弗里西亚北部管理维护一个郡的奖励。

在公元9世纪剩下的时间里丹麦都经历了什么，我们知道的并不多，也不太清楚在瑞典和挪威都发生了什么，因为法兰克的历史记录者将他们的注意力转移到了其他地方，而当地的资料也仅限于简短的如尼刻文和考古学发现。我们知道一些国王的名字，比如约829年法兰克传教士安斯加尔在比尔卡遇见的比约恩，以及在丹麦拥有较大权力且于864年教皇亲自写信鼓励其接纳基督教的霍里克（Horik）。但我们不知道他们在位期间的详细情况，也不清楚他们统治的王国究竟有多大。考古学发现告诉我们，象征领主权力中心的领主大厅有许多都存在于同一时期。而所有这一切集中表明了当时权力割据、云谲波诡，领主明争暗夺的情形。

公元810年，戈德弗里被杀。4年后，雷金弗里被杀。而我们已知的科克斯塔德长船中埋葬的领主也死于约公元900年。在维京时代的斯堪的纳维亚，许多男人和女人，领主和普通民众都在权力的角逐之中丧命。领主间的争夺充满暴力，每位领主都是拥有私人军队的军事首领，因此他们最关心如何尽可能多地将勇士招募到自己麾下。在公元1000年左右更多真正的王国建立之前，了解领主对于骁勇善战之勇士的需求也是理解当时社会如何运转的关键。

通过本章此前介绍的西格瓦所作的诗，我们可以了解到一些中世纪早期斯堪的纳维亚统治者招募和雇用勇士最重要的机制，以及由此产生的权力。西格瓦这样描述自己的领主奥拉夫·哈拉尔德松："我追随的领主将金子分给忠诚者，用腐肉喂食渡鸦；他用尽一生博得了万古长青的美名。"[8]领主要对追随者慷慨大方，也要在战斗中战无不胜——用"腐肉喂食渡鸦"是当时对取得战争胜利的诗歌化表达——还要颇负盛名、英名远扬。如果领主没有能力做到所有这一切，那么他也无法实现其中任何一个。因为打了胜仗，领主才会得到财富，有了财富他才有可能变得慷慨大方，而最终是他的慷慨大方激励着像西格瓦这样的诗人为他创作、吟诵诗歌来赞颂他的美名。接着，领主的英名会吸引勇士们前来寻找颇负盛名的国王，如此国王便会有更多的勇士，也能更容易地赢得战争，而这一切又会让他声誉日盛，为他带来更多可以分给勇士们的战利品。

这一政治经济体系的关键特征便是国王的慷慨大方。最重要的是领主要慷慨大方，能够随意地将金银和其他贵重物品赠送给追随者。如果我们足够细心，在这一章开头引用的西格瓦的诗中就可以看到这一点。这里给出的译文是简洁而平淡的："这位王公征服了奥普兰的每个角落……此前11位王公统治的国土。"在原引文末尾，译文中的"王公"一词由四词结构的婉转表达"洞中慷慨者之口的摧毁者"来指代。这样的表达是吟唱诗的一大特点，叫作 kenning，是一种借代隐喻的表达手法。"洞中人"指巨人，因为巨人生活在山洞中。"巨人之口"则指金子，这与北欧神话中巨人奥拉瓦乐迪（Ölvaldi）的故事有关。传说奥拉瓦乐迪拥有大量财富，他的3个儿子可继承多少金子就得看他们嘴中可以塞多少金子，所以这里"巨人之口"指金子。"摧毁金子"指将金子分发赠送出去，也就是作为领主或王公理应做出的举动。毕竟大家都期望他们将其所获赠送给勇士们来"摧毁"其财富。

同样的引申义也隐藏在西格瓦用于描述奥拉夫的其他词语中，除了像上面的"王公"外，西格瓦也照字面意思用"给予者"来表示"金子和其他礼物的给予者"。领主、国王及其他统领勇士的首领都是中世纪早期给予者的典范。他们须将贵重的礼物赠给手下的勇士，鼓舞勇士们忠贞不贰地追随他们。像这样的礼物赠送体系深深植根于中世纪早期人们的思想观念中，不可分割。正因为此，这一体系也完全扎根在该时期诗歌特有的语言表达中。

最典型的礼物是臂环。在中世纪早期的北欧社会中，还不存在真正意义上的金钱。所谓财富也无非就是金银条、土地和自然产品。通常，财富以或多或少有分量的金银臂环的形式来积累。考古学家在墓穴和宝库中发现了许多这样的臂环。有些是简单的金属环，而另一些不但做工精美而且镶着珠宝。文学作品及诗歌也给予了这些臂环以充分的关注，而国王也常被称作"赐环者"或"碎环者"，因为臂环可能需碎成很多块来分给诸多家臣。

11世纪时，诗人阿内尔创作了一首诗歌，却只保存下来一部分。这首诗很可能是关于丹麦和英格兰国王克努特的。此诗证实了臂环的重要性：

> 滚滚财富（金子）之火已燃起，
> 流转于丹麦人的手腕与肩胛之间；
> 我看到那斯堪尼亚的男子，
> 正拜谢收到了臂环。[9]

这段诗具有代表性，以金子的隐喻开篇，这是诸多指代金子的隐喻借代表达中的一种。此处用火流暗指金子，是借用了北欧神话中的故事：传说海神埃吉尔（Ægir）有一次邀请众神去他的水下大厅共享美餐。众神到了大厅之后，发现大厅里用来照明的是一块光芒四射的金子。克努特将金子制成臂环分发给丹麦人。阿内尔也指出了斯堪尼亚人对国王的感激之情。诗中的斯堪尼亚人要么只是笼统地代表丹麦人，要么更有可能的是阿内尔有意强调他们对国王的忠诚，因为克努特不能总将可靠和忠诚当成是理所当然，毕竟这些地方很可能是他的祖父"蓝牙王"哈拉尔率军征服的。无论如何，这首诗表现出斯堪尼亚人及其他丹麦人佩戴金臂环这一事实。

另一位"碎环者"是斯堪的纳维亚国王约克的"血斧王"埃里克（Erik Bloodaxe，约于 954 年逝世）。冰岛享有盛名的维京诗人埃吉尔·斯卡德拉格里姆松（Egil Skallagrimsson）特意写诗赞颂他的慷慨：

> 碎了臂火（指环），
> 送出臂珍（臂环），
> 碎环者不曾犹疑，
> 迅速分赠珍器。
> 金晃晃地挂在画着鹰喙的臂膀上，
> 与他再不相干（国王将金臂环送出），
> 大家伙儿都开心乐怀，
> 共享黄金盛宴。[10]

一句句诗歌道出了埃里克的慷慨大方。他迅速"碎掉"（送出）指环，将臂饰赠予勇士们。他的慷慨让他们心满意足，这也正是他赠送宝物的目的所在。中世纪早期斯堪的纳维亚统治者手下的勇士并非纯粹为了酬金而战的雇佣兵；他们思想独立、内心骄傲，只与给自己荣耀、给自己友情的领主并肩作战。一旦接受了领主的馈赠，他们很清楚这意味着要报以自己的赤胆忠心与超群战技。

1066 年，挪威国王"无情者"哈拉尔前往英格兰抢掠失败，追随他的勇士心里明白要誓死捍卫自己的忠诚。最终，他们与领主一起战死于斯坦福桥（Stamford Bridge）。至少我们可以选择相信诗人阿内尔所写的关于这场战役的一些略显夸张的诗句：

> 矛头镶金，
> 却未能保全劫掠者的首领（哈拉尔）。
> 这位慷慨王公的臣子决定
> 与运筹帷幄的他（哈拉尔）一同赴死，
> 宁死而不苟活。[11]

哈拉尔赠予勇士锃亮的长矛，的确激励了勇士们继续奋战。他们宁愿与领主一同赴死也不乞饶求和，可终究没能保全他。必要时，勇士应对领主的赠礼报以至死不渝的忠诚。古英语诗歌《贝奥武夫》（作于维京时代，具体时间不详）的一章名篇中对"回礼"有详细阐述。贝奥武夫的忠诚追随者维格拉夫（Wiglaf）"内心悲痛"，斥责其他勇士迟迟不愿与首领一同与可怕的喷火恶龙战斗：

> 我记得那时我们共饮蜜酒，
> 许下对王公的誓言。
> 在盛宴大厅——他赠予我们指环——
> 我们将用这些偿还——
> 用这盔甲，用这利剑，如果必要，
> 也将在他身旁倒下……
>
> 扛着盾归家（活着）

> 荒谬至极,
>
> 除非我们一早
>
> 就能干掉那仇敌。[12]

维格拉夫概述了对勇士的道德要求,也就是每份赠礼所要求的回报。那些追随贝奥武夫的懦夫没有给予贝奥武夫应有的忠诚,便不配拥有勇士的荣耀。维格拉夫斥责他们,"那十个懦弱的叛徒"如今"丢尽了脸"。战争结束后,贝奥武夫和恶龙同归于尽的时候,维格拉夫又说道:"与其忍辱偷生,不如光荣战死!"[13]

鉴于这场战役中的对手非同一般、邪恶可怕,又会喷火,如此我们看到贝奥武夫的赠礼没能成功地激励勇士献出自己的绝对忠诚时,倒也不会感到惊讶。这段文字想要表达的是勇士的忠诚和勇敢是预期的"回礼",而这样的回报也的确存在,正如1066年哈拉尔的勇士们所做的那样。又如另一位挪威国王"善良王"哈康(Håkon the Good,逝于961年)在诗中所言,即一位中世纪盛期的冰岛萨迦作家重述的国王最后决一死战时的话语:"真好,我的勇士们都报答了我……曾赠予他们的金子和镶金的长矛。"[14]勇士们以战斗到底来报答国王的赠礼,即便是在一场注定失败的战争中。

功成名就的领主不仅赠予追随者锃亮的长矛和金臂环,他们还会以其他的方式来鼓舞勇士们,比如邀请他们到领主大厅参加隆重的庆典。庆典盛宴也许会有些宗教特色,如果恰巧伴随着异教血祭或基督教仪式,还会为这里建立的人与人之间的联系增添神圣的色彩。我们时常听说的都是那些领主慷慨大方地拿出了美食美酒,如国王赫罗斯加(Hrothgar)。在《贝奥武夫》这首诗中,

第六章 领主的王者之路

赫罗斯加在他的"蜜酒大厅"鹿厅中展现出的热情大方是颇负盛名的。许多纪念伟人的如尼石刻上都会有类似这样的话:"他慷慨地摆上美食。"11世纪上半叶,近斯堪的纳维亚半岛南端有一位名为托娜(Tonna)的女子竖起一块石刻纪念自己已故的丈夫布拉姆尔(Bramr),上面刻着"他是最好的一家之主,他慷慨地分享美食"。[15] 伟大的领主都是出了名的热情好客,比如奥克尼的索尔芬伯爵(Earl Thorfinn)。据吟游诗人阿内尔所说,索尔芬伯爵比其他领主更热情好客。其他领主只在耶鲁节(隆冬时节)期间与自己的随从一同宴饮,但索尔芬伯爵会为勇士供给一整个冬天的麦芽酒(阿内尔隐喻此为"麦芽沼泽")。诗人兴奋地喊道:"接下来领主要分赏金了!"[16]

盛宴在领主的大厅里举办,这里也是领主与追随者建立友谊、维系友谊的地方。与现今热闹欢愉的派对一样,人们在舒适的环境中享受美食美酒,但并非只为到此吃吃喝喝,同时也在这里建立起志同道合的朋友圈。正是在领主的大厅中,吟游诗人吟诵起他们的诗歌,赞颂庆贺主持盛宴的领主,也因而让更多人想要成为领主的朋友。

大厅也是领主高谈阔论的地方。在这里领主尽显雄辩游说之才,激励追随者与其并肩作战,说服其他领主与其结盟。领主们会在诸多地方给追随者分发赠礼——比如在战场上——但可能大多情况下都是在他们的大厅中。创作《贝奥武夫》的诗人也尽可能多地向我们展现了当时的情景。在他的想象中,国王赫罗斯加大胜格伦德尔(Grendel)之后为贝奥武夫盛上美酒,并赠送了诸多礼物:传世古剑、脊角头盔、金色旗帜、护身铠甲、8匹戴着精美笼头的马

斯堪的纳维亚的领主大厅规模宏大、雄伟壮观，大厅内空间很大，专用于举办盛宴、增进友谊。在这里，领主与勇士们一同规划维京劫掠，一同庆贺劫掠的成功。基于考古遗址，这幅精细的电脑图还原了丹麦莱尔市那座维京时代的领主大厅【图片来源：EyeCadcher 媒体的尼古拉·加尔霍基·拉尔森（Nicolai Garhøj Larsen）和罗斯基勒博物馆】

匹，以及"压着精巧花纹"且"饰有宝石"的马鞍。[17] 领主大厅也是神圣的空间。在此领主会举行宗教仪式来加深追随者与自己的联系。一场奢华的晚宴就能非常有效地激励受邀的宾客，如果这场宴席同时是献祭盛典，受邀众人更会报以神圣的态度。这对异教和基督教信仰同样适用。有位维京时代的统治者不仅因热情好客而受人尊敬，还因宗教热忱而远近闻名。他就是拉德（Lade）的西格德·哈孔松伯爵（Earl Sigurd Håkonsson，逝于约 962 年）。诗人科马科尔（Kormakr）这样说道：他热情好客，盛宴上的宾客自然无须自带饭菜和饮品。科马科尔将这位伯爵描述成这块圣地的守护者。[18] 借此，他也提醒我们宗教仪式与饮食之间的密切联系。大概

第六章　领主的王者之路

这组罗马红酒酒器是在瑞典斯堪尼亚省的奥瑞莫拉（Öremölla）发现的。其中包括一只大搅拌碗、一把长柄勺、一只铜筛和两只玻璃杯。可以用这样一组酒器来准备美酒的领主肯定会觉得自己很幸运（图片来源：瑞典国家遗产委员会）

这也是为何在献祭众神后，牺牲的肉会用来烹饪品尝。在维京时代后期，一些拥有雄心壮志的领主以他们在欧洲旅途中接触的"新"宗教信仰（基督教）取代了此前古老的异教信仰。足智多谋的领主会邀请追随者用极其精致的玻璃杯共饮蜜酒或更好的进口酒，以此来加深自己给追随者的印象。同样，他们也会用欧洲一些权势人物信仰的异国宗教的仪式和习俗让追随者感到敬畏。

好领主不仅要慷慨大方、战无不胜，还要有雄辩之才，能用甜言蜜语说服众人。如尼石刻和吟唱诗中常常会出现赞扬某人雄辩之才的字句。比如，11 世纪的瑞典人霍姆比约恩（Holmbjörn）就在自己家附近主路上的一块如尼石刻上宣扬自己"慷慨分享食物，能言善辩"。很明显，他想以此吸引勇士和追随者到自己的大厅相聚。[19]

挪威国王奥拉夫·哈拉尔德松的儿子马格努斯从俄罗斯流放归来，意图夺取父亲的王国，他需要军队。奥拉夫的王后阿斯特丽德·奥洛夫斯多特（Astrid Olofsdotter）是瑞典公主，1030 年奥拉夫战死于司提克赖斯达特（Stiklestad，今特隆赫姆）之战后她便回到瑞典的家中。马格努斯不是她的儿子，其母阿尔夫希尔（Alfhild）是国王奥拉夫的情妇（中世纪盛期的萨迦如此描述她，依据的是当时对于婚姻和婚外同居的看法，而婚外同居这一概念在维京时代的挪威还不存在）。即便如此，阿斯特丽德还是通过集会上的劝说演讲帮马格努斯在瑞典招募军队。她让听演说的人在一定程度上相信了马格努斯有一支足够强大的、可以征服挪威的军队。她的演说让奥拉夫的一位宫廷诗人印象特别深刻，后来他专为马格努斯作诗。这位诗人便是西格瓦·索尔达松，他还专门写了首诗赞扬阿斯特丽德，如今只有其中三节保留下来。

西格瓦说，阿斯特丽德是"很好的劝谏者"，她最成功的地方是"和勇于冒险的瑞典人打交道，并将勇敢的马格努斯认作自己的儿子"。也多亏了她，马格努斯才能对外声明自己的合法继承权，因为"在众多瑞典军人面前，阿斯特丽德声称霸业属于奥拉夫之子"。由此，"慷慨的马格努斯便因阿斯特丽德的这一壮举而亏欠了她许多"。[20]

西格瓦将阿斯特丽德塑造成一位足智多谋、能言善辩的女子，而她也一定与自己家乡的瑞典勇士们关系融洽。如此对一位女子的政治能力加以赞扬在吟唱诗集中也算独树一帜，毕竟以男性为主体的诗集大都赞颂的是国王和领主的丰功伟绩与慷慨大方。西格瓦勇于打破陈规，开辟新天地，他赞扬阿斯特丽德时便是如此。

领主们赠送礼物并劝说勇士们同行。他们与勇士们一起航行去往欧洲大陆和不列颠诸岛劫掠，同时也是为了能赠予勇士更多的礼物。他们中的一些人若是技高一筹或是运势稍好便能脱颖而出，其他人则会被淘汰。于是，领主渐渐地越来越少，而每位领主手下的勇士队伍越来越壮大。对此，我们可从记录维京人欧洲劫掠的欧洲记述者那里窥探一二。他们说劫掠的队伍变得越来越庞大。从考古研究中，我们也能看到斯堪的纳维亚领主大厅的消失，这从另一个角度向我们讲述了这个故事。[21] 领主越来越少，意味着每位领主手中的权力越来越大。领主、小国君主与国王之间的界线也变得更模糊。到了维京时代的某个时候，国王也自然代替领主成了最恰当的称谓。相比以往的领主，这些国王将会面对全新的挑战。他们的权力范围扩大了，因而也无法再用此前几个世纪采用的礼品经济来巩固周身的私人友谊。相应地，他们需要军队和行政体系来经营不断扩张的类似古老欧洲王国的国家。当时，教会就是欧洲组织最健全的机构，而国王也请神职人员帮助自己建立王权体系。相比之下，领主地位则是基于领主的个人魅力与友谊建立起来的有组织的王权体系。不过在很长的一段时间里，这两种"体系"同时存在。

后来，在现存最早的挪威法典《古拉廷斯洛夫》的序言中，有文字表明了与此前礼品经济中的期望相同的愿望——希望统治者"成为我们的朋友，而我们也是他的朋友"。[22] 这部法典的颁布日期备受争议；手抄本从13世纪开始流传，但却被说成是基于11世纪早期的范本流传下来的。无论如何，在这段时间法典见证了旧的政治体制，即国王或领主更像众人的首领和他们的朋友，而非后来的等级体制中的统治者。这样平和的状态随着维京时代的结束发生了翻天覆地的变化。约在1277年，挪威国王马格努斯·哈孔松为王国内的贵族颁布了一部法典《赫德洛夫》(*Hirdlov*)，又名《侍从之法》(*Law of the Retine*)。这里的"侍从"指的就是国王的追随者，即此前追随维京领主的众多勇士。但这些13世纪的勇士们与国王之间的联系却与此前不同，此时的国王会让勇士们清楚地知道，作为国王的"侍从"他们应该"亲自侍奉……以坚定的忠心与绝对的忠诚"。[23] 这里翻译来的"侍从"(*pjónn*)一词此前只用于形容奴隶和奴仆。在维京时代，以此形容国王的勇士对他们来说是奇耻大辱，而像国王马格努斯这样称自己的勇士为"侍从"的领主也很快会失去勇士们的忠心。然而，随着基督教传到斯堪的纳维亚，语言的新用法也随之出现。其中最典型的就是所有的基督徒都被称为上帝的侍从或奴仆。随着这些新用法的出现，有关社会关系的新概念也随之出现。国王成了上帝指定的统治者，其追随者则成了他的侍从。

教会组织有着严格的等级划分，国王们也由此学会了用相似的方式来管理自己的王国。《赫德洛夫》中出现的侍从已不再是与领主一同享受美酒的兄弟或勇士伙伴了，他们已成为侍奉国王的官员，而且根据法典的要求他们应该在国王面前下跪，这样才算合乎礼法。在《赫德洛夫》的法规中，多少还留存了些昔日大厅里共饮蜜酒、共享盛宴的影子，如其中规定了国王指派的贵族官员的称谓，如文官、司酒官和管家。虽然这些都是显赫的头衔，但我们难免还是会想到这些所谓的官员不过就是侍者而已。据以上所言，在法典中规定的等级社会中，最高贵的贵族也只是国王的侍从罢了。行政官通常是负责文件的起草与保存的神职人员，而典礼官则可代表国王讲话并为其安排出行。每位官员在战争中均有其明确的职务，在和平时期也是一样，与维京时代的随从全然不同。在维京时代，国王或领主将追随者们召集在一起是为了实现主要的战争目标。

侍从角色由骄傲的杰出勇士转变为侍奉君主的贵族阶级（早在1277年这样的变化就已开始），与此同时国王的角色也发生了更彻底的转变。在断断续续一百多年的内战割据结束之后，自1240年开始挪威国王便稳坐王位，再也没有因王位继承问题而触发战争。每位国王的王位均由其子继承，就像《赫德洛夫》中规定的那样。直到1319年，由于国王哈康·马格努森（Håkon Magnusson）逝世时没有儿子，其王位便由他的外孙马格努斯·埃里克松（Magnus Eriksson）来继承。

《赫德洛夫》见证下的挪威王国在维京时代末期及之后经历了斯堪的纳维亚的诸多重大转变。有着明确国界和官僚行政体系的等级严明的"封建"王国替代了此前松散的勇士同盟。国王倾力规范王国的继任序位，采用王位选举制或继承制，这与此前维京时代自由争夺王位的情形形成了鲜明的对比。维京时代的割据者为不稳固的效忠之心而非界线明确的国土而战。中世纪的王国试图控制国内暴力，且取得了一定成效。国王不再依靠境外的抢夺与劫掠，而是通过在国内征收赋税、罚款及其他费用作为稳定的经济基础来维护统治。这就需要与教会密切协作来实现。[24]

斯堪的纳维亚向中世纪王国的转变是一个漫长的过程，而且各地转变的快慢程度也各不相同。其中最快的当属丹麦，相比之下瑞典的组建过程却异常缓慢。这一转变主要表现在两方面：一方面，挪威法典《赫德洛夫》中描述的官僚等级王国随处可见，但这一过程具体是如何发生的，大都隐藏在历史的迷雾中；另一方面，国王们成功地统一了各个地区，形成了中世纪斯堪的纳维亚的三大王国，这一过程大家都比较清楚。

在丹麦，似乎可以确定的是，像戈德弗里（逝于810年）以及在他此前的更神秘莫测的西吉弗瑞特（Sigifrit，统治时间约为780年）都是颇具权势的统治者，毕竟他们已构成了对加洛林帝国的威胁，从而引起查理曼对其一举一动的密切关注。据说，西吉弗瑞特对异教的极端信仰曾是宫廷文人的趣味谈资，而戈德弗里对查理曼的盟友阿博德利人的袭击也被详细地记录在法兰克的官方历史文献中。[25]后来的文献提到戈德弗里迫使阿博德利人的主要贸易城镇瑞里克的商人迁到离日德兰半岛沿海平原较近的海泽比。由此，我们也许可以推测戈德弗里很可能与西吉弗瑞特一样至少在日德兰半岛也有自己的势力。如此看来，我们是否真的应该根据领土范围来考虑他们的势力范围，而如果真的可以这样考虑，那么其势力范围是否也已扩张到了日德兰半岛与斯堪尼亚之间的丹麦岛屿？这些猜测的答案尚不明确，似乎也难以令人信服。[26]

考古学发现也告诉我们更早些时候日德兰半岛上的那些有权势之人的概况。公元726年，有人跨越日德兰半岛东边的萨姆索（Samsø）小岛开凿了运河。岛上的人可以看到在大小海峡之间来往穿梭的船只，而这大小海峡也是波罗的海与北海之间最通畅、最重要的通路。萨姆索运河的开通使得航船能够快速从岛上的安全港出发，从任意方位驶向任一过往船只。组织开凿这条运河的领主必定有足够的权势号令众人为他工作，而且他很可能也能保证萨姆索岛上有足够的船只与勇士去拦截、劫掠经过大小海峡的最大舰船或向其索要通行费。这可是笔利润丰厚的买卖。[27]

十几年后，公元737年，有位领主建起一面内部为木质结构的高大土墙，即所谓的丹麦边墙（Danevirke），其横跨日德兰半岛沿海平原的中心区域。不论这边墙是作为军事防御工事（在1864年的丹麦－普鲁士之战中便做此用途），还是作为管控交通的方式（向商人）收取交通税，这一大型建造工程表明在8世纪30年代，南日德兰半岛的领主有能力调动大批劳动力。[28]

建设丹麦边墙的领主与开凿萨姆索运河的领主是否为同一人？或者可以这样问，这两个建设工程是否能证明8世纪早期有位领主的统治范围至少已覆盖了整个南日德兰半岛？通常得到的答案是肯定的。一个王国独立建起了萨姆索运河和延伸到萨姆索的丹麦边墙工事，之后这个王国则由西吉弗瑞特与戈德弗里来统治。有这种可能性，但多半是过度演绎了；运河和土墙很可能是领主们在相互竞争中所建。

公元810年，国王戈德弗里被自己的一个侍从所杀。我们应该将这名侍从看成是必须割断友谊纽带的权力角逐者。戈德弗里被杀开启了激烈的权力竞争阶段。至少有四人参与了此次角逐，其中包括戈德弗里的两个儿子，为了争夺父亲曾拥有的权力互不相让。在竞争中，两人被杀，第三个竞争者哈拉尔则向皇帝"虔诚者"路易寻求帮助。可即便有皇帝的帮助，他也未能在丹麦夺得政权。

其间，850年左右，丹麦国王霍里克允许传教士安斯加尔在海泽比修建教堂，这样他的势力至少可扩张到整个南日耳曼半岛，甚至可能更远。在接下来的一个世纪中，人们所了解的丹麦历史都是断断续续的。但这并不能阻挡后来像萨克索·格拉马提库斯（约逝于1220年）这样极具影响力的中世纪历史学家依据布满灰尘的文物，戈德弗里及同时代人的描述，拼凑出连续的丹麦国王列传。萨克索和他的同人并非依据我们无法知晓的信息做到这一点，他们认为这一切都不证自明。丹麦王国就是他们亲身经历的一部分，它"一直"存在着。因而，他们只是简单地列出了一份国王名录，其中包括史前时期的国王安姆雷斯（Amleth），也就是后来威廉·莎士比亚笔下举世闻名的哈姆雷特的原型。同时期文献讲述的故事更多是关于维京时代早期持续不断的权力竞争，但一些家族间的权力斗争也开始在一代代的后人中上演，至少持续了一段时间，其中表现出的王朝形成趋势也是成熟的中世纪王国的一大特点。事实也许如此，但我们也该记得中世纪早期的家族和亲属关系构成并非一定依赖于生物学事实。严格意义上而言，没有血缘关系也可以捏造血缘关系，比如最典型的叛军首领斯韦勒（Sverre）拼尽全力成为挪威国王（统治时间1184—1202年）的故事。他本是法罗群岛上制梳艺人之子，却对外宣称自己是曾经的挪威国王西格德·穆恩（Sigurd Munn，统治时间1136—1155年）宠爱的孩子。毕竟当时没有王室血统便无法成为丹麦国王。斯韦勒最终赢得了王位，虽然他的血统关系很可能是伪造的，他的反对者也不断对此提出异议，但这一切都被广泛接受了。如果我们认可在维京时代人们可能会伪造类似的亲属关系，那我们就必须承认在零零碎碎的文献资料中所看到的看似关于维京王朝的内容也未必属实。比如，对瑞典中部名人墓中尸首的基因测试就揭示了这样开放式的家庭结构：没有血缘关系的人也能获得高位，而且死后也会被埋葬在人们通常以为的王室墓穴中。[29]换言之，在瑞典中部，新领主并不一定与他取代的上任领主有血缘关系；我们也没有理由去期待同处维京时代的丹麦会有什么不同。

丹麦政治从史前历史的迷雾中初次浮现是在10世纪后半叶，辉煌壮丽的王室建筑在日德兰半岛中心的耶灵建成的时候。也是从那时起，整个日德兰半岛和丹麦诸岛也许已在军事控制之下。各式各样的王室建筑，前所未有的规模和辉煌壮丽让耶灵瞬间脱颖而出，远胜过北欧其他类似的地方。有充分证据和相应文献资料能够证明建筑耶灵的人便是国王哈拉尔，他也是第一个我们可以百分百地确定统治整个丹麦的国王。后来到了中世纪，他有了"蓝牙王"这个绰号。（这个绰号反过来也启发了广泛使用的无线通信技术标准的命名。这一标准由通晓历史的斯堪的纳维亚计算机科学家制定，以如尼字母的H和B的组合为标志。）[30]国王哈拉尔自己也在耶灵王室建筑中的一块巨石上刻写如尼文告诉我们，他"为自己赢得了整个丹麦，还有挪威"。从如尼石刻可知，哈拉尔是在为其父老戈姆（Gorm）和其母蒂尔（Thyre）敬献"石碑"（很可能指整个建筑群而非只是这块刻有符文的巨石）。

约 3 米高的木栅栏围绕着王室建筑，将其与栅栏外的窥探者隔开。建筑占地呈略微偏斜的方形，每边长 360 米。此中的几座宏伟建筑分别于不同时期建成，包括两座近 9 米高的丹麦最大的墓冢和世界上最大的约 340 米长的船形排列遗迹（巨石排成的船形图案）。可惜在建造南边第二座墓时船形排列被毁了。哈拉尔恢宏壮观的如尼石刻伫立在两座墓的正中间，其父的墓旁还有个小一些的。11 世纪建于此处的石质教堂坐落在两块如尼石刻与北边的墓之间。现今教堂下大大小小的柱坑可以说明这里此前至少建过一座木质教堂，但这座教堂具体是何时建的，又有多大，尚不可知。我们会很容易想到哈拉尔就是耶灵第一座教堂的建造者，毕竟他在如尼刻文中宣称自己"将丹麦人变成了基督徒"，而且他还将十字架上的耶稣这样鲜明的宗教意象刻在石头上以加深这一印象。考古学家在城中还发现了一些其他建筑的遗迹，但并没有找到国王的住所。

耶灵王室建筑中最引人注目的是两处维京时代的墓穴。一具骨骼脱节的尸骨安眠于教堂下，几乎没有什么陪葬品。墓主在被埋时似乎穿戴了贵重的衣料，可以看到残留的金丝线。具体的埋葬时间无法追溯，甚至可能埋葬时这座墓的位置还不在教堂里。另一处墓室是在北边的墓中发现的，刚好在木栅栏中心点的位置。这座墓室中没有尸骨，却有大量的陪葬品，其中包括一匹马。其位置也正好在船形排列遗迹的中心点，建造材料用的是公元 958 年或 959 年冬季砍伐的木材。北边墓里埋葬的一定是显要人物。根据如尼石刻上的刻文，"这座石碑"是哈拉尔敬献给父母的，许多学者都认为这应该是哈拉尔的父亲老戈姆的墓（也有可能是其母亲蒂尔的）。

但为何在北边的墓里没有发现尸首？如果遗体被火化，也会留下骨灰。虽有这样的可能，但可能性不太大（鉴于墓中的木质结构依旧保存完好），毕竟一具尸首从959年到如今也该完全分解了。显然早些时候有人闯进过这间墓室，时间大约是在公元10世纪60年代，这就使谜题变得越发复杂。我们可以做出合理的推测：北边墓里的尸首在此时被转移了。也有富有吸引力但未经证实的观点：尸首从墓中运出后被放到了教堂地下的墓穴中。如此回溯的话，国王老戈姆的葬礼就是一个基督教化的过程（如果在北边墓中安眠的人的确是他）。哈拉尔在巨大的如尼石刻上塑造出耶稣的形象也会产生同样的效果，即利用巨大的"异教"墓和船形排列遗迹将整个王室建筑基督教化。[31] 有关耶灵墓穴的其他解释也有一定道理。教堂里的尸骨也可能是"蓝牙王"哈拉尔的。他被儿子"八字胡"斯韦恩废黜并放逐，可能是在客死他乡后尸首被运回了王室建筑群。

我们无法确切地知道每座耶灵墓穴中究竟埋葬的是谁，但这对我们了解当时的整体情况并没有太大影响。整个耶灵建筑群想要讲述的是一个关于强权的故事：丹麦国王"蓝牙王"哈拉尔极其威武强大、足智多谋。如果我们在当时的时代背景下看待耶灵，就会发现这个故事的主题更加突出。约公元978年，哈拉尔在耶灵偏南一些地方搭了座长木桥，木桥横跨环绕瓦埃勒河（Vejle River）的沼泽。这座位于拉弗宁草甸（Ravning Enge）的木桥宽5米，长760米。在必要时，木桥能提升国王在南日德兰半岛与耶灵附近半岛中部地区之间率军行进的速度。有了木桥，国王就不用从河谷绕远道了。

哈拉尔还在丹麦全境内建起诸多防御工事。公元964—968年，他将丹麦边墙（其在日德兰半岛势力范围的南界）延长了3.5千米。[32] 约公元980年，哈拉尔建了4~5个环形防御工事，也就是所谓的"特瑞勒堡"（*trelleborg*）。其中两个在日德兰半岛，一个在菲英岛，还有一个在西兰岛，第五个很可能在斯堪尼亚。这5个防御工事是一同规划的，均有环形围墙（内径为120或240米，有意思的是恰与长为360米的耶灵围墙内径一致）。特瑞勒堡围墙有四个门，分别在东西南北四个方位基本点上。围墙内由两条木质街道分成长度相同的4段，每一段长约30米，其中各有4或12栋建筑。这些建筑的用途各不相同，包括住宅、作坊、仓储用房及马厩。至少在两处特瑞勒堡里有墓地。哈拉尔修建这些防御工事一方面是打造永久性的军事据点，另一方面显然是为了展示其强大的权势。有了驻扎在特瑞勒堡的军队，哈拉尔就能靠军事力量统治丹麦，也因此能够尽力控制国内的暴动。显然，他在耶灵的如尼石刻上宣称自己已经"赢得了整个丹麦"并不是在说谎。

哈拉尔宣称自己赢得了整个丹麦，那他一定还没走出过自己的王国。他的根据地显然是日德兰半岛，也就是有如尼石刻、墓冢和古教堂的耶灵的所在地。稍早些时候，日德兰曾经也是政治中心。公元948年，最早的三位在丹麦城镇就圣职的教区主教，他们就居住在日德兰。鉴于哈拉尔的父亲老戈姆接受主教入住他的王国，我们猜测他大概也是在这个时候控制了日德兰半岛，而且并没有对基督教表示出敌意（虽然他的异教葬礼充满炫耀意味，如果长眠于耶灵北边墓中的人的确是他的话）。当时还没有主教受到委任去往丹麦诸岛和斯堪尼亚，这一事实表明这些地方尚不在老戈姆的统治之下。哈拉尔在军事基础设施方面的投入让他能够压制住那些想与他竞争的领主们的势力。但在哈拉尔对抗其子"八字胡"斯韦恩时,这些军事设施没能帮上太多忙。公元10世纪80年代,斯韦恩起兵反叛父亲哈拉尔,夺取政权。而哈拉尔则死在流放途中。

国王斯韦恩似乎不太喜欢父亲哈拉尔修建的防御工事。不论是特瑞勒堡还是拉弗宁草甸的木桥,他都不管不顾任其腐坏。大概他觉得即便没有这些自己也足够强大。在位时,他主动出击、劫掠英格兰。10世纪90年代早期,他与挪威领主奥拉夫·特里格瓦松一同劫掠英格兰。公元994年,英格兰国王埃塞尔雷德支付给他们1.6万磅白银作为丹麦金将他们打发走。有了这笔意外之财,斯韦恩就能以赠礼来让丹麦领主和勇士开心。20多年后,他再次回到英格兰,这次他将埃塞尔雷德赶出英格兰,自己成了英格兰国王。在1013年的圣诞节上,他宣称自己是英格兰国王,但没过几周他就逝世了。1016年,他的小儿子克努特再现父亲当年的英勇,征服了英格兰,又在几年后其兄哈拉尔去世时成功夺取了丹麦的政权。克努特统治英格兰近20年,之后他的两个儿子依次继承了王位。1042年,克努特的小儿子去世后,古老的盎格鲁-撒克逊王族回归,家族代表"忏悔者"爱德华(Edward the Confessor)重掌政权。

与此同时在丹麦,克努特的外甥斯韦恩·埃斯特里德松(逝于1074年)继一位偶然出现的挪威统治者之后成为丹麦国王。斯韦恩死后,王位由他的儿子继承。他有不少于5个儿子轮流继承过王位,兄弟诸人为了王位相互残杀。这些斗争也表明丹麦王国是值得拼杀的,丹麦此时绝不仅是个地理概念。1103年,教皇认可了丹麦的地位,还将一位主教派往丹麦的隆德以示褒奖。也就是在那时我们首次知道了与挪威《赫德洛夫》中的描述相似的王室侍从,从1085年的典礼官、12世纪早期的内侍，到最晚12世纪中期的王室文书都可证实丹麦已成为等级严明的社会。在这样的社会中，国王的侍从，无论其是否贵族，都必须为王国的需要服务。

丹麦国王们长期与波罗的海南岸保持着联系，后来则转变成军事征服。1169年，国王瓦尔德马尔一世占领了吕根岛（Rügen），包括岛上著名的异教庙宇。之后在1219年，其子瓦尔德马尔二世征服了爱沙尼亚（Estonia）。

去往挪威的航路称为"通往北方之路"，它沿着长长的海岸延伸，经过许多深港与海湾。约公元900年，宣称要住在挪威最北部的领主奥塔尔用了约一个月的时间才航行全程抵达了奥斯陆峡湾（如果存世的他对这次航行的古英文描述被准确记录及理解的话）。国土面积广阔，加上重重高山将肥沃的谷地阻隔，地势大多狭长，这意味着挪威比丹麦更难统一。因为这需要将奥斯陆峡湾及特隆赫姆峡湾（Trondheim Fjord）周围由多位统治者统治了许久的地方一点一点收拢到一起。当地史料对挪威的记述既明朗又令人疑惑。早在12世纪就有相关记录了，到13世纪时冰岛萨迦已达到了较高的文学水平，其中最突出的便是《挪威列王传》。这部出色的作品通过文物古迹讲述了自12世纪以来北欧的历史故事。就像丹麦的萨克索一样，记述者们将时间拉回了他们所经历的挪威统一时期。[33]

《挪威列王传》及之后的一些历史作品赞颂"金发王"哈拉尔（逝于930年）为第一位统一挪威，将其归于一人统治的国王，但同时期的文献及其他零零碎碎的证据却似是而非地表明也许他只是统治了挪威西部和南部的一些地区。虽然如此，可以确定的是他生前统一的国土在他死后就四分五裂了。他的几个儿子分割了挪威政权，其中包括在英格兰成为约克国王的"血斧王"埃里克，以及在英格兰国王埃塞尔斯坦的宫廷以基督徒身份长大的"善良王"哈康。据说，哈康曾尝试将基督教传入挪威，但有关他的历史鲜有人知。

"金发王"哈拉尔的儿子与孙子不得不与其他的挪威领主，尤其是历任拉德伯爵相互竞争。丹麦国王也习惯性地干涉挪威事务。10世纪70年代，如我们所知，"蓝牙王"哈拉尔在耶灵巨大的如尼石刻上宣称自己"已经征服了挪威"。我们无法确切地知道其中的内涵，但"蓝牙王"哈拉尔的势力范围也不太可能一直延伸到维肯地区（Viken，位于奥斯陆峡湾附近）以外的地方。他很可能是通过挪威的贵族门客间接地控制挪威。其子"八字胡"斯韦恩和孙子克努特大帝也是以同样地方式控制挪威。11世纪30年代早期，克努特甚至还让自己的儿子斯韦恩当了几年挪威国王。拉德的伯爵们一直以来都是丹麦国王最重要的贵族门客——其中一些人曾在英格兰效忠过国王克努特——虽然他们也有自己独立的想法。有两位同样名为奥拉夫的维京冒险者也卷进了这复杂的政局中，他们两人在公元1000年左右各自统治过挪威一段时间。

维京领主奥拉夫·特里格瓦松凭借时运和基督教信仰在公元995年击败了拉德伯爵哈康，成了国王。丹麦国王"八字胡"斯韦恩、瑞典国王奥洛夫·埃里克松和哈康之子埃里克结成的联盟于公元1000年反攻奥拉夫，在斯伏尔德大海战中将其击败。不过，这一海战发生的具体位置尚不清楚，很可能是在西兰岛与斯堪尼亚之间的某处水域。另一位信奉基督教的维京领主奥拉夫·哈拉尔德松于1015年夺取了挪威政权，但最终于1030年在司提克赖斯达特（位于特隆赫姆）之战中战败被杀。这两位（不真实地）对外宣称从

"金发王"哈拉尔那里继承血统的奥拉夫以传教而闻名。他们对抗丹麦国王的事实也为他们赢得了身后之名。在当地的中世纪史中,他们是为挪威独立而战的英雄。奥拉夫·哈拉尔德松甚至成了基督教的圣人——最著名的斯堪的纳维亚圣人——1035年丹麦藩王逝世后哈拉尔德松家族成了统治挪威的王族,统治持续了一个多世纪。11世纪40年代,奥拉夫之子马格努斯也趁丹麦出现权力真空这一时机做了5年丹麦国王。奥拉夫同母异父的弟弟"无情者"哈拉尔顺利地成为拜占庭皇帝的精英贴身护卫,也就是君士坦丁堡的瓦兰吉卫兵——拜占庭文献中唯一可通过其称号来辨识的斯堪的纳维亚卫兵——之后他便带着巨额财富和一支庞大的军队回到挪威,与其侄共享权力。哈拉尔以1066年试图征服英格兰而闻名,但没能成功。他战败并死于斯坦福桥战役,恰巧就在"征服者"威廉(William the Conqueror)入侵英格兰的几周之前。

中世纪盛期的挪威是个强大的王国,借助航海传统,其统治势力可延伸到北大西洋的诸多岛屿。公元1000年左右,奥克尼群岛、赫布里底群岛及马恩岛均一一臣服于挪威国王。随后到了13世纪中期,冰岛与格陵兰岛也接连被纳入挪威人的统治范围。

我们不清楚约公元830年和850年在传教士安斯加尔两次游访瑞典期间,瑞典国王在比尔卡外还有多大的统治范围。一位名为伍尔夫斯坦的贸易商于9世纪晚期在英格兰国王阿尔弗雷德的宫廷上演讲时称斯维阿尔(svear,瑞典人)的统治穿过布莱金厄,囊括了整个波罗的海西岸。斯维阿尔是海上民族,大概就像塔西佗(Tacitus)在公元1世纪所说的那样,他们的据点在瑞典东部的梅拉伦湖附近。瑞典南部维纳恩(Vänern)与韦特恩(Vättern)两大湖之间的肥沃土壤，即西约特兰（Västergötland）与东约特兰德（Östergötland），大部分处于内陆，因而对于斯维阿尔来说想要扩展势力范围并不容易。而几世纪以来，斯维阿尔与两块约特兰地区的当地人之间的争夺与矛盾，也一直是瑞典历史的核心内容。[34]

我们已知的第一位统治斯维阿尔与约特兰的国王是奥洛夫·埃里克松。他信奉基督教，公元1000年时与奥拉夫·特里格瓦松大战于斯伏尔德。奥洛夫的后人直到12世纪一直是瑞典历史中的重要统治者，但他们也时不时地会与其他有实力夺权的领主们发生区域性的争夺。丹麦国王也干预其中，克努特大帝曾宣称要统治瑞典的部分地区。我们无法了解其中的具体细节，毕竟可获的文献资料对此毫无帮助。显然，这一既有异教信仰又有基督教信仰的地区在11世纪的权力竞赛中扮演着重要角色。12世纪中期，瑞典大部分已经统一，从那时起瑞典两大新家族展开了权力斗争，也是从那时起瑞典才开始形成封建君主政体。但是，有序的王位继承也未能使国家的君主统治趋于稳定；纵观12世纪，大多数国王都被谋杀或战死沙场。直到13世纪中期，福昆嘉王朝（Folkunga dynasty）接替统治，瑞典才成为一个比较稳定的王国。此时的瑞典也显现出我们在同时期的挪威王朝所看到的封建等级等特征。12世纪时，瑞典国王的势力已扩张到波罗的海的另一边，甚至到达芬兰。13世纪晚期，哥特兰岛也签订协议归顺了瑞典。

维京时代不仅让斯堪的纳维亚与欧洲其他地方有了更加具体直接的联系，还将斯堪的纳维亚带入欧洲历史的洪流。公元8世纪80年代，查理曼的廷臣嘲笑"不虔诚的""蛮横的""不可理喻的"丹麦国王改信基督教时，斯堪的纳维亚还远在欧洲文明和文化的大门外，所以法兰克人只会拿斯堪的纳维亚人来说笑。当维京人开始袭击时，他们的态度则变成了彻底的憎恨。也是从这时起，博学的神职人员开始思考上帝对先知耶利米（Jeremiah）所说的话（《耶利米书》1:14）："北方来的恶魔将吞没这片土地上的所有居民。"斯堪的纳维亚本就是蛮族的地盘。

维京时代结束之后，到了十二三世纪，斯堪的纳维亚成了欧洲的一部分，不再与欧洲文明格格不入，而成为与欧洲其他地方有着同样管理体系的组织结构完善的地区。比如，斯堪的纳维亚人开始向他们的国王及其他封建领主缴税，和法国、德意志和英格兰的人们一样。这是他们为获得保护从而免去劫掠灾祸进行的交易，至少理论上如此。在维京时代，国王与领主前往离自己领地较远的地方劫掠以获得收入，如此一来便会使自己的领地陷入脆弱无助的境地，暴露给其他领主及其勇士，面临被劫掠的危险。[35]

中世纪时斯堪的纳维亚及欧洲其他国家的国王为了自我保护积累军事资源，并建立官僚行政机制来管理这些资源，收取管理税费。在此过程中教会扮演了至关重要的角色，提供教育和管理经验，除了掌控意识形态还能推广这样的理念：处于官僚等级制度最顶端的君主是受上天委任进行统治的。千年之交过后的几个世纪里整个欧洲都在经历相似的转型，不过转变最大的还是斯堪的纳维亚地区，毕竟其转变始于一个迥然不同的社会发展阶段。中世纪早期，在西欧已经出现了一些集权王国，而当时的斯堪的纳维亚政权仍处于分散的割据状态。

斯堪的纳维亚三大中世纪王国的形成耗时较长，过程复杂且充斥着暴力。许多细节已淹没在历史的洪流中无法探究，不过主要的历史事件架构还比较清晰。在维京时代，社会尚未成型且不断变化，诸多领主相互残杀争夺权力。紧接着有了早期王国，统治者们依旧相互厮杀，王国处于不稳定阶段。等到王国趋于成熟，如同12世纪的丹麦和13世纪的挪威、瑞典一样，国王们便享受着较为稳定的规章制度和税收体系，一切都在等级制度之下运行，无人质疑。由此，斯堪的纳维亚便正式步入了欧洲历史的主流。

第七章

农场为家

家里的女主人死了，死在她逝去已久的第一任丈夫的农场里。农场在萨斯塔，往南约17千米的地方一个世纪后将建成新城斯德哥尔摩。她死于11世纪晚期，死时年龄超过60岁，在当时算非常长寿了，也因此她送走了自己的两任丈夫、三个儿子和一个继子。据我们所知，他们中没有人参与过维京人在欧洲沿岸的劫掠，但他们的确生活在维京时代，而且对远航并不陌生。埃斯特里德·西格法斯多特尔（Estrid Sigfastsdotter）生前一直负责家里的吃穿用度，抚养孩子长大；她掌管着农场的钥匙（其中一把成了她的陪葬品），管理仓库货存。可在她的丈夫和儿子去世后，埃斯特里德就在家扮演起更核心的角色，管理农场和奴隶，经营家里的生意，还要做一些重要的决策。埃斯特里德用如尼石刻纪念家中的亡者，许多瑞典境内的如尼石刻都有反映她影响力与财富的记载。看到这些刻文时，相比于男性家庭成员，我们也许反而会对埃斯特里德更感兴趣。作为一家之主，她身上有着非同一般的夺目光彩。[1]

埃斯特里德去世了，被埋在萨斯塔——她生前经营了数十年的农场。20世纪90年代，她的尸骨被发现，让我们可以了解她的大致相貌，也可据此想象她生前身后发生的事情。她身高165~170厘米，体态轻盈，生前似乎过着富足安逸的生活。她结过两次婚，被埋在第一任丈夫奥斯坦（Östen）和他们的长子加格（Gag）的墓旁。可能是她自己决定要埋葬于此，而非埋在她第二任丈夫英格瓦的农场，或许是因为她更喜欢奥斯坦，又或许是她的儿子们替她选择了长眠之所。但在我们的印象中，通常都是埃斯特里德来做决定，所以我猜是她自己选择了在这儿长眠。

埃斯特里德没能顺遂心意地长眠于奥斯坦的身旁，因为奥斯坦的墓是空的，没有遗体。几十年前埃斯特里德在此立起如尼石刻，对此做了解释："埃斯特里德在此立起石刻以纪念丈夫奥斯坦。奥斯坦前往耶路撒冷游历，不幸死在希腊。"奥斯坦去基督教的至圣所

在拓宽瑞典萨斯塔两块如尼石刻旁的道路时，考古学家发现了一具保存完好的维京时代的女性尸骨。经证实，确认就是主持建造这两块如尼石刻的女主人埃斯特里德·西格法斯多特尔【图片来源：斯德哥尔摩博物馆拉尔斯·安德松（Lars Andersson）】

朝圣，在那里圣墓教堂内不仅隔开了耶稣墓，还隔开了立着耶稣受难十字架的小山。奥斯坦死在拜占庭帝国边境，我们无法知道是在他前去还是返还的途中。他的寡妻在离自家农场较近的地方为他建了个衣冠冢（象征性的空墓冢）。是否有人将他的部分尸首带回家？虽然我们无法查验，但至少有这个可能，因为19世纪拓宽道路时墓冢被移走了。公元936年不来梅大主教乌尼（Unni）在比尔卡逝世后，同伴就将他的头颅带回了不来梅。到了12世纪，那里的神父仍能说出乌尼的头颅就埋在主教堂里那座小小的略呈方形的坟墓中。[2] 大概埃斯特里德（如果她与奥斯坦同行朝圣）也将奥斯坦的头颅、心脏或身上的其他器官带回了家。

埃斯特里德、奥斯坦一家人都信奉基督教，他们在如尼石刻上标记十字架以明示自己基督徒的身份。在当时的瑞典，基督教仍处于萌芽时期，获祝圣的墓地很少。因此，埃斯特里德就被埋在离家较近的地方。在她皈依基督教前，这是当地延续了几个世纪的习俗。一两代人之后，萨斯塔的居民死后会埋葬在泰比（Täby）当地的教堂，但这样的新传统在11世纪时还未完全成型。埃斯特里德与奥斯坦家底殷实，能支付起去往圣地朝圣的昂贵开销。她和奥斯坦一同去朝圣的猜测也是说得通的，因为埋葬她的墓中放置了一个外面由彩绘亚麻布包裹着的像是椴木所制的小神龛。里面有两枚铸币，其中一枚来自瑞士的巴塞尔（Basel），很可能是旅途中的纪念品。

在康士坦茨湖中的岛上，即现今德国与瑞士交界处，古老的赖谢瑙修道院里依旧保存着捐助者的名单。这部"生命之书"中记载了数千位捐助者的姓名，这里的修道士会为名册上的捐助者祈祷。名册上有"奥斯坦"和"埃斯特里德"这两个名字。11世纪时，他

第七章 农场为家　　　185

们的名字反复出现在上面。名册上记载的瑞典朝圣者在继续向南开始攀越阿尔卑斯山的艰难之行前，是否也曾在这座修道院休憩？奥斯坦与埃斯特里德的名字紧随在"斯文"这个名字之后，他们有一个儿子也叫斯文。再紧接着是一连串斯堪的纳维亚人名：埃斯比约恩（Esbjörn）、阿斯卡特拉（Åskatla）、托尔（Tor）以及托伦（Torun）。这些名字让我们对曾在赖谢瑙停留的斯堪的纳维亚朝圣者有了较清晰的印象，他们在此捐了善款，留下了姓名。从斯堪的纳维亚到赖谢瑙的最佳路线之一便是沿莱茵河逆流而上。如果埃斯特里德与奥斯坦是循着这条路线游历，那他们就会路过巴塞尔，埃斯特里德可能就是在那里买了纪念品。[3]

在埃斯特里德的神龛中还有三个用来给白银与其他贵金属称重的秤砣。这些秤砣象征着埃斯特里德执掌家事的责任。她支付和收取金银，也许会将收到的钱物存在小椴木神龛中，还可能用钥匙给它上锁。在埃斯特里德生活的时代，斯堪的纳维亚的流通货币只占很小一部分，这就意味着用铸币交易时往往需要称重而非计数。如尼石刻上也有文字记载，说埃斯特里德是一位独立且积极的女性。她独自或与几位亲戚一起投建了五块如尼石刻来纪念逝世的至亲——她的丈夫奥斯坦与英格瓦，以及她的儿子加格、英厄法斯特（Ingefast）和英格瓦。[4]

埃斯特里德应该是在千年之交后 10~20 年内出生，她的名字在当时的斯堪的纳维亚不是很常见。瑞典的国王奥洛夫·埃里克松迎娶的来自德意志北部梅克伦堡（Mecklenburg）的王后就叫埃斯特里德。我们现在介绍的埃斯特里德的名字可能就是取自这位王后。斯堪的纳维亚的领主与国王利用基督教尤其是浸礼仪式，建立并巩固其与王国内有影响力的人物之间的联盟。也许王后埃斯特里德就是小埃斯特里德的教母,所以给了她与王室相关的这不同寻常的名字。这也说明埃斯特里德的父亲西格法斯特(Sigfast)这位地方首领曾是国王忠诚的手下。西格法斯特住在斯纳特斯塔(Snåttsta)农场,就在埃斯特里德埋葬地向北15千米的地方。看来,西格法斯特与国王之间的关系非比寻常,也正因为此国王才会让王后为其女举行浸礼以拉近关系。在同时期的挪威也有类似的事情,国王奥拉夫·哈拉尔德松也是自己的勇士兼诗人西格瓦·索尔达松之女的教父。[5]

不论埃斯特里德的名字是否由王后所赐,她都是瑞典社会最富裕最重要的社会阶级中的一员。很难说她的一生是否能够大致代表维京时代女性的生活,但她生命中的某些方面的确具有代表性。比如,较为典型的是我们知道她7个儿子的名字,却不知道她有没有女儿。真的很难想象她竟没有女儿。但我们之所以不清楚,是因为没有人,甚至包括埃斯特里德在内,认为有必要用如尼刻文记下女儿的名字作为纪念。又或者赖谢瑙名册中埃斯特里德之后不远处提到的名叫阿斯卡特拉的女子便是曾陪伴父母朝圣的女儿。

在中世纪早期社会,女性的名字没有男性的名字重要。我们在古北欧语的诗歌《瑞格的名单》中可以看出端倪。瑞格是神,他从中世纪早期斯堪的纳维亚的三个社会阶级中各选取一个有代表性的家庭去做客,分别是奴隶、农夫与权贵之家。诗中提到了权贵亚尔与妻子埃尔娜12个儿子的名字,但没有提到女儿的名字。近来有一位编辑认为这里的遗漏是有意为之。[6]在这样的父系社会中,基本上只有男性才有资格在石刻上刻名纪念。女性从属于男性。

然而,仔细看一些证据的话就会发现男性占统治地位这一强硬形象也并非绝对。比如，从我们已知的斯堪的纳维亚的3000多处如尼石刻来看，埃斯特里德旨定是其中一位杰出女性，有记载称她积极主动地建造如尼石刻。除了她，许多其他女性也出现在如尼石刻的记载中。事实上，我们知道的还有埃斯特里德的姐妹居兹丽聚尔（Gudrid）和她的嫂子（或弟媳）因加（Inga），后来她们的名字还在不止一段的刻文中出现。埃斯特里德作为大农场的主人能建造如尼石刻是因为有足够的经济资源。事实上，许多女性都有这样的经济能力。根据如尼石刻的记载，在已知的斯堪的纳维亚的石刻中几乎有12%的石刻都是由女性独立建造的，另外还有15%是由女性与男性共同建造的。这些数据提醒我们，不该对维京时代斯堪的纳维亚男性与女性之间的关系草率下结论。[7]

埃斯特里德经历的另一件足够代表当时大多数女性遭遇的事是孩子早夭。她的儿子英厄法斯特活到成年，结了婚，去世时至少有两个儿子。但她的第一个孩子（据目前所知）加格死的时候只有10岁，如果考古学家判断准确，在埃斯特里德墓旁的另一座墓中埋葬的男童就是他的话。加格受尽了病痛折磨，一只耳朵严重感染。牙齿上凹凸不平的釉质表明他在1~5岁之间至少有三个阶段身体都处于营养不良的状态。我们应该清楚即便是像埃斯特里德这样的富裕家庭，在严重的饥荒年间也会饱受营养不良的折磨。但加格也可能是患有某种疾病而无法从食物中汲取营养。

在现代药品出现以前，儿童大量死亡的情况很常见。瑞典最早较可信的人口数据表明，在1751—1800年间，约有40%的儿童在4岁前夭折。不过，维京时代的情况却不大一样。考古学家考察了许多维京时代斯堪的纳维亚的墓地，包括农场的墓地，因此不仅包括精英阶级如勇士与商人的墓地，还包括许多容易被忽略的儿童墓地。不过，在维京时代瑞典的墓地只有 10% 埋葬着儿童。应该将这一数据与铁器时代早期（大致为前 500—500 年）的相应数据做对比，在铁器时代早期这里有 30% 的墓冢埋着儿童。与之类似，在维京时代丹麦的 320 个墓冢清单中，可以看到仅有 9% 的墓冢里有儿童的尸骨。

这些证据也许说明，在维京时代斯堪的纳维亚地区孩童的死亡率较低，但似乎这些墓冢不太可能完全展现出真实的情况。关于这一阶段儿童墓冢突然减少至较低数量已有其他解释，但专家们尚未就此达成一致的看法。[8] 可能孩童的遗体用其他方法处理了，没有埋葬在墓地中。经仔细考察后，斯堪尼亚菲耶尔兴厄（Fjälkinge）的一处维京时代的墓地提供了关于儿童死亡率更具代表性的图景。在 128 处墓地中，79 处有儿童遗骨，大多数都未满 1 岁。一个孩子如果能熬到 5 岁，就很可能活到 40 岁。只有极少数人能像埃斯特里德那样活到 60 岁。[9]

维京时代并非人们身体相对健康，儿童死亡率较低的时期，这一点可从成人的身高对比看出。维京时代的成人并不比之前或之后的人更高。成人身体高度一定程度上会受到孩童时期营养吸收质量的影响。在菲耶尔兴厄的墓地，成年男性身高基本在 160~185 厘米之间，而女性则在 151~171 厘米之间。埃斯特里德身高在 165 至 170 厘米之间，比女性平均身高略高一些。在丹麦发现的维京时代的尸骸中，男性平均身高为 171 厘米，女性平均身高为 158 厘米。这比此前（男女平均身高分别为 175 厘米与 162 厘米）与之后的中世纪盛期和晚期（分别为 173 厘米与 160 厘米）

第七章　农场为家　　189

的平均身高都低。埋葬在埃斯特里德萨斯塔墓旁的60多岁男性身材高大，身高为180~185厘米（没有确切的证据可以表明他的身份，但他可能是埃斯特里德的某位亲人，甚至可能是她的第二任丈夫英格尔）。这恰与丹麦人身高研究中的另一项发现吻合：身高与财富水平之间存在一定的相关性。埋葬在萨斯塔的这位男性显然是上层农业人口中的一员。

对这些墓地的考古勘探为我们讲述了诸多普通家庭的生死别离。夫妻同葬似乎比较常见，就像埃斯特里德葬在奥斯坦的衣冠冢旁。男性与女性的墓之间几乎没有太大差别。男性的墓通常会稍大些，更显眼一些，而女性在安葬时则多戴珠宝，穿着有金属装饰的衣服。不信奉基督教的男性墓中兽骨的种类比女性墓中的多一些（基督教不允许有陪葬品）。狗、羊和公鸡的兽骨在男性、女性的墓中都会出现，但通常马和猪的兽骨只出现在男性的墓中。也有少数女性的墓中会有这些兽骨，且埋葬的位置也比较显眼。通常这样的墓中都葬着像埃斯特里德一样社会地位显著的女性（如主要农场的农场主和管理者）。

不论社会地位高低，男性和女性有一个共同点，他们都遭受过严重的疾病困扰。埃斯特里德与埋在她身旁的高个子男人遇到了维京时代的成年人都会遇到的严重牙齿问题，他们所受的影响甚至更为严重。其受影响的程度已足以从尸骨上显现出来，虽然当时在极少数情况下才会出现龋齿。他们口中的臼齿（磨牙）几乎已经磨损到了牙龈，因为他们吃的面包、粥和其他粮食作物都产自地里，里面混着尘土和沙子，会磨损牙齿。在菲耶尔兴厄墓地里，考古学家详细考察了128具维京时代的尸骨，60岁以上的人平均失去了三分之二的牙齿。埋在菲耶尔兴厄墓地里的五分之一的成年人和几乎所有的孩子都患有缺铁症,很可能因为体内有寄生虫或细菌,导致寄主持续性腹泻。墓地里几乎一半以上的成人都有健康隐患,这一点从他们的尸骨或牙齿上都可以看出来。骨折的情况很多。埃斯特里德的手臂就骨折过,但之后恢复得较好。年龄大些的女性许多都患有膝关节损伤,在菲耶尔兴厄墓地中少部分人还患有麻风病。有了这些维京时代斯堪的纳维亚人的尸骨,人们对维京人一贯体格健壮的认知会有所转变。

一些历史学家认为维京时代的斯堪的纳维亚女性发挥了重要作用,在丈夫远航去劫掠时她们在家经营着农场。这一结论基于这样的想法:维京时代,所有或大多数体格健壮的斯堪的纳维亚男性都参与了维京劫掠,会离家数月或好几年。这一观点有些言过其实。据我们目前所知,维京劫掠的队伍规模较小,且其中大多数年轻人没多少财产,即便有也只是一些地产,而且他们通常都还没结婚。他们之所以外出劫掠正是因为他们在家乡没有自己的农场。有像挪威人比约尔(Bjor)这样的情况。他"在克努特大帝袭击英格兰时,作为扈从牺牲了",其父阿恩斯泰因(Arnsteinn)为他立的如尼石刻上如此记述道。[10] 可能比约尔也期望从父亲那里继承些财产,毕竟他的父亲是有钱建造如尼石刻的富人。但如果家里有很多儿子,而恰巧比约尔年龄较小的话,那他可能不会期望从父亲那里得到太多的财产。或许他因此选择与丹麦国王克努特一同去碰碰运气。1018年,国王克努特征服了英格兰。比约尔似乎成了维京人的典型代表:没有财产的小儿子,完全靠自己博得一个大好前程。他也许曾想在英格兰有块可以自己耕种的土地,或是从克努特的战利品中分得一些金银财宝，让自己后半辈子衣食无忧。几代之后，维京领主哈夫丹在"瓜分诺森布里亚的土地"时，就为自己的追随者提供了这样的机会。而后他们便在此"辛勤耕作，自给自足"。[11] 毕竟他们在斯堪的纳维亚没有太多值得留恋的东西。

无论如何，女性发挥的重要作用与她们丈夫的外出劫掠并没有什么关联。[12] 在前现代农业社会，农场的日常工作都需要男女双方共同参与完成。如果不是夫妇二人共同经营，农场便无法正常运转。这也是通常丧偶的一方会很快再婚的原因，正如埃斯特里德那样，第一任丈夫奥斯坦去世后她又嫁给了英格瓦。失去妻子或丈夫堪称灭顶之灾。比如，11 世纪晚期瑞典农场主霍姆高特（Holmgaut）在妻子奥丁迪萨（Odindisa）逝世后表现出极大的痛苦："没有人会比她把农场管理得更好，不会有更好的人再来到哈斯玛雅了。"他悲伤地将这首"弗尔恩伊尔斯莱格"（*fornyrðislag*）*古叙事格律的北欧语古诗刻在妻子的如尼石刻上以示纪念。[13]

在维京时代的斯堪的纳维亚，男女分工比较清晰。后来具体分工还被列入法律条款中。有关内容我们可以在文学作品和陪葬品中看到。中世纪冰岛的法典《古拉格斯》（*Grágás*）中就详细规定了妻子在家负责"内部"事务（屋内的事务），丈夫则负责一切外部事务。[14]

值得注意的是女性的墓中有许多纺织工具，比如用来纺纱的锭子以及织布机上固定轻纱的重物。维京时代和历史上的许多其他时期一样，纺织成衣是女性的工作。制衣原料有动物纤维，最常见的

---

* 弗尔恩伊尔斯莱格是一种古叙事格律，指古老的八段式头韵体，是《埃达》系列长诗中的三种韵文形式之一。——译者注

是羊毛，还有植物纤维如亚麻和大麻。羊毛制衣及亚麻生长的过程较漫长，很费时间。需要先从羊身上剪羊毛。剪刀在公元 1 世纪被引进斯堪的纳维亚，但在维京时代人们仍采用传统的用手薅羊毛的方式。接着经过清洗、分类与梳理，羊毛会用于生产长纤维，进而用来纺成精致的毛纱。到了维京时代，斯堪的纳维亚的绵羊基本都产白羊毛（公元前羊毛有黑色、灰色或褐色的）。

收割亚麻、准备织制亚麻布的过程同样耗费人力。人们将梳理过的羊毛或亚麻放到纺纱杆上，手中拿着纺锤纺纱。在古北欧语诗歌《瑞格的名单》中，瑞格在周游世界时，遇到了世界上所有强壮农人的女祖先：

> 女子端坐，旋杆纺纱；
> 绷直纱线，准备织布。[15]

接着，纱线被织成布。通常，在纺织斜纹布时，直立纺纱机上都有重物固定纱线使其绷直。我们可以想象斯堪的纳维亚的每户农家都进行着这样的工作，这就需要家中的女性付出很多劳动。为劫掠者、商人及其他人所用船只纺纱织布制作船帆十分耗时费力，而这些都是女性的工作，就像英格兰及丹麦国王克努特的宫廷诗人"黑色奥塔尔"在赞颂国王的舰船时所说的那样：

> 你乘风破浪，
> 灵活地掌着舵；
> 女人们织的帆，

倚着桅顶飘荡，

如飞驰前行的驯鹿（船）。[16]

布料会用提取自各类植物的染料来上色，如大青（蓝色）、茜草（红色），大概还有核桃壳（棕色）。

到了维京时代，较富裕的家庭不再需要自己织布。斯堪的纳维亚的一些中心地区，以及挪威西部、哥特兰岛、西兰岛和芬兰，都商业化生产了高质量的羊毛和亚麻织物。谁若买得起这些现成纺织品（只在富人的墓中有此发现），自是省了不少工夫。女人会剪裁布料将其制成成衣。中世纪早期斯堪的纳维亚的衣物主要由羊毛和亚麻所制。没有一件男式或女式的成衣完整保存下来。一般来说，羊毛材质会比亚麻材质保存时间更长些，而大量残存的碎片能帮助我们了解当时衣服的样式。[17]

当时男式、女式的衣服都需要用胸针来固定。衣服分很多层，大概是为了应付斯堪的纳维亚多变的气候——盛夏与寒冬交替。女人外穿紧身长裙，里面衬一件从腋下一直垂到小腿中部的直筒内衣。肩带系在前面，用两枚椭圆形的大铜胸针将裙子固定。这些胸针是女式长裙的典型特征，在整个斯堪的纳维亚以及受其文化影响的地方如俄国都发现了这样的胸针。当时这样的胸针一定是大批量生产的，而且装饰也相对固定。大多女性还会将披巾或斗篷穿在裙子上面，再用一枚胸针固定。维京时代的女性穿着中必不可少的还有几串琉璃珠、金属饰物、琥珀或其他饰品。她们会把这些饰品作为项链佩戴或挂在裙子上。[18]

男性通常穿裤子和衬衫。裤子的长短、裁剪各式各样，衬衫有宽松的也有紧身的（瑞格在农舍中遇见的男人就穿着"紧身衬衫"）。[19] 衬衫上面套着厚重的斗篷，用胸针或绑带固定在右肩上。这样，他们就可以灵活地用右臂挥舞剑、刀或其他工具。男人和女人都穿鞋或靴，其高度各异。木底的拖鞋使用也很广泛。在斯堪的纳维亚的贸易城镇，制鞋是非常常见的手艺。考古学家已经在发掘过程中发现了大量维京时代的鞋。

上面说的服饰是富贵人家或至少是小康之家的女子和男子穿着的"盛装"。越富裕的人，衣服上的装饰就越奢华。10世纪末埋葬于日德兰半岛马门（Mammen）的一位男子显然非常富裕，他的衣服上有丝绸、土拨鼠毛皮、圆形的小金属片以及花豹图样的刺绣。[20] 富人的衣服上会用银线和金线来装饰。当然，不那么富裕的人家也会在衣服上装饰一些不那么奢华的饰物。但无论如何有一点是相同的。制衣的每个步骤，从剪羊毛到收割亚麻，再到裁剪和缝制，都是女性的工作（可能制鞋除外）。

女性的另一项工作是为家人准备食物。和许多其他时期一样，在维京时代存放乳制品、烤面包、做饭及准备饮品都由女性负责。她们在农舍的壁炉中生火烹饪，将食物放在大铁锅里煮，放在挂于铁链上的皂石上烫，或串在铁签上放到炒锅中烘烤。不论在男性还是女性的墓中，通常都会陪葬准备食物所用的器具。牛奶、黄油、奶酪及其他奶制品的制作也全属于女性的家务活，虽然她们有时会去"屋外"挤牛奶和羊奶。冬季，她们负责照看长屋中的家畜；夏季，她们放牲畜到离农场较远的地方吃草，由出门在外的牧羊人（男人或女人）负责照看牲畜和挤奶。挤完奶后，筛滤工作由女性来做。用的工具大概是考古学家在许多维京时代的农场中发现的陶质带孔容器。类似容器在奶酪制作中会用于分离凝乳与乳清。

通常，陪葬品中还会有面包。在火化过程中面包会碳化，如此一来，保存至今的可能性就会更大，学者便能据此进行分析。维京时代的面包有发酵的与不发酵的两种，尺寸从直径 5 厘米的小圆面包到直径 18 厘米的大块面包不等。面包大多较薄，厚度 0.5~1.5 厘米不等，最常见的形状是圆形（虽然偶尔也会发现椭圆和长方形的）。主要原料是去壳的六棱大麦，这是在维京时代斯堪的纳维亚最常见的谷物。面包中可能会混入其他谷物，如黑麦、小麦、燕麦及亚麻，甚至豌豆。有时也会混入松树根部的内侧树皮，以此提供维生素 C 来预防坏血病。另外，在面包中加入血液还可以制成各式各样的黑香肠。面包会在烤炉中烘焙，早在维京时代的几个世纪前斯堪的纳维亚就已经有烤炉了。谷物也是啤酒及其他酿制饮品的原料。酿造在厨房进行，也是女性的工作。

显然，谷物在户外生长，地里的活儿都是男人的——施肥、犁地、播种、收获、打谷——虽然在劳动力特别密集的粮食生产阶段，尤其是收成的时候，家里其他力所能及的成员也会帮忙。粮食生产从犁地开始。在维京时代，斯堪的纳维亚的农人主要用犁（也称抓地犁）来犁地。其有着近乎垂直的犁箭，能在土壤中留下深深的抓痕，将土壤分开，但不会像之后中世纪以及现代的铧式犁那样将土翻开。如此一来，农家的耕地阡陌纵横。他们在同一块地上犁上两到三遍，之后的痕迹与之前的层层交相重叠。通常，犁由公牛来拉。但如果没有牛，就用其他牲畜代替。[21] 起初，犁是纯木质的，但正如学者在现代实验中发现的那样，木质犁的刀刃在使用中很快就会变钝，差不多隔天就得换新的。到了中世纪早期，犁的刀刃由比较耐用的铁制成，自然可省下不少时间和力气。

更先进的犁如铧式犁在维京时代的斯堪的纳维亚就已经出现了。至少在丹麦有，考古学家已经考察了丹麦一些耕犁过的土地。用铧式犁犁过的地很容易辨别，因为犁沟比简易犁的犁沟要宽，且铧式犁会将土壤往一旁推开一些。如果要耕犁狭长的地（很可能因为由公牛拉的铧式犁通常难以掉转方向），就需要在耕地的两侧来回耕犁，时间长了耕地会形成凸面，中间会比两侧高。如此，铧式犁犁过的土地便很容易辨别——比如，在考古学家清扫了耕地上累积的多层风沙之后。当时丹麦西部的人们一定也经常这样清扫耕地上的风沙。

维京时代的农人收集人畜的粪便作为肥料喷洒在耕地里。此外，他们或者至少他们中的一些人会轮换种植作物。种植不同的作物，或偶尔的休耕可以让土壤休息以保持其中的养分。粮食收获时，农人用大镰刀收割，女人则用耙子翻筛。打谷是男人的活儿，多半用棍棒拨挑而非用连枷抽打，因为考古学家在维京时代的斯堪的纳维亚尚未发现可测定年代的连枷。接下来的活儿是女人的，或许她们在手磨上磨谷物，随后将面粉烤成如我们所见的面包。或许她们将粮食做成面糊或粥（很可能这样的食物比面包更常做），又或者酿成啤酒或麦芽酒。

在维京时代斯堪的纳维亚的大多数农场中都发现了手磨，但水磨也是这个时候开始出现在北方的。在当时的英格兰和法兰克帝国水磨已经比较常见，由贵族投建而成，这是他们想从磨谷子的农人那里得到更多收益的手段。大概考古学家考察的斯堪的纳维亚（主要在丹麦）为数不多的几个水磨也是专为有权势的人所建。

斯堪的纳维亚的谷物种植由来已久，但在当时谷物并不是人们主要的营养来源。每亩耕地用来种植谷物的土地相对较少。随着典型的中世纪饮食习惯传入斯堪的纳维亚，这一状况在维京时代发生了改变。和欧洲其他地区一样，当地的人们比此前更关注谷物的种植和食用。牧场和草地都改成了耕地，用以种植谷物（更先进因而也更高产）。这一变化最先在斯堪的纳维亚南部开始，随后逐渐扩展到北部。

在维京时代斯堪的纳维亚的大多数地区，许多生产架构都重视畜牧业。牲畜是奶和羊毛的主要生产来源，也能提供生产动力，比如耕畜和骑乘马，并非只作为肉畜。事实上，只在闹饥荒而且没有其他食物的情况下，挨饿的农户才会杀牲畜吃肉。斯堪的纳维亚地区畜养牛、羊和马的传统已持续了很长时间。和欧洲其他地方一样，这里的人们也一直蓄养猪。但到了8世纪，欧洲越来越多的人开始养猪，斯堪的纳维亚一定程度上也出现了这样的趋势，虽然规模不大。出现这一转变的原因大概是人们更加重视粮食生产，许多供牛羊吃草的牧场都被改成了耕地。养猪与喂养其他动物不同，喂食生活垃圾、橡子或其他林产品就能喂得很好。生活垃圾中的动物骨头揭示了在维京时代富人的餐桌上有猪肉。在富裕的农场及城镇中也发现了很多猪骨。吃得起猪肉的人也吃牛肉、鸡肉和鹿肉。鱼肉是家家餐桌上都有的，是人们饮食中的重要组成部分。[22]

此外，农场的整体布局结构也在变化，首先从富人开始。农场的中心是长屋。长屋是维京时代初期的一种房屋，当时在北欧很常见，且已有数百年历史。在丹麦日德兰半岛的沃巴瑟（Vorbasse）发现的两间维京时代的农舍经测量约有33米长。其长屋有三间厅堂，里面有两排木柱，由横梁两两相连，一同支撑着屋顶。其他木柱沿墙壁排列，由横梁与屋子中间的两排木柱连在一起。屋顶上盖着在当地能找到的合适材料，比如麦秆、芦苇、石楠或木瓦。墙壁的建造先是用细芦苇秆将直立的木桩编连起来，之后再涂上黏土或其他黏性材料（编制加涂抹）。后来到了维京时代，墙壁改用木板制作。地面多半是直接夯土，虽然凸起的地方会盖上木板。生活区中间的壁炉可以提供热量和光照，但也会产生大量的烟，因为当时还没有烟囱。烟得从墙壁或屋顶的缝隙散出去，所以一定要有活动护窗。普通农家的房屋里没有很多家具，富裕人家会有雕制精美的椅子，床上也会放着塞满羽毛的柔软卧具，就像公元834年"奥塞贝格号"中埋葬的那些东西一样。沿墙壁放置的长椅和箱子可以坐。墙上挂着毛毯和挂毯，不仅是装饰，也能遮挡穿堂风。长屋里一定还有许多工具，尤其是女性"内务"活计所需要的厨房用具、存储罐、手磨和织布机。[23]

考古学家挖掘长屋时发现，保留下来的往往只有木桩留下的孔洞。这些孔洞让我们对房屋的建筑架构有大致的了解，但无法提供更具体的有关高度的信息。只在一次挖掘中发现了较为完整的壁柱。这些壁柱被重复利用，用作日德兰半岛沃巴瑟一口水井的围墙，也因此得以保留下来。180厘米长的壁柱表明长屋的墙壁可能有这么高，至少富人家的墙壁会有这么高。由于维京时代的人少有身高180厘米以上的，所以大多数人不低头就可以直接从大门走进去。领主大厅当然比沃巴瑟的屋舍要高。从西兰岛莱尔那座领主大厅所用木柱的倾斜角度来看，其侧壁可能有3~4米高，如此一来从地面到屋脊的高度可能有差不多10米。那这座气势非凡的大厅更令人印象深刻，而且很像诗歌《贝奥武夫》中所说的赫罗斯加的鹿厅："大厅高高耸立。"[24] 领主的大厅就应该是气势恢宏的，因为那是领主世界的中心。在这里他宴饮群雄、祭祀诸神。人们慕名前来，到大厅拜见领主。在去欧洲劫掠前或袭击临近山谷的领主前，领主也会将勇士们聚集在这里。

与领主大厅不同的是，农户的长屋由内墙隔成了几间，每间各有用途。起初，人住在长屋的一端，通常是西端，牲畜则养在另一端。至少冬季时都是如此（如此女性挤奶的活儿真成了"内务"活儿）。长屋可长达40米，是名副其实的"长"屋。

在维京时代建筑风格有了根本改变。一些地方保留下来的长屋无疑几世纪以来没有太大变化，畜养牲畜的地方还是在东端。但是，有两个方面的变化较为显著：由普通农户长屋发展成的领主大厅与大多数普通农户一样也同时建起了较小的住房，并开始将家畜畜养在与住处相分隔的屋舍。农场开始变为由几处屋舍共同构成，每间屋舍有其各自的用途，比如用于不同的工艺——编织、烘焙或木工。具备这些用途的外屋通常都是坑屋，一部分是下陷在土里的。在丹麦距西日德兰半岛的海宁（Herning）较近的地方挖出来的林宁嘉登（Lillinggården）农场就由五处屋舍构成。住房是一间长约25米的长屋，至少有一面内墙和一个壁炉。附近较小一些的屋舍可能是工坊、仓库或其他住房。再远一点的地方有谷仓和马厩。不寻常的是，考古学家在林宁嘉登能确认的一处敞圈，类似工棚，主要用于仓储，有四根柱子支撑屋顶。这间工棚此前可能有几面墙壁，但没有保留下墙壁的任何痕迹。

维京时代的农场有围栏，可以阻止外来的动物在农户培育的草场上吃草，就像近代农场一样。住所的门可能会用木雕或铁制品来装饰，也许还会带着几把木锁或铁锁。通常农舍的女主人会带着这些屋舍的钥匙。许多女人的陪葬品中就有铁质或铜质的钥匙。斯堪的纳维亚博物馆的馆藏中也有许多维京时代的钥匙。

普通农户住房建筑结构的变化与领主大厅相似。建筑内的柱子越来越少，室内空间变大。这同时也意味着墙壁将会承受更多的屋顶重量，如此墙壁则需要由倾斜的木柱来支撑。也有新式建筑出现，如带有石窗台的木质屋舍。这也成了中世纪及之后的典型建筑。

所发现的农场要么独立存在于较为偏僻的地方，要么集中在村庄里，大多都聚集在斯堪的纳维亚南部的平原上。在铁器时代，当农场的旧建筑需要翻新时，新的建筑通常会建在离旧址较近的新址上，而到了维京时代建筑的位置是固定的。一些农场一千年前就在那里了，这不算稀奇。又或者重新划分村庄时这些农场就在此处，直到十八九世纪才搬走。村庄里的农人一起干农活，比如播种、收割和扎栅栏，此外他们也会共用一些较为昂贵的设备。

想到维京时代斯堪的纳维亚的农场时，很容易就会将每个农场都想象成自给自足、与世隔绝的，产出的食物也正好能满足农场农户的需求，维系着他们的生活。如此，每家农户便不会与周遭的世界联系。但事实上维京时代斯堪的纳维亚的农业社会并非如此。许多农户的兄弟、儿子，也可能包括女儿，会参与到维京劫掠中，有人成为商人在君士坦丁堡或其他地方经商，有人去往宗教信仰圣地朝圣（如萨斯塔的奥斯坦就去了耶路撒冷），有人在异国他乡售卖毛皮、奴隶或银器。农人做的事情将他们与外部世界联系在一起，即便他们还待在家里的农场。他们用的器具并非每件都是自制的。做

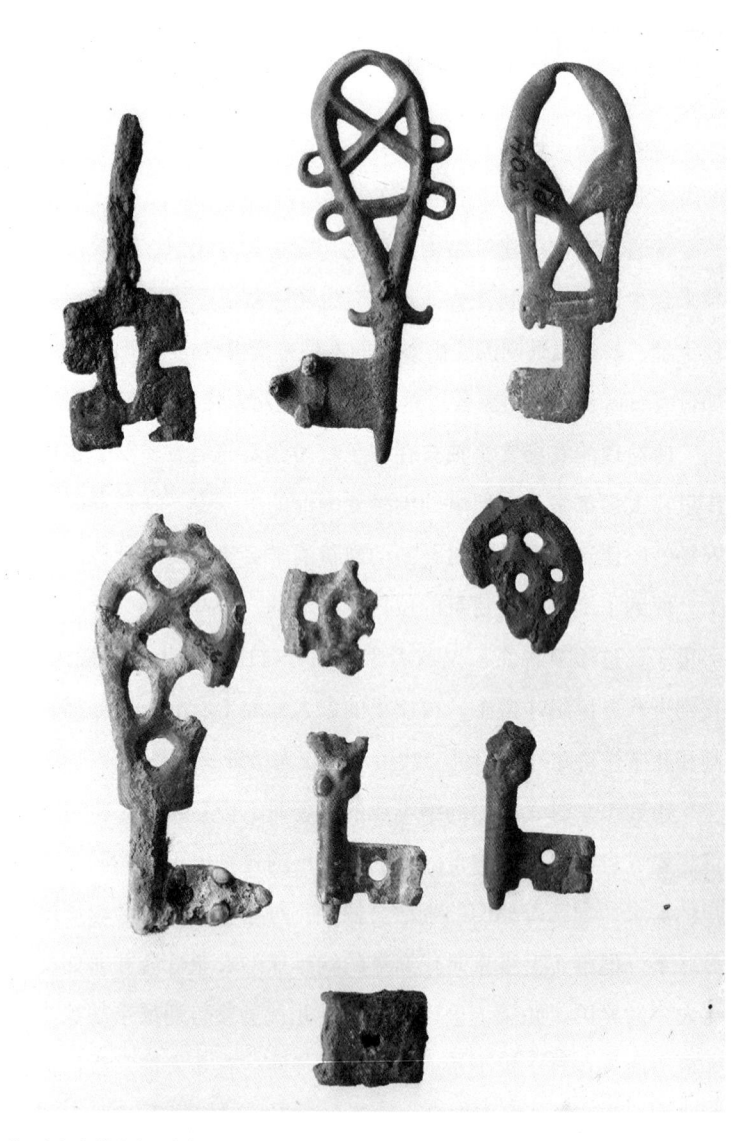

中世纪女性会带着自己农场重要屋舍的钥匙，而且她们中的许多人包括埃斯特里德·西格法斯多特尔都最少有一把钥匙作为陪葬品。这些是从瑞典几处女性墓穴中挖掘出来的钥匙（图片来源：瑞典国家遗产委员会）

饭用的皂石锅是从挪威运来的。犁头用的铁是从瑞典的铁产区运来的，或者是从市场上买来的。当然，一些农人在农活之外会采挖皂石、制作石锅，另一些农人则从湖泊、河流及沼泽中采挖沼铁矿并将其熔化用来制铁。他们所有人都与看起来运行良好的商业网紧密相连，尽管在维京时代斯堪的纳维亚的大部分地区还没有货币经济。这便是为何像埃斯特里德这样的家庭管理者需要秤来称重用于支付的白银（或其他贵重物品）。秤和秤砣经常出现在维京时代的墓穴中，且并非只出现在商人的墓中。

我们不该忘了在维京时代的斯堪的纳维亚有一大批人没有生产食物但会消耗食物。大厅里尊贵的男男女女定有自己的大农场，农场里有奴隶和雇工为他们生产食物。不过，他们或许需要买更多的食物，毕竟伟大的领主需要用食物来款待诸追随者。同样地，像海泽比和比尔卡这样的贸易城镇中也有一大批人需要食物供给。由于城镇居民众多，周边地区生产的食物无法及时满足所有人的需要，因而必须从城外甚至是很远的地方运送食物。考古学家已经发现了可以解释食物如何运送到这些城镇中的一些线索。

桑达（Sanda）农场坐落于距今瑞典斯德哥尔摩北部不远的地方。其所在地在维京时代即将来临前以及维京时代大面积扩张延伸。在同样的地方，一座连着三条走廊的大厅已经留存了500年，虽然至少重建过两次。850—950年重建时，规模是长25米、宽6米，显然是富裕人家的住处。另外三位考古学家发现了桑达农场的特别之处。他们没想到会在这里发现大量烧焦的谷物，主要是一些不常见的不同品种的优质小麦。好几间外屋中都有烤炉。许多磨损的磨盘在一些屋子里被当作炉床，最早的可追溯到公元10世纪。所有这些发现共同表明桑达是当时小麦面粉生产和面包烘焙的中心。磨坊主和面包师生产的是优质产品，质量远超过当地居民消费的产品。这些优质产品很可能要运到需要大量食物的富裕人士的住所。最可能的一个运送点就是贸易城镇比尔卡，就在桑达西南方向约 30 千米处。至少比尔卡的富人似乎可以从桑达买到面包或面粉。

桑达也需要进一步的商品交换，因为周边地区多沼泽，不适合大量种植小麦，所以必须将其他地方种的小麦运送到这里。磨盘也是从瑞典遥远的北方某地运来的。作为商品交换网络的节点，桑达农场在商品交换中能将磨盘和小麦运进并将面粉和面包送出。桑达农场的主人定能在向比尔卡运送食物的过程中获得可观的收入：他或她建造的大厅周围以石阶围绕，这也充分展示了主人的财富与权力。[25]

说到维京时代以农场为家的生活，我们须注意不要过于理想化地将当时农人的生活想象成美好的田园生活。那时的农活又脏又累，耗时费力且极其艰苦（如今也是如此）。中世纪早期，所有的农活都靠双手来完成，可用的工具大都是木质的，连如今的园艺爱好者恐怕都会嫌其简陋难使。比如，由于没有铧式犁，农人时不时地需要用铲来翻土。常见的情况是，如果他们必须要用木铲，木铲很快就会被磨坏，之后他们就得再制新的。用亚麻或羊毛来制衣也需要很多道工序，且每道工序都需要精湛的技艺，加上辛劳的工作。现代西方人即便能通过对发展中国家的研究大致了解农民的生活，也还是很难想象中世纪农人的艰辛。

中世纪时期，上层阶级的人们了解农人的工作多么辛劳。古老的斯堪的纳维亚诗歌《瑞格的名单》就描绘了繁重的农活如何改变了受奴役之农人的体态特征：

> 他的双手布满褶皱，
> 关节变形，
> 手指粗壮；
> 他的脸很丑，
> 驼着背，
> 足跟过长。

诗歌中也告诉我们这位受奴役者和他的家人一起干活时的情况：

> 他们将粪便施到地里，猪就跟在他们身边；
> 照看着山羊，掀开草皮。[26]

更多细节在公元1000年左右英格兰的一篇学校课文中可以看到。这篇文章构想了一位导师与学生之间的一次对话。原文用拉丁文书写，每行下面穿插着古英文译文。学生扮演社会各个阶层的人。他扮演农夫时说道："噢，我的主人，我干活很认真。每天早出晚归，把牛赶到地里，上了轭就赶着它们去犁地。冬天的时候，天气如果不是特别糟糕，我是不敢待在家里的……可一旦给牛上了轭，给犁上了犁头和犁刀，我就得在地里犁上一整天，甚至更久。"在问到农人还会干些什么的时候，学生回答道："我还得在牛槽里添满草料，给牛喂水，处理牛粪。""哦，看来这真是个苦活儿。"老师回答道。[27]

除了辛苦的农活外，农人们还总会受到自然灾害和敌对勇士恶意破坏的威胁。如果连年收成不好，贫苦的人们也许会直接饿死，或死于常常伴随饥荒而来的诸多疾病。中世纪的史志及同时期的大事记中通常都有关于欧洲饥荒的内容。讲述维京时代斯堪的纳维亚饥荒的资料没有留存下来，但也没有理由认为斯堪的纳维亚就会从这些波及欧洲的灾害中侥幸逃脱。毕竟，气候是从斯堪的纳维亚开始变冷的，比其南面的欧洲地区更寒冷，这些是有资料记载的。可以明确的是，由于火山爆发引发火山灰喷发进入大气层等情况使得全球恶劣天气多发（通常会引发谷物歉收和饥荒灾害），这一系列的反应一定会影响斯堪的纳维亚。事实上，这一点可以从格陵兰岛冰川的冰核采样中看到。[28]

在描写欧洲饥荒的篇章中，最生动的描述是法国修道士罗都夫斯·格拉贝（Rodulfus Glaber）记述的公元1000年左右大饥荒暴发的内容。描述虽有些略微夸张但仍有参考价值：

> 饥荒在整个罗马（天主教）世界已经肆虐了5年。情况很严重，没有一个地方不是贫苦至极，到处都没有面包可吃。许多人都因为没有食物饿死了。在许多地方，严重的饥荒逼得人们吃起了肮脏的动物或爬虫的尸体，甚至还吃起了男人、女人和小孩的尸体。即便是亲缘关系也无法阻止这种行为。饥荒让人变得野蛮凶残。儿子吃母亲，母亲吃孩子。母爱消失无踪。[29]

当然，任何时期的农人都有其应对作物歉收和恶劣天气，以避免忍饥挨饿的方法。若是谷物收成不好,他们就会将谷物与其他可食用的天然产物混在一起吃,如树根或一些树的内皮。如果地里的谷物歉收,那些生活在海水或河水附近的人们就会打更多的鱼吃。对大多数农人来说,牲畜本身大多是用来生产奶、毛皮,或作为劳力,吃掉它们是没有办法的办法。冬季牲畜被关在谷仓中时,人们也会吃为牲畜准备的过冬草料。甚至到了后来的19世纪,牛在冬末的时候也常常挨饿,饿到最后春天来临之时都无法走出谷仓。

不仅自然条件会给农人带来灾难,战争和暴力冲突对于他们来说亦是人为悲剧。当然,维京人也因以如此手段折磨欧洲人而臭名昭著,不过我们不该理想地认为尚武好斗的领主和他的勇士会对斯堪的纳维亚人手下留情。公元1000年左右,在斯堪的纳维亚统一为三大王国丹麦、挪威和瑞典之前,许多斯堪的纳维亚领主都会与他们的劲敌相互拼杀。没有哪个王国可以阻止他们,唯有其他领主及其勇士团能对其构成威胁并制止他们。

我们有理由相信斯堪的纳维亚的领主斗争至少会和他们对欧洲人的袭击一样频繁,但却不该异想天开地以为在战火中会有哪个农人碰巧被饶过一命,抑或他的庄稼和牲畜仍会安然无恙。农人们很可能会向当地的领主寻求庇护,但如果这些领主在与其他领主的竞争中失利,他们就会变得孤立无援。文字记载的文献很少或从未告诉过我们像这样的"额外"损失,虽然其中很清楚地记载着维京时代的斯堪的纳维亚并非和平安宁之地。

诗歌《贝奥武夫》强烈地展现了人们遭受的战争之苦。国王贝奥武夫虽能保护耶阿特人(斯堪的纳维亚人)不受敌对军队的劫掠,但在诗歌的最后他倒下了。在诗歌的最后一章,一位耶阿特妇人

（头发束起，说明她年事已高）为这位耶阿特人守护者的逝世悲痛地唱起了挽歌，预言了可怕的未来：

> 耶阿特的妇人唱起了悲歌，
> 她头发束起，为国王贝奥武夫，
> 真诚地诉说着悲伤的心事，
> 她所担忧的苦难的未来，
> 在这杀戮的年代，
> 恐惧、迫害、囚禁
> 主导着整个世界。[30]

做维京人性命堪忧，出海去欧洲劫掠危险重重，因为目的地的受害者可能随时反击，使袭击者受伤或死去。但是，待在家中的农场并不一定是安全的选择。若是遇到恶劣天气，或者来自临近山谷的领主宿敌突然带着一群勇士出现，那么种植粮食，畜养牲畜，打鱼及收割粮食付出的辛勤劳作，都会成为徒劳。

第八章

北欧人的信仰

信奉基督教的挪威国王、古老庙宇的摧毁者哈拉尔死了。新的统治者哈康伯爵恢复了古老的宗教仪式。看！忽然间"大地复苏了"。哈拉尔"胆敢毁坏庙宇",激怒了诸神。作为报应,诸神降下恶劣的天气毁掉庄稼,赶走鲱鱼,不让其在通常产卵的地方停留。挪威陷入灾荒。后来,到了10世纪70年代,异教徒哈康·西居尔松伯爵登上王位,庙宇重新开放。众神欣喜,赐予好天气和大量可以捕获的鲱鱼。哈康希望挪威民众了解：与此前一直试图将新兴的宗教基督教引入挪威的统治者相比,他凭借睿智重申了古老神明的地位。正如哈康的诗人埃纳尔·斯卡拉格拉姆（Einar Skálaglam）所言：

> 睿智的王（哈康）
> 恢复了所有埃尼瑞斯（托尔）的荣耀——
> 那些曾被摧毁的著名神殿,
> 那些诸神的圣地。[1]

挪威人极力维护对旧神的信奉，拥护新国王哈康·西居尔松——他不仅是不信仰基督的虔诚教徒，还宣称自己是托尔之父、主神奥丁的后裔。

哈康用异教信仰对抗信仰基督教的旧王室及其亲信，比如与哈康争夺挪威的丹麦国王。哈康很可能虔诚地信奉古北欧宗教，虽然他也接受了基督教的洗礼，我们无法知道他的真实感受。不过，他对异教的接纳让异教信仰在拉德（在今特隆赫姆郊区）的周边地区有了短暂的复兴，为斯堪的纳维亚带来了异教文化和文学最后一次兴盛。

哈康在宫廷雇用了诸多诗人和吟游诗人，数量之多前所未有。至少有九位，在他们的诗歌中都有对异教意象的描述，这当然也是哈康政治宣传中的一部分。诗中他们努力构想出哈康与诸神共同协作促成了好收成，以及哈康治下国家繁荣、战功卓著的情景：

> 在弗洛奇（Froði）*大人（勇士、哈康）风暴席卷后，
> 堆尸成山；
> 作为神之子（奥丁后裔），他盛享胜利的欢愉，
> 奥丁收下了这份祭礼，
> 还有何猜疑，
> 难道不是诸神掌控着这位王族的摧毁者？
> 啊，强大的诸神
> 赋予了哈康更大威力。[2]

---

* 这个词在第九章也出现了，指代金子。——编者注

这也是哈康的吟游诗人埃纳尔所写。他还创作了一首长诗《韦勒克拉》(*Vellekla*)赞扬哈康。诗名 *Vellekla* 意为"缺少黄金",很可能想表明须给诗人一些相应的酬劳。与此诗节相同,埃纳尔在长诗中亦特别赞颂了哈康在战场上的英勇表现。据埃纳尔描述,诗中记述了一场又一场的战争,而哈康几乎在斯堪的纳维亚任何地方的战事中都能取胜。甚至作为丹麦的盟军在丹麦南界丹内维尔克的战争中也能取胜。在家乡挪威,他击败邻国的王公,顺应"诸神的意愿"获得挪威的统治权——"何人曾听说有位领主占领了其他 16 位王公的领地?"埃纳尔慷慨激昂地反问道。正是多亏了战神奥丁和其他诸神,哈康才能在战争中取胜,挪威彼时才可繁荣富饶。

哈康既是诸神的朋友,也是他们的宠儿。据说,他身上流淌着诸神的血,是奥丁与女巨人斯卡蒂的后代。奥丁与斯卡蒂结合生下了塞米格尔(Semingr)伯爵,他是哈康第二十七代祖先。哈康的另一位吟游诗人"文抄公"埃温(Eyvind the Plagiarist)在《哈雷格亚达尔》(*Háleygjatal*)一诗中重述了哈康家族的故事:"享护盾奉拜的阿萨神族后裔(奥丁)与伊罗伍德的灵宠(斯卡蒂)生下了'呈献贡金者'(塞米格尔)。"

埃温有此绰号是因为他从一篇古老的诗歌中抄取了诸多内容。此诗为《因灵加塔尔》(*Ynglingatal*),由西奥多夫·哈维尼所作,同样描述了一位挪威统治者的二十七代祖先是生育之神弗雷(Frey)的后裔(此故事中这位国王或领主名叫朗瓦尔德)。不过,埃温是借鉴而非剽窃,他沿用了哈康及祖辈的宿敌用此做政治宣传的古老传统。埃温似乎也巧妙地指出,曾以身为神族后代为荣的哈康敌对家族因接纳基督教而丧失继承权,相比之下哈康却始

第八章 北欧人的信仰

终坚守着对神族祖先的虔诚之心。

埃温在《哈雷格亚达尔》中重复描述异教神话与宗教习俗的典故以加深这一观念，比如在上文引用的诗节中，他将奥丁描述成"享护盾奉拜的阿萨神族"。虽然很难确定确切的意义，但"护盾奉拜"肯定是指用到某种保护咒语的异教崇拜仪式。就像另一首古老诗歌《豪瓦茅尔》（*Hávamál*）中所说："如果我必须带忠诚的朋友走向战场；在我吟唱的庇护之下，他们将一帆风顺，平安抵达，安然离去，平安地去往任何地方。"[3] 咒语用于保护与诸神，尤其是战神奥丁交好的首领的朋友，如此诸神才肯屈尊聆听他的"护盾奉拜"。哈康的吟游诗人和其他颂扬者在强调哈康与诸神交好时，都会强调哈康能够为朋友召唤神灵的护佑。我们可以看到，哈康在用宗教信仰激励人们追随他并忠诚于他，就像他和其他领主用赠送贵重礼物的方式来吸引追随者一样。

哈康和他的吟游诗人还有勇士生活在维京时代宗教信仰混乱的时期，当时基督教正逐渐替代斯堪的纳维亚古老的异教信仰的地位，这是北方社会发展的关键时期。[4] 在埃纳尔赞颂挪威国王哈康对托尔的忠心奉献时，德意志修道士维杜金德（Widukind）也在为丹麦"蓝牙王"哈拉尔信奉基督教而喝彩欢呼。哈康击败了接纳基督教的一位挪威国王，可公元 966 年他却被此前的维京人奥拉夫·特里格瓦松击败。奥拉夫担任国王时因开创性地传教、改变挪威的宗教信仰而声名大振。

哈康伯爵重申异教信仰、抵制改宗，向我们展示了维京时代斯堪的纳维亚宗教运动的大致情况：异教神话与宗教仪式，皈依基督与教会组织。我们将依次审视斯堪的纳维亚宗教的这些方面。一条共同的主线便是斯堪的纳维亚的国王和领主不论其主张信仰异教还是基督教，都会利用宗教信仰来提升自己的地位，强化追随者对自己的忠心。

基督教化以前的北欧神话不像我们希望的那样为人们所熟知。我们自以为知道的那些记载来自很久（有时其实是几个世纪）以后的基督教作者所著文献上，因此我们获得的信息蒙上了基督教色彩，也受到作者的整体倾向及其为使行文连贯所做调整的影响。这些执笔者有时编造故事或捏造神灵增添趣味性，使文章更具可读性。不过，故事中引人遐想的神秘情节对我们还是有很大的吸引力。的确，如今有一些宗教重建主义者还想复兴古老的北欧宗教。我们将走近这位似乎是哈康伯爵最钟爱的神——力大无穷、暴躁易怒的托尔，一路看到世界的尽头——"诸神的黄昏"（Ragnarök）*，在这一过程中审视在资料中发现的诸多问题。

哈康伯爵的宫廷见证了斯堪的纳维亚异教文化的鼎盛，也因而助其持续繁荣了一段时间。他的吟游诗人在诗中为异教诸神庆贺。比如，或许像诗人艾利夫·戈德尔纳松（Eilífr Godrúnarson）创作艰涩难懂的叙事诗《托尔之歌》（*Thórsdrápa*）时所做的那样，用异常夸张的巴洛克式语言庆贺托尔的丰功伟绩。直至今日其诗文依旧让诸多表演者感到为难。[5]

托尔是哈康认定的祖先奥丁之子，他颇受广大斯堪的纳维亚人的欢迎。在一些维京时代的如尼石刻上，人们祈求托尔，"望托尔赐予刻文神力！"已有90多个以托尔命名的地方，如托尔霍夫

---

* 指北欧神话中的一连串巨大劫难，包括造成诸多神祇（其中有奥丁、托尔和海姆达尔等）死亡的战争。——译者注

（Thorshov）、托尔隆达（Torslunda）等，几乎遍布斯堪的纳维亚大陆的各个角落。[6] 从仿造雷神之锤姆乔尔尼尔（Mjöllnir）做的诸多饰物亦可看出托尔受欢迎的程度。传说雷神托尔会用姆乔尔尼尔制造雷电。成百上千件雷神之锤模型从维京时代留存至今，一些是非常简单的铁质项链，另一些由其他常见的金属所制。埋葬在冰岛湖谷（见第四章）的女性佩戴的简约雅致的项链便是其中一件。其他则是些金银制成的精致复杂的艺术品，上面还装饰有金银丝或其他饰物。[7]

托尔（和罗马战神玛尔斯一样）有着红色的头发和胡须，暴躁易怒、力量极强。有许多关于他的传说，比如他与怪物巨蟒耶梦加德（Jörmungandr）之间的宿怨。耶梦加德盘踞着整个世界，衔起尾巴时可环绕世界；松口之后，世界便分崩离析，末日来临。

和许多其他故事一样，在这个故事中，也有与托尔实力相当的巨人，在这个故事里是希米尔（Hymir）。托尔抓住许多机会证明自己强大的实力，即便是和希米尔相比，托尔仍然略胜一筹。据古老的《希米尔之诗》描述，作为客人，托尔吃掉了巨人的两头牛当晚餐，后来这两人决定第二天出去钓些鱼来做晚餐。托尔问希米尔要鱼饵，希米尔让他到自己的牧场中去找。希米尔多半期待托尔能挖些蚯蚓来做鱼饵，可托尔却找来一头黑牛，扯下牛头作为鱼饵。他们划船出海，去的地方很远，远超过希米尔的想象，13世纪的神话及英雄传说诗歌集《诗歌埃达》中记载，托尔"将牛头（饵）挂在鱼钩上"。

在哥特兰岛一块维京时代的图画石上，我们可以看到希米尔与托尔出海捕鱼的画面。在那艘扬帆起航的巨大维京舰船旁边，有一艘小船，船上画着他们二人。其中一人持着钓线，上面挂着巨大的鱼饵。另一幅画着同样场景的图案是在英格兰戈斯福斯（Gosforth）的一块巨石碎块上找到的。戈斯福斯曾是维京时代许多斯堪的纳维亚迁居者的居住地。在这幅图案中，可以非常清楚地看到鱼饵是牛头，周围满是奇怪的鱼。[8]

巨人希米尔"一下子用鱼钩钓到两头鲸"。托尔更厉害，他想要钓更大的家伙："诸神厌恶的'缠绕大地的环带'"——巨蟒耶梦加德——"张着大口盯着饵"。托尔钓到了它，他"非常勇敢地"想要"将巨蟒拽到船板上，可以看到巨蟒口中的毒液明亮发光"。托尔很用力地拉，可巨蟒太过强壮，他的双脚已经穿透了船底，只能以海床为支撑。这一场景出现在11世纪瑞典阿尔图纳（Altuna）的一块如尼石刻上。这块石刻是为了纪念火中丧生的一对父子而立。石刻上有一只巨大的蛇形怪物口咬鱼饵，托尔只身一人在船上奋力拽着钓到的怪物，他的双脚已经穿透了船底，另一只手中紧握着一把斧子。[9]

《希米尔之诗》用生动传神的语言描述了同样的场景："海狼（耶梦加德巨蟒）长吼一声，水中岩石上泛起了声声回响，古老的大地在崩塌陷落。"另一位维京时代的诗人"老者"布拉吉（Bragi the Old）在描述这一场景时则用了斯堪的纳维亚人一贯的含蓄陈述："钓线没有松散地扔在海盗王伊奈夫的'雪板'（船）上。维斯瑞尔之子（奥丁之子托尔）手中的钓线紧紧拽着耶梦加德，将其拖上了'沙滩'（海床）。"[10] 托尔英勇地与巨蟒搏击，无所顾忌。相反，巨人希米尔"脸色惨白，忧心着自己的性命"。在北欧文学作品中，巨人通常被塑造成外形高大、骄傲自负的形象，一旦形势危急他们就

第八章 北欧人的信仰

成了胆小鬼。就在托尔举起自己的锤子欲打死耶梦加德时,希米尔割断了托尔的钓线。巨蟒沉入大海,暂时捡回一条性命(可托尔后来还是在世界末日即"诸神的黄昏"到来前的一片混乱中杀死了它)。如13世纪的冰岛政治家、古文物研究者斯诺里·斯蒂德吕松(Snorri Sturluson,1179—1241)所说,托尔对希米尔非常恼火,将其扔下了船,但在其他版本的故事中,巨人一直活着,到后来还阻止了托尔再去冒险。

托尔与耶梦加德巨蟒的故事在维京时代很受欢迎。如我们所见,故事有诸多不同的版本,在绘本和文学作品中都有,但通常都是些片段。我们在当代研究这些不同表现形式的故事时,总想将各种零碎线索联系在一起,拼凑出一个独立连贯的故事。可我们若真这样做了,就会丢失其中的传统内涵。比如,诗人乌夫尔·乌加森(Ulfr Uggason)讲了这样一个故事:托尔钓到耶梦加德巨蟒后,巨蟒就死了。对此,我们又该对乌夫尔说的托尔"松开了巨蟒的头"做何解释?[11] 相反,"老者"布拉吉则在诗中指出希米尔割断了钓线,救了巨蟒一命。显然,故事流传着各个不同版本,我们该克制住想要弥合这些不同,编织出一个唯一的完整故事的想法。可斯诺里·斯蒂德吕松在《散文埃达》一书中重述异教传统时却这样做了。由于他从其他资料中了解到耶梦加德巨蟒在世界末日来临时会再次与托尔交战,所以他选择改编巨蟒侥幸存活这个版本的钓鱼故事,抑制了其他版本的流传。在这样的情况下,乌夫尔版的故事得以留存。但更多时候,我们只能看到斯诺里的版本。

斯诺里·斯蒂德吕松在写《散文埃达》的过程中写到如何解释古代诗歌时,受到了先前诸多不同版本故事的困扰。他希望能直截了当地讲述他认为"真实的"故事，所以他花费了大量精力来拼凑剪接他找到的不同故事。有时他对资料内容也有一些误解。[12]斯诺里的《散文埃达》汇编了北欧万神殿的故事，不过由于作者为追求一致和简单而压制了原有的复杂性，这部合集中都是平淡无奇的故事。即便学者在研究维京时代的诗歌或图画中保留下来的故事片段时，也倾向于将这些残缺的内容编成完整的故事，正如数百年后斯诺里的方式一样。这样的做法通常会破坏基督教化之前斯堪的纳维亚真正的传统。

斯诺里自己是基督徒，他居住的国家信奉基督教已有几百年了。他绝不会遇到任何异教信仰者，他对异教的描述源于一位学者对自己所研究的资料的解读。斯诺里的作品之所以宝贵，是因为他读了许多我们今天无法读到的书和故事，但他曲解了一些有关异教信仰的内容。比如，我们可以在斯诺里讲的故事中找到一些基督教的痕迹，对此我们不该感到惊讶。这些基督教的影子或许是斯诺里留下的，他也许或多或少有意识地在自己的书中引入了一些基督教的内容和观念，又或者可能当时基督教已开始融入仍是主流的异教。在公元1000年左右斯堪的纳维亚人成为真正的基督徒以前，他们的异教信仰并不是脱离信仰基督教的其他欧洲地区而存在的。商人、雇佣兵和维京劫掠者在信仰基督教的欧洲地区游历时，学到一些当地的想法和理念，虽然最后他们不一定会成为完完全全的基督徒。

再如，托尔冒险垂钓的故事显然也受到基督教神话和观点的影响。雷神与海中巨蟒斗争的故事与耶稣基督擒拿巨大海怪利维坦（Leviathan）的故事极其相似。很多神话传说都是围绕《约伯记》第

40章第20节提出的问题讲述的:"你能用鱼钩钓到利维坦吗?"犹太教释经者将垂钓者当成是对弥赛亚(Messiah)的预示,而基督徒则将此诗句用在耶稣基督与恶魔撒旦的激烈竞争中。在这场竞争中,十字架上的耶稣成了寓言中引撒旦或利维坦上钩的诱饵。在这些中世纪基督教神话的北欧版本中,利维坦有时会由耶梦加德巨蟒来代替。同样,在斯诺里讲述的托尔冒险垂钓的故事里满是基督教神话传说的影子。但想要确认故事中有多少真正来自异教神话是极其困难的,虽然并非不可能。[13]

另一个例子是斯诺里在有关异教信仰的描述中讲述了犹太教与基督教的挪亚和大洪水的故事。在古代冰岛诗歌《瓦夫史鲁兹尼尔谚语》(*Vafthrudnir's Sayings*)中,佚名诗人向我们讲述了生活在很久以前的巨人贝尔盖米尔的故事:

> 世界出现前是无尽的寒冬,
> 贝尔盖米尔出生了;
> 我记得第一次看到这位聪明的巨人,
> 就是他第一次躺在自己的棺材里。[14]

巨人瓦夫史鲁兹尼尔之所以说这些话是为了证明他知道很多普通人不知道的事,其中包括像贝尔盖米尔的故事这样深奥难懂的内容。这最后一行难住了不少译者,因为诗人在这里用了意义难以揣度的不常用的词 lúðr,其基本意义大概指"空心的原木"。大多现代读者都认为这个词指的是"棺材"(如上面引用的译本所示),所以瓦夫史鲁兹尼尔同时记得贝尔盖米尔的出生与死亡。然而,当斯诺里阅读这些文字时，他将 lúðr 理解成"方舟、舰船"（空心原木的另一种用途，见第四章）的意思，所以他将此文本与《圣经》中挪亚方舟的故事联系在一起。斯诺里如此记述道，在世界初创之时，巨人伊米尔（Ymir）被杀，"他倒下时，伤口中涌出了大量的血……冰霜巨人一族都被淹没了，只有一人从屋里逃了出来……就是贝尔盖米尔。他和他的妻子爬进自己的空心原木（lúðr）中，这才躲过一劫。自此，冰霜巨人一族才得以延续，正如这里所说：'无尽的寒冬……'"[15] 后来斯诺里重现了此前所引的《瓦夫史鲁兹尼尔谚语》中的诗节。我们也许可以将斯诺里的诗句与《创世纪》第 7 章第 7 节中的语句"挪亚和他的妻子，还有他的儿子和儿媳们都登上了方舟"加以比较。就像挪亚在大洪水之后成了所有人的祖先一样，贝尔盖米尔在躲过伊米尔的血祸后成了巨人的祖先。

贝尔盖米尔的故事说明了斯诺里如何或多或少有意识地努力将基督教的内容融入前基督教时期的神话故事中，以及他如何找到异教徒的祖先用以了解真正历史的证据，这些证据虽不够清晰，却与《圣经》中揭示的内容类似。与中世纪所有的基督徒一样，斯诺里相信大洪水的确发生过，他在诗歌中保留相关典故时，便抓住机会将异教故事与他相信的真实故事调和在一起。

北欧神话中最吸引人的故事之一便是有关世界末日的，在古北欧语中称之为"诸神的黄昏"。斯诺里用华丽的文笔重述了这个故事，但有两首更古老的诗歌也讲述了同样的故事。其中一首是有史以来气势最为宏大的古北欧语的诗歌之一《瓦洛斯帕》（Völuspá），又名《女先知的预言》。在世界出现以前，诞生了一位女先知——该诗以她的口吻从宇宙的角度讲述了世界的过去与未来。我们可以看到的保留下来的这首诗的副本都出自 13 世纪，但这些副本大都被认为是反映维京时代晚期特点的作品。

在女先知的神示中，世界从最初形成之时就隐藏着毁灭的因子，至少在三个来自魔界的"充满残暴力量"的女巨人到来之后便是如此。随着时间推移，世界灾难一个接一个地来临。芙蕾雅（Freyja）被送给（或许给，诗中对此描述不清晰）巨人，但誓言与承诺都被打破。"东方塌陷，毒物遍布山谷，丢弃的刀剑扔满河中。"光明之神巴尔德尔被自己的兄弟霍德（Hod）用槲寄生制成的利箭射杀，"这植物看起来似乎很可爱"。斯诺里解释或想象着自己想要在诗中引用的故事。巴尔德尔是主神奥丁的次子："他是最优秀的，所有人都以他为荣。他是那么美，那么光彩夺目，身上散发着光芒……他是最聪明的神。"[16] 有天晚上。他做梦梦见自己的生命会受到威胁。他备受宠爱，他的母亲弗丽嘉（Frigg）要求世界上所有的事物，包括金属、石头、木头、动物和疾病等，都发誓不会伤害他。由此，巴尔德尔变得万物不侵，所以诸神才会冲巴尔德尔胡乱射击或扔东西以逗乐讨趣。也多亏了那些誓言，巴尔德尔才毫发无损。

但是，总给诸神制造麻烦、阴险狡诈的邪神洛基却发现弗丽嘉忽略了默默无闻的槲寄生这种植物，因为槲寄生看起来太弱小，不至于伤人。洛基设法用槲寄生脆弱的茎制成一支箭，将此箭给了巴尔德尔的盲眼兄弟霍德，唆使霍德将其射向巴尔德尔。霍德射出后，巴尔德尔即刻倒地死亡。诸神抓住了洛基，用他儿子们的内脏将他绑在石头上，让毒蛇不断地将毒液滴在洛基的脸上。洛基的妻子西格恩（Sigyn）用碗接着毒液，可当碗接满后，她得去倒空。此时毒液滴下洛基便疼得全身抽搐，那晃动足以撼动世界，如同地震一般。

我们无法知道这个故事中有多少内容源于斯诺里的想象（或是其前辈的想象），又有多少是原本异教神话流传下来的内容。很可能我们看到的这些故事至多仅保留了一些原始异教神话的细节，不过斯诺里的推测显然也是有根据的。比如，巴尔德尔像耶稣基督一样无辜惨死，且凶手与杀害耶稣的凶手一样对其神性"视而不见"。

自女先知重述了巴尔德尔之死的预言后，她所说的世界末日到来的步伐就加快了。地狱恶犬加姆（Garm）从格尼帕洞（Gnipa-cave）前的镣铐中逃脱。"兄弟争斗，互相残杀，兄妹不尊，违反伦常；世界千疮百孔，在陷落之前，遍地淫乱、血斧相拼、利剑直指，盾牌裂得粉碎；大风呼啸，恶狼成群；人人都失去了宽容之心"（《瓦洛斯帕》第45节）。三位最重要的神与怪兽决一死战。奥丁被狼杀死，之后其子维达尔（Viðar）为父报仇杀死了那只狼。巨人苏尔特（Surt）杀害了弗雷。托尔再次与宿敌耶梦加德巨蟒决斗："环绕地球的巨蟒在空中张着嘴，露出那恐怖的血盆大口；托尔必须与之一决高下。"杀死巨蟒后，托尔只走了九步就倒地身亡了。他被蛇体内残留的蛇毒杀死了。

这就是世界末日，是诸神的命运，诸神的黄昏。"太阳失去光芒，大地沉入海洋，空中闪烁的明星消失不见；大火熊熊燃起，烟雾弥漫，一束火焰高高窜起，照亮了黑暗的天空。"（《瓦洛斯帕》第57节）但末日也意味着新的开始：女先知"看到大地从海中再次升起，满目青翠；瀑布飞流直下，雄鹰高飞，在山中捕鱼"（《瓦洛斯帕》第59节）。在诸神黄昏的漫天火光中，诞生了一个更美好的新世界。巴尔德尔复活了,与无辜的凶手弟弟霍德开心地生活在一起。"她(先知)看见了那里的一间大厅,比阳光耀眼,有着金子做的屋顶……贵族们在那里将开心愉快地生活。随后,掌管一切的强大威武的神从天而降,去往诸神审判之地。"(《瓦洛斯帕》第64—65节)诗歌《瓦洛斯帕》以女先知的口吻讲述了辉煌壮丽的世界末日景象。作者(生卒年不详)显然对斯堪的纳维亚的异教信仰和观念较为了解,但他也兼收并蓄地引用了基督教的传统观念。世界末日的故事主线与《圣经》中《圣约翰启示录》及其他地方所说的世界末日几乎一致。创作《瓦洛斯帕》的诗人预言了兄弟相残的景象,正如耶稣所言:"兄弟会置兄弟于死地。"(《马可福音》13:12)诗人预见了诸神之间及神与各类怪物之间的争斗,如托尔与耶梦加德巨蟒搏斗,也和约翰所见的大天使米迦勒(Michael)与巨龙的搏斗(《启示录》12:7)相似。[17]

《瓦洛斯帕》中的异教信仰深受基督教影响,其他文献受基督教的影响甚至更大,比如斯诺里的《散文埃达》。为实现政治目标而推崇异教信仰的诗人,比如同为哈康伯爵效力的埃纳尔·斯卡拉格拉姆和"文抄公"埃温有意识地模仿基督教来推广异教信仰,也因此必然会发现基督教与其宣扬的异教信仰有一些相互排斥的地方。更早一些的文献资料也许会有更多"纯粹"的异教信仰内容,但接着我们就会遇到问题:这些文献中的记述太过简略,除了诸神姓名外,未能提供更多的信息。在丹麦松德尔基克比(Sönder Kirkeby)的一块如尼石刻上刻着"望托尔赐予这些刻文神力",在瑞典维兰达(Velanda)石头上刻着"愿托尔护佑",这些都告诉我们相应地方当时宗教崇拜的对象是雷神托尔,但我们找不到有关"托尔其人"的任何线索。[18]

的确，许多神留下的仅是姓名，比如海姆达尔（Heimdal）和蒂尔（Tyr）。斯诺里甚至只是提了那么一句，不过他们可能在某处会很重要。至少，蒂尔是四位以名字命名星期的神之一（蒂尔是星期二），所以他肯定比随口说起所体现出来的要更重要些。其他三位分别是战神奥丁（星期三），雷神托尔（星期四）和生育之神弗雷（星期五）。当然，星期日和星期一是以太阳和月亮来命名的，但这些自然现象与维京时代宗教崇拜的对象没有太多联系，不像在其他许多前现代时期的社会那样，即使有也不明显。

即便是较成熟的斯堪的纳维亚神话也没有告诉我们太多关于当时宗教信仰的内容，比如斯堪的纳维亚人是如何与诸神和宗教信仰发生联系的，以及是如何祭拜诸神的。近年来最振奋人心的考古发现之一是已确定的类似异教庙宇的建筑。这一斯堪的纳维亚考古发现是极为罕见的。寺庙坐落于斯堪尼亚省的乌帕卡拉，即在现今瑞典的南部。该建筑长13米，宽6.5米，只有一个房间，里面有四根柱子。从柱子大小推测，也许原本屋顶上有个塔楼。从公元200年开始，该建筑继续使用了数百年，在旧址上按原先的布局最少重建了7次，直到差不多9世纪时才最终被拆毁。它被用来举办奢华的宴会。在此发现了一个玻璃碗和一个装饰精美的陶罐，两者皆是进口的名牌商品。在室内的墙边和墙角还发现了110多个叫"小金人"（*guldgubbar*）*的物件。这些金箔制成的物件上面印有图案，通常是面对面站立的两个小人。对这一姿势，人们有不同的解释。拥抱和

---

* 这个词的原意是"金色小老头"。——编者注

亲吻是其中一种，毕竟小金人会出现在生育祈求仪式上。但也可以看成是扭打在一起的两个人，暗指军事野心。不过，大多数解释都认为小金人具有某种宗教意义和功能。大概最好的理解是将其当成祭祀品，一种替代动物的祭品。根据在考古遗址的发现，这些小金人通常会被挂在室内的墙上或角柱上。

即便如此，在乌帕卡拉发现的大量兽骨则表明动物也会被用于祭祀。目前发现的一些骸骨甚至证明了活人祭祀的存在。还有些故意毁坏的武器表明人们会用武器来献祭，很可能是战败对手的武器。在维京时代以前，用武器来献祭是非常常见的，但那时人们通常会将毁坏的武器扔到水里。维京时代的一大特征就是武器献祭不再在距离定居地较远的湖水附近进行，而是改成在人们的定居地进行，且通常是在室内。不过，室外献祭依旧在举行。瑞典北部湖心岛的福洛色（Frösö）教堂下的考古发现便是曾举行室外献祭的有力证据。

在福洛色中世纪教堂的地板下，考古学家发现了烧焦的白桦树的树墩。周围是一些兽骨，其中包括至少5头熊的头盖骨，大部分是幼兽。在此地成为基督教的教堂以前，显然曾是异教祭坛，用于举行大型献祭仪式。在斯堪的纳维亚，熊是令人畏惧的。到了现代时期，斯堪的纳维亚北部的萨米人还延续着献祭熊的仪式，至少在不同的仪式中都会有将熊头挂在树上的环节，就像异教信徒在福洛色做的那样。显然，萨米人的崇拜与福洛色的熊之献祭有一些相似之处，但具体的细节我们无从得知。

文献上记载的有关斯堪的纳维亚异教崇拜的内容也都以树为核心，但这些证据有内在的缺陷，因为所有这些文献都出自外来的基督徒之手。他们从未见过任何异教仪式，且无论如何都有足够的理由修改润色其所写的故事。比如，11世纪70年代，历史学家不来梅的亚当重述了有关瑞典乌普萨拉异教仪式的故事，其中说道大型献祭仪式每隔9年举办一次。"活物须是雄性，献祭9个头，用它们的血来抚慰神灵是惯例。尸体会被悬挂在庙宇附近的小树林中……狗、马和人一同悬挂在那里。"根据文献记述，亚当提及"一个72岁的基督徒"看到了树林中悬挂的尸体。

亚当还记述了乌普萨拉的一座庙宇，他说"整个庙宇金碧辉煌"。在庙宇里，"人们祭拜三位神灵的塑像"。最神通广大的托尔位于庙堂的中央，两侧分别是沃当（奥丁）和弗基克（弗雷）。亚当说托尔"掌管天空，控制雷鸣闪电和风雨"，奥丁"不断战斗，赋予人们对抗敌人的力量"，而弗雷则"赐予人们和平与欢愉"。弗雷的塑像上还"特意突出了其男性生殖器"。[19]

另一位德意志历史学家梅泽堡的蒂特马尔（Thietmar of Merseburg）主教在1013—1018年间的记述中写道，他"所听到"的发生在丹麦西兰岛莱尔市的"不寻常的事情"。"他们所有人（丹麦异教徒）每隔9年于1月聚集在这里，就在我们庆祝完主显日（1月6日）之后的那一天，接着他们会为他们的神献祭99人，还有许多马、狗和母鸡（代替猎鹰）。"[20]

我们不知道究竟该如何对待这样的证词。一方面，蒂特马尔和亚当的记述似乎相互验证了对方的说法。两人都说到大型献祭每隔9年举行一次，且在描述祭品的数量时也用了相似的数字（9或99）。但这些共通之处可能只是反映了蒂特马尔和亚当共有的作为神职人员的文化素质，其中包括对异教徒行为的一些推测。或者蒂特马尔写的内容可能启发了亚当,可能是斯堪的纳维亚异教信仰给予了数字9特定的宗教内涵,也可能是欧洲的基督教信仰者给予了数字9特殊的异教内涵。

蒂特马尔和亚当描述的一些细节已有考古发现可证实。1904年在瑞典中部发现了弗雷神的一尊小雕像,上面有着明显的男性生殖器。而亚当所言有关树林中悬挂祭祀牺牲的观点,福洛色的考古发现以及晚至18世纪甚至19世纪时萨米人以熊献祭的事实,在一定程度上都能予以支撑。[21] 另一方面,考古学家在莱尔市尚未发现大量骨骸以证实每隔9年需要99只不同种类的动物(包括人)来献祭的说法。乌普萨拉也没有任何异教庙宇的遗迹。然而,考古学家近来发现了一排木桩,相邻的两根木桩之间相距6米,看上去一直延伸到河岸。这条路可能就是在河中沉放祭品的行进之路。这条路修建于维京时代之前。[22] 与莱尔市一样,乌普萨拉也有几座大厅。祭祀很可能是在这些大厅里进行的,但根据亚当的描述,乌普萨拉几乎没有庙宇保留下来。总之,最好还是把亚当和蒂特马尔简述的有关异教祭祀的故事当成提醒、勉励其同事即基督教神职人员的故事,而非对异教仪式的真实描述。大体上,我们几乎没有理由认为中世纪早期斯堪的纳维亚的异教仪式会在任何特殊的建筑中举行。小金人通常是在大厅(领主及其他有一定身份地位者的住宅)里发现的,据此我们便可推测这些宗教仪式有可能是在这些住宅里进行的。或许我们可由此推测所谓的大厅不过是些较为豪华的农舍。

维京时代的作者可以根据自己的经验讲述异教祭祀,即便他没有机会亲眼看见这些仪式。11世纪20年代,挪威国王奥拉夫·哈拉尔德松派自己的数位随从作为外交使团出使瑞典。其中有位使节便是诗人西格瓦·索达尔松。后来，他作了首趣诗来记录这趟旅途的艰辛。道路曲折崎岖，马腿一瘸一拐，能找到的住所也让人难以忍受。终于，西格瓦和他的同伴找到了落脚之地，但主人并不友好。雷蒙德·伊恩·佩奇（Raymond I. Page）[*]如此幽默地翻译此诗：

> "站住，
> 你个无赖！"女人说。
> "这里所有人都是异教徒，
> 我担心惹来奥丁的怒火。"
> 她如豺狼般将我推开，
> 这个嚣张的悍妇，
> 说她在进行祭祀，
> 为家中的精灵献祭。[23]

很可能信奉基督教的西格瓦在为奥拉夫·哈拉尔德松的基督宫廷撰写游记诗文时有些夸大以求达到预期的效果，但其中的细节也因此得以彰显。自从西格瓦在此借宿之后，我们便知道祭祀的举办地至少从在室外举行变成了在普通住所举办。女人声称要主持祭祀，且西格瓦暗示她是女主人。大多数研究斯堪的纳维亚宗教的历史学家相信祭祀是在室内进行的，且由屋子的主人来主持。大型祭祀就在像领主的大厅那样的大房子中举行。西格瓦的故事表明，与基督

---

[*] 研究英格兰盎格鲁-撒克逊时期以及维京时期的英国历史学家。——译者注

教不同的是，异教不禁止女性主持操办祭祀仪式。

从西班牙的托尔托萨（Tortosa）出发的阿拉伯旅者易卜拉欣·塔尔图希讲述了自己10世纪游访丹麦南部海泽比时了解到的有关异教信仰的内容。"他们聚在一起庆祝宗教节日祭拜诸神，他们欢吃畅饮。想用牲畜献祭的人会在屋前立起木桩，上面挂上牺牲：牛肉、绵羊肉、山羊肉或猪肉。如此，人人都能看到他们是如何祭拜诸神的。"[24] 如易卜拉欣所说，献祭在家中进行，与饮食相关。或许我们可以将这一献祭牺牲的场景与另外两个类似的场景——福洛色白桦树桩的熊头，以及蒂特马尔和亚当提到的牲畜和人牲——进行对比。

异教仪式的开展范围很广，遍及整个斯堪的纳维亚，并非像不来梅的亚当及其他作者所想的那样仅仅集中在某些地方。在上文刚引用的诗文的前一个诗节中，西格瓦告诉读者他去了"霍夫"（hof）。这个常见名词的定义是"定期为大多数人（也包括此农舍之外的人）举办祭拜仪式的农舍"。根据埃达诗歌《瓦洛斯帕》所述，阿萨神族，即异教诸神，在世界伊始"建造了祭坛（霍尔格，hörg）和高高的庙宇（霍夫）"。[25] 这两个词都是常见地名的构词部分。挪威的22个地名中都含有异教神祇的名字和"霍夫"，比如，挪威哈马尔（Hamar）外围的维达尔霍夫（Vidarshov）就将霍夫与奥丁之子维达尔的名字结合到一起。挪威另外有85个地方甚至直接以霍夫或霍弗（Hov）来命名，还有41个地方结合霍夫和其他神的名字来命名。诸如此类的地名直观上能证明异教崇拜的活动范围的确较广泛。

如果画出数百个包含神祇名字的斯堪的纳维亚地名的地图，那么我们就能对斯堪的纳维亚不同神祇的祭拜区域分布有一个大致的了解。在斯堪的纳维亚地名中，托尔、弗雷、芙蕾雅、尼奥尔德（Njord）和乌尔（Ull）的名字无处不在。相比之下，奥丁的名字则在斯堪的纳维亚的东部地区更常见。在冰岛，没有地名是由奥丁的名字衍生而来的，而在冰岛萨迦中奥丁也从未亲自到过冰岛，虽然诸神的许多活动都是在这里进行的。但在这些萨迦中，奥丁会出现在斯堪的纳维亚除冰岛之外的其他地区。比如，他曾在挪威劝诱奥拉夫·特里格瓦松背弃基督教信仰。[26]

综上所述，斯堪的纳维亚的宗教崇拜表现出多变性和多样性。大概奥丁在东部地区比在西部地区更受欢迎，一些学者也表示随着时间的推移奥丁越来越受欢迎。像福洛色和乌帕卡拉这样的考古遗址以及同时期关于莱尔和乌普萨拉的记述，描绘出了大规模祭祀及其他大型祭拜活动的场面，至少这些活动对当地的民众来说很重要。对比之下，西格瓦在农舍见到的"精灵"祭祀呈现出了中等规模宗教崇拜的情况。这些有限的资料展现出信仰和祭拜活动的丰富性与多样化。基督教习俗和信仰融入其中之后，起初使其更加丰富多样，但最终基督教以排他性的严格信条压制了其他宗教理念的表达。现在我们来看看斯堪的纳维亚成为基督教区这一复杂而又漫长的过程。

斯堪的纳维亚人皈依基督教经历了缓慢而漫长的过程，历经数百年，在诸多不同层面均有体现。最终的结果则成就了中世纪盛期的基督教君主。在这些君主的统治下，大多数民众定期参加基督教仪式，如洗礼、葬礼和圣餐礼，教会也努力教导信众接受正确的信仰。但至少宗教转变一开始更多的是改变人们的行为，即要求人们执行有宗教意义的行为，而非改变其信仰。

宗教转变的直接原因是斯堪的纳维亚领主和国王有这样的需求和目标。通常我们会以为宗教转变是通过传教士热忱而耐心的说教和劝说实现的。然而，这样的理想方式并非欧洲中世纪早期大规模宗教转变发生的方式。当时传教士很少，且建造覆盖广大民众的教区教会也需要花费很长的时间。传教士和讲道者即使能用外语（斯堪的纳维亚语）表达清楚，让当地人理解，也只能接触并试图劝说一小部分人。如此，传教士所做的一切并不能解释为何包括教皇在内的有识之士，迟至12世纪才将斯堪的纳维亚当成基督教区。细读文献资料便能看到另一个更有可能的解释：国王和领主把宗教作为巩固政治经济的社区建设工具。在礼物交换体系中，异国物件特别受到重视并被认为是显示较高地位的礼物；宗教礼物及其巩固加深人际关系的功能，使其非常适合领主建立忠诚关系之用。任何宗教都会为此目标服务——的确，我们已看到哈康伯爵利用了北欧异教信仰——但基督教的效果更好，有欧洲各伟大统治者支持的基督教声望较高，而且与异教不同的是基督教有助于实现集权统一。

丹麦日德兰半岛北部的一个皂石模具能帮我们了解基督教在没有立即驱逐异教的情况下，如何渐渐融入斯堪的纳维亚文化。拥有此模具的工匠用模具的三个格子既可铸造基督教的十字架，也可打造托尔之锤姆乔尔尼尔形状的饰物，或者还可同时打造两者。这位工匠生活在基督教与异教并存的斯堪的纳维亚。在维京时代的大部分时间两者并存是常态。

丹麦工匠的例子并非个例。其他人也以宗教兼容的方式同时接受基督教和异教的象征物件，比如11世纪埋葬在芬兰西部埃乌拉（Eura）的一位男子就同时在脖子上挂着托尔之锤的护身符和基督教的十字架。同样，10世纪埋葬在海泽比附近的一位女性也有银质十字架护身符作为陪葬品，但这个十字架装在以锤子标志为装饰的首饰盒中。[27]

大概他们和"瘦小者"赫尔基（Helgi the Lean）一样。据说，赫尔基是9世纪末冰岛北部阿克雷里地区最初的定居者。到了13世纪晚期，他"信仰耶稣基督，但在出海和遭遇难题时他会向托尔求助"。托尔为他指明了该在何处停靠，在何处占据领地，但他仍称其领地为克里斯内（Kristsne），意为"耶和华之地"。[28] 关于"瘦小者"赫尔基的故事或许经过了修改润色，又或是为了迎合中世纪盛期冰岛人的生活趣味而编造出来的，但这些故事中有一些改宗的基

丹麦日德兰半岛上特伦德嘉登的皂石模具表明斯堪的纳维亚从异教向基督教的转变是一个缓慢的过程。工匠用此工具可铸造基督教和异教最重要的标志——十字架和托尔之锤饰物（图片来源：位于哥本哈根的国立丹麦博物馆）

本事实。宗教转变时期的大多数斯堪的纳维亚人没有全盘接受基督教的理念和习俗，他们每次只接受一部分。比如，我们可以从瑞典人的葬礼中看到这一点。他们和基督徒的埋葬习惯相同，且9世纪时这一习俗就开始自西向东被人们普遍接受了。可没有人会由此说9世纪在瑞典埋葬的都是基督徒。他们不过是接受并践行了一项新的葬礼习俗。不论是否知道这一习俗是基督教鼓励提倡的，他们都会这样做。土葬（不焚烧尸体的葬礼）的盛行也类似。在维京时代及其前后，土葬风俗在斯堪的纳维亚盛行，代替了最常见的火葬。基督徒不提倡火葬，甚至明令禁止。

斯堪的纳维亚人开始实行土葬并不意味着他们就成了基督徒。这只能说明他们已经开始接受土葬习俗，大概他们并没有意识到如此选择的宗教意义。埃斯特里德的墓（详述见第七章）也证明了这一趋势，斯堪的纳维亚人在接受基督教习俗的同时并没有立刻抛弃基督教反对的一切。显然埃斯特里德是基督徒，但她有菩提木盒、秤砣和一柄小刀作为陪葬。而基督教明令规定虔诚的信徒是不能有陪葬品的。

基督教习俗、观念与信仰或许在很早的时候就开始影响斯堪的纳维亚地区了，大概早在4世纪罗马帝国转而信仰基督教时就已经开始了。当时斯堪的纳维亚人作为雇佣兵为罗马军队效力，他们或许受到了罗马文化的影响，这其中就包括宗教信仰，然后他们又把这些影响带回家乡。维京人从8世纪末期开始在西欧抓人并将其带回斯堪的纳维亚做奴隶时，也将基督徒带到自己的住所，一些基督教的观念就是这样传来的。安斯加尔是已知的首批游访过斯堪的纳维亚的传教士中的一位。公元829年，他到了瑞典的贸易城镇比尔卡，遇到了一些信仰基督教的俘虏。[29] 在真正意义上的宗教信仰转变之前，基督教的观念和习俗就已渗透到斯堪的纳维亚地区。10 世纪的历史学家科维的维杜金德（Widukind of Corvey）非常认同这一点。在开始讲丹麦人如何改变宗教信仰的故事时，他告诉我们"丹麦人接受基督教已久"。可他们仍需转变。斯堪的纳维亚前基督教派对于接受新的宗教习俗，以及将新的神灵迎入大门敞开的神殿并不抵触。事实上维杜金德了解过宗教转变以前的丹麦人，他们承认"耶稣基督定然是神主，但声称诸神比基督更强大，因为诸神通过许多迹象和预兆降下启示"。[30] 然而，在首批传教士抵达斯堪的纳维亚时，基督教就已经以某种不稳定的形式存在于此了。

因此，传教士没有过多地将基督教精神引入斯堪的纳维亚，但他们带去了一个强大的理念：基督教的宗教皈依观念，即坚持信仰的纯粹性及转变的彻底性。基督教的宗教转变必须"摆脱旧自我"（《以弗所书》4:22），这包括摒弃北欧向诸神敞开的神殿，以及任何异教仪式和习俗。此外，还要"接纳新自我"（第 4 章第 24 节），即一次性全盘接受基督教的理念和习俗。这便是 9 世纪早期传教士开始出现在斯堪的纳维亚时传道的内容。传教士主要是将要传递的信息直接传达给国王和位高权重之人，同时国王和手握大权之人也渴望吸引传教士的注意，因为传教士不仅代表着基督教信仰，还代表着他们的王室资助人，即强大的世俗统治者。

加洛林帝国的学者甚至早在 8 世纪晚期维京袭击真正开始之前便讨论过斯堪的纳维亚地区宗教转变的可能性。比如，789 年，作为文法家和神学家的阿尔昆在查理曼的宫廷写了封书信给一位在查理曼帝国东部边界地区任修道院院长的朋友（没有提及姓名），询问他:"丹麦人是否有可能转变宗教信仰。"[31] 遗憾的是,回信并没有保留下来。阿尔昆及其他的宫廷学者对于丹麦人因政治原因改宗的可能性非常感兴趣,在他们的笔下也常常出现丹麦异教拒绝妥协的内容。[32] 通过征服萨克森(现今的德国西部),查理曼首次让自己的法兰克王国与丹麦人的联系变得更加紧密,而丹麦则成了法兰克王国东北方的邻国。

在政治上,法兰克人一直对丹麦人很头疼。他们庇护萨克森的政治难民,且对越境的一些法兰克盟友充满敌意。因此,查理曼及其继承人一直干涉丹麦事务,比如支持与其关系友好的丹麦领主哈拉尔。哈拉尔在810年国王戈德弗里逝世后参与了丹麦的权力争夺。查理曼及其继承人也向丹麦派遣传教士。823年,皇帝"虔诚者"路易派遣优秀的教士兰斯大主教埃博(Ebo)前往斯堪的纳维亚传教,以彰显其与丹麦关系的重要性。埃博的母亲可能曾是路易的乳母。他自己去过丹麦数次,但我们不清楚他去那里具体做了些什么。我们所知道的是国王哈拉尔在丹麦不稳定的政局中没有很好地掌控局势,而查理曼帮过他几次。826年,哈拉尔又一次流亡到了法兰克帝国。这次他在美因茨(Mainz)外的英格尔海姆(Ingelheim)王宫接受了洗礼,查理曼亲任其教父,以此巩固他与法兰克之间的联盟。哈拉尔是已知的首位接受洗礼的斯堪的纳维亚国王,但他的王位不过空有其名,即使有查理曼的帮助,他还是没有实力夺回丹麦政权。他在接下来的余生中都是靠从查理曼那里领取养老金过活。如第三章所见,他的侄子留里克也一样在法兰克帝国为自己谋得了高官厚禄。

哈拉尔受洗后试图返回丹麦时,基督教神职人员就伴在他左右。他们中有一位来自科维的名叫安斯加尔的年轻修道士。在哈拉尔意图夺回丹麦政权失败，同其追随者在法兰克帝国内定居后，安斯加尔为他们的子女及自己买回的斯堪的纳维亚奴隶男孩开办了一所学校。他想通过教育让这些孩子成为会说北欧语的称职的传教士。当安斯加尔忙于此事时，皇帝"虔诚者"路易接待了瑞典一位国王的信使，要求其向瑞典派遣教士。安斯加尔与另一位修道士维特马尔被选中派去瑞典，吉斯莱马尔（Gislemar）则留下来陪伴哈拉尔。安斯加尔与维特马尔历经一番冒险旅程后抵达贸易城镇比尔卡，途中他们的船遭遇了海盗袭击。两人游到岸边，不得不步行走完剩下的路程，携带的书卷经文在遇袭时弄丢了，他们只得空着手向前走。在比尔卡，国王比约恩友好地接待了他们。

安斯加尔和维特马尔在比尔卡待了一年半，为当地的基督徒传教，试图说服更多的人改宗。安斯加尔虔诚的传记作者林贝特提到了一位新皈依之教徒的名字，即市长赫里格（Heriger），此外还含糊地谈到"许多人"都想要接受洗礼。如此略带赞誉的模糊表达实则有指责意味。这样看起来安斯加尔的传教似乎并不是非常成功。或者，安斯加尔和维特马尔就是只向维京劫掠中从欧洲抓来的基督徒俘虏传教。

直到此时，北欧传教事宜一直是由大主教埃博负责的。可833年他站错了队，参与了对皇帝路易的反叛。于是，在834年皇帝重获自由后，埃博立即被解除职务并监禁在一所修道院里。安斯加尔与他的同事高斯伯特于是成了促使斯堪的纳维亚人改宗这一任务的领导人，分别掌管不同的教区。高斯伯特负责瑞典，在那里游访时他受到瑞典国王的礼遇。与此同时，安斯加尔负责丹麦，可在哈拉尔 826 年惨败后一直到 850 年的这段时间里,没有证据证明他能回到丹麦。

据林贝特所述,安斯加尔分别在斯堪的纳维亚的比尔卡和海泽比修建了最早的基督教堂。安斯加尔和林贝特一同负责创建遍布斯堪的纳维亚的教会组织结构。安斯加尔与高斯伯特领导的传教工作在 9 世纪 40 年代时遇到了严重困难。高斯伯特被瑞典驱逐,他手下的一位教士在瑞典被杀。安斯加尔当时正在边境防御工事汉堡的传教点,该地于 845 年遭到维京人袭击,他自己也是九死一生。甚至更糟的是皇帝"虔诚者"路易于 840 年逝世后,帝国被路易的三个儿子划分成三部分。安斯加尔及其在汉堡的传教事业在"日耳曼人"路易的王国宣告终结,而老皇帝曾赐予他收入来源——位于弗里西亚的托尔豪特(Turholt)修道院也划给了国王"秃头"查理。查理并不打算让安斯加尔继续在他的王国内收取津贴。在一段时间的动荡之后,安斯加尔于 848 年成了北德意志不来梅的主教,高斯伯特则成了奥斯纳布吕克的主教。

但安斯加尔的野心不止于此。他操纵政治、造假耍诈,借着让斯堪的纳维亚全境改宗的公务,成功地为自己在北德意志设置了大主教的职位。在走访丹麦时,他还派神职人员去了瑞典,他自己也在 850 年回到瑞典。我们是从安斯加尔的继任者林贝特写的安斯加尔传记中了解到他的所作所为的。林贝特在传记中主要想掩盖安斯加尔的造假诸事,虽然也有些新内容。他让事情看起来像是 864 年教皇将汉堡和不来梅两个主教区合并在一起,这一过程中又让不来梅大主教从地位更高的科隆大主教那里独立出来,因此为汉堡-不来梅联合大主教区奠定了基础,数十年后联合大主教区作为北部教会的特征已经为公众所接受。大主教区承接了派给安斯加尔的首个改变斯堪的纳维亚宗教信仰的任务。直到12世纪早期，斯堪的纳维亚才成了大主教区的一部分。[33]

约从850年开始，安斯加尔作为"日耳曼人"路易的传教士和使臣就曾多次拜访过丹麦国王留里克。林贝特称安斯加尔成了国王的朋友和知己，很可能有些夸大留里克与安斯加尔的亲近程度，尽管如此他的表述还是抓住了维京时代斯堪的纳维亚传教士的一些重要信息。他们出访斯堪的纳维亚是因为当地的国王和领主希望他们前来，而他们也往往与邀请他们的国王和领主较为亲近。埃博最初能去传教就与国王哈拉尔的志向抱负密不可分，安斯加尔和高斯伯特去瑞典也是应国王的请求。

在之后的斯堪的纳维亚史中，还有诸多国王与传教士合作的例子。挪威国王奥拉夫·特里格瓦松（逝于1000年）与奥拉夫·哈拉尔德松（逝于1030年）在征服挪威时就随行带着英格兰的主教及其他神职人员，其中包括主教约翰、格里姆柯尔（Grimkel）和西格弗里德（Sigfrid）。瑞典国王埃蒙德（Emund，逝于约1060年）将主教奥斯芒德（Osmund）带回瑞典。奥斯芒德在波兰被授予圣职，虽然他看起来像个在德意志受过教育的英格兰人。后来福克马（Folkmar）任科隆大主教时，传教士波帕（Poppa）在10世纪60年代作为宾客参加了丹麦国王"蓝牙王"哈拉尔的一场盛宴。据说当时他奇迹般地向国王和王公贵族证明了基督教的优越性，他们都因此皈依了基督教。斯堪的纳维亚的国王和领主欢迎传教士，因为传教士作为基督教的传播者和实力强大的欧洲统治者的代表，能为宫廷添光加彩。统治者需要用这些光彩逐步积累自己的权力。

第八章 北欧人的信仰

在成为国王之前，奥拉夫·特里格瓦松是维京领主，他带领维京各部落到欧洲劫掠。994年，他加入了丹麦国王"八字胡"斯韦恩的军队与其一同攻打英格兰，一如维京人往常的作风，带来暴风席卷般的灾难。值得一提的是，他们在994年的马尔顿之战中击败了郡长布里斯诺斯率领的一支盎格鲁－撒克逊军队。英格兰国王埃塞尔雷德主动提出如果要维京人停止掠夺，他就支付16000磅白银的巨额贡金。奥拉夫和斯韦恩同意接受贡金，为了和解奥拉夫受邀去了国王埃塞尔雷德的狩猎小屋安多弗（Andover）。在那里埃塞尔雷德赠予奥拉夫王室礼物并让阿尔菲奇主教"用双手接纳了他"。埃塞尔雷德借主教双手接纳奥拉夫意味着洗礼时他就是奥拉夫的教父。埃塞尔雷德赠送了礼物，奥拉夫也应该回礼。埃塞尔雷德的礼物对应的回礼就是奥拉夫必须遵守自己的诺言不再到英格兰劫掠。当奥拉夫让埃塞尔雷德在自己的洗礼上担任教父时，这份协定便以他们二人的宗教亲缘关系确定了下来。赠礼与洗礼之后，奥拉夫与埃塞尔雷德二人便由多重名誉与义务关系紧紧联系在一起。盎格鲁－撒克逊的编年史家记载，奥拉夫实际上做到了言而有信，再没有返回英国劫掠，他也因此维护了自己的信誉。[35]

安多弗的仪式之后，奥拉夫就能带着两份财富回到挪威家中。第一份是他拿到的埃塞尔雷德给他和斯韦恩的白银中的一部分。他还将其中的一些慷慨地分给自己的勇士。第二份是他带回去的宝贵文化和政治财富。他以强大的国王埃塞尔雷德教子的身份回归，又从英格兰带回了神职人员，因而能够向追随者敞开信仰欧洲最具影响力的宗教基督教的大门。

奥拉夫通过与追随者分享这些财富积累了声望和势力，并将自己与追随者紧密联系在了一起。因为能够招募足够多的勇士并说服足够多的人加入他的麾下，他成功地赢得了挪威。国王和领主需要传教士帮助自己实现政治目标，由此我们可以看出传教士是如何来到斯堪的纳维亚的。

公元 955 年，挪威被以异教号召追随者的拉德伯爵哈康·西居尔松占领。他手中的资源不论是物质的还是精神上的自然无法与奥拉夫相比。可他是古老的本土宗教的虔诚信仰者，这一点对建立宗教联系当然也是有用的。如我们所见，哈康努力用异教创建了以自己为中心的社群。可基督教在建立社群方面还是更为强大。因与当时的伟大统治者如英格兰和法国的国王，以及德意志和拜占庭的皇帝有关联，基督教比古老的斯堪的纳维亚宗教更具名望。哈康伯爵意识到自己敌不过对方，便没有与入侵的奥拉夫抗衡到底。很快奥拉夫便毋庸置疑地成了挪威的统治者，开始自称为国王。

成为国王的奥拉夫打击异教宗教信仰。同时期的文献中称他为庙宇的摧毁者、霍戈（horg，室外用于祭祀的石祭坛）的破坏者。后来活跃在 12 世纪及其之后的故事讲述者虚构了奥拉夫·特里格瓦松如何游遍挪威劝服人们接受新教，以及如何用酷刑逼迫顽固抵抗的权贵皈依基督教的故事。召开集会时，据说奥拉夫的宣教非常具有说服力，大批的人当场就决定要接受洗礼。或者说，奥拉夫符合标准的传教士形象。我们可能会好奇为何奥拉夫能够成为一名优秀的传道者，他此前可是个掠夺成性的维京海盗，生活中几乎不会有接受布道训练的机会。曾在冰岛北部生活至 12 世纪末的历史学家奥德尔·斯诺尔松（Oddr Snorrason）给出了解答：奥拉夫曾在梦中见到伟大的传教士图尔的马丁（St. Martin of Tours），图尔的马丁向他允诺将传道词传授给他。奥德尔及其同事以圣徒的言行为标准,塑造了举止得当的传教士国王的形象。可这一形象与真实发生的事情没有太大的联系。[36]

作为基督教伟大的传教士,在转变挪威人的宗教信仰时,国王被塑造成上帝旨意的执行者,"你们要去,使万民作我的门徒,奉父、子、圣灵的名给他们施洗"(《马太福音》28:19)。如果奥拉夫真有宗教信仰的话,那的确会有一定的影响,但政治考量才定是起关键作用的因素。通过摧毁庙宇和异教祭坛,奥拉夫努力削减对手以异教积聚力量抵抗其统治的实力。与此同时,奥拉夫也利用基督教信仰来赢得自己的追随者。哈康伯爵的一些追随者弃哈康而去,反倒追随了奥拉夫。其中有一位就是吟游诗人哈尔弗雷德·奥塔尔松(Hallfred Ottarsson)。他曾坦言,奥拉夫作为他的教父为他洗礼,之后他收到了许多礼物。换言之,奥拉夫再现了埃塞尔雷德为自己洗礼的一幕。

与奥拉夫·特里格瓦松同名的奥拉夫·哈拉尔德松(逝于1030年)的故事在很多方面都与前者较为相似。作为维京海盗且又曾是英格兰国王埃塞尔雷德的雇佣兵,奥拉夫·哈拉尔德松获得了大笔财富。他在诺曼底接受了埃塞尔雷德的妻弟鲁昂大主教罗贝尔的洗礼。罗贝尔是诺曼底公爵理查的兄弟。奥拉夫·哈拉尔德松与他看好的盟友或追随者分享宗教精神及物质财富,以此说服他们加入自己的队伍并留下来。吟游诗人西格瓦·索达尔松在回忆国王如何成为他女儿托法(Tofa)的教父时,这样写道:"那天我特别高兴。就在那天,国王奥拉夫双手将我女儿托起,把她从异端的国度带回了家。"[37]在其他诗中,西格瓦回忆了国王赠予他的贵重礼物,包括一柄金刃的剑和一些金臂环。作为回礼，西格瓦似乎后来也成了奥拉夫之子即未来的国王马格努斯的教父。

类似地，奥登尼斯（Oddernes）的挪威权贵埃温（Eyvind）数年后在自己建的教堂旁立起如尼石刻回忆了奥拉夫·哈拉尔德松成为自己教父的这件事。他自称是"圣奥拉夫的教子"。[38] 如此，埃温便成了以奥拉夫·哈拉尔德松为中心的宗教信仰网络中的一个节点，其中包括他与诺曼底及英格兰统治者之间的联系。埃温自己一定也是领主（从他有能力修建教堂就可以看出），也是他自己通过如尼石刻和所建教堂允诺那些想要追随他的人，会将他们纳入有声望的信仰网络。

上面两位奥拉夫的例子向我们展示了国王和领主如何利用宗教尤其是宗教社群营建能力来实现政治意图。相关的文献资料中有大量各个国王努力根除异教信仰的事例。比如，在维杜金德讲述的有关丹麦国王"蓝牙王"哈拉尔转变宗教信仰的故事中，最重要的结果便是国王"认定耶稣基督是唯一应该接受敬拜的神，且他命令自己的子民须拒绝其他偶像"。（"偶像"是基督教文献中对非基督神祇的常用表述）。我们已经看到奥拉夫·特里格瓦松在挪威大力推行根除异教的举措。如果认为国王们对于异教信仰的反对与他们个人的宗教信仰和信念无关，未免有些过于轻率，不过他们想要阻止对手利用异教信仰积聚力量的这一政治策略才是重中之重。

在维京时代，基督教在斯堪的纳维亚地区确立起来。这一时期教会体制也逐步建立起来——从常设的主教区和教区到教堂的建造，再到主教、教士及其他各级神职人员的设立。至少直到12世纪，斯堪的纳维亚的教会的掌控权才落到国王手中。如我们所见，伴随着这一体制化过程，习俗与信念也历经了基督化转变。这是一个更为缓慢的过程，早在维京时代以前就已经开始，一直持续到很久以后。

汉堡－不来梅的大主教继续做着安斯加尔的工作，转变着斯堪的纳维亚的宗教信仰并保持着与统治者之间的联系。他们努力在北方建立常设的大教堂和教区教堂。这一工作于10世纪中期从丹麦开始，甚至在国王哈拉尔成为基督徒以前就开始了。948年，教会领袖在德意志英格尔海姆举行了会议，丹麦的三位主教——海泽比的霍拉特（Horath of Hedeby）、里伯的利阿夫戴格（Liafdag of Ribe）和奥尔胡斯的雷金布兰德（Reginbrand of Aarhus）参加了会议。[39] 这些斯堪的纳维亚的首批常设主教都住在日德兰半岛上的重要商贸城镇。在接下来的几个世纪里，新创立的常设主教区遍及各地。12世纪前几十年的一项行政调查中列出了20个斯堪的纳维亚的主教区。[40] 1056年，冰岛在斯卡洛特（Skalholt）有了第一个主教区，格陵兰岛于1124年在加达有了自己的主教。斯堪的纳维亚中世纪主教体制完善的标志是13世纪早期芬兰有了自己主教。当时被派去芬兰的主教很快在西岸的土尔库（Turku）/阿博（Åbo）安顿下来。

斯堪的纳维亚教会由汉堡－不来梅的德意志大主教管辖，这一点让斯堪的纳维亚的统治者们如鲠在喉，因为主教们可能会为德意志皇帝考虑更多。主教们更期望教会能从境外势力中独立，与教皇一起完成教会事业。在11世纪后期及12世纪，教皇与德意志皇帝（通常有不来梅大主教的支持）之间的诸多教派推进了这项事业的完成。1103年，教皇帕斯加尔二世（Paschal Ⅱ）将丹麦隆德的主教晋升为大主教。斯堪的纳维亚教会也因此逐渐成熟完善，从汉堡－不来梅的管控中独立了出来。

枢机主教尼古拉斯·布雷克斯皮尔（Nicolaus Breakspear）是英格兰人，在法国求过学，12世纪50年代他曾游访过斯堪的纳维亚的三个王国。他的游访标志着该地区已成为基督教制度下的常设教区，无疑是新皈依的地区，但不再是传教目标地区了。教皇给尼古拉斯的任务是在两个没有大主教区的任一王国内创建大主教区。丹麦在隆德已经有了教会领袖，于是尼古拉斯将挪威的特隆赫姆提升到大主教的管辖范围内。大教堂距离160年前哈康伯爵举办异教祭祀及诗人们创作神话传说的地方不过几千米的距离。尼古拉斯去瑞典时，他看到人们正在激烈的内战中挣扎，随即他判断此时并非在瑞典创建主教区的最佳时机。不过，尼古拉斯仍成功地于1153年在林雪平（Linköping）的瑞典教堂召开了会议。在会议中，他很可能告知了交战中的瑞典人要争取和平，并让他们就应该晋升的主教人选达成了一致意见。在归途中，尼古拉斯与隆德大主教埃斯基尔（Eskil）同行，还带着要送给瑞典该教区首领的羊毛挂带（羊毛制的仪式祭衣，看起来有些像传统仪式中教皇赐给每位大主教的披巾）。当瑞典人终于取得和平时，埃斯基尔就会将此挂带交给新任瑞典大主教。埃斯基尔于1164年在法国桑斯（Sens）出席教皇亚历山大三世（Alexander III）为首位乌普萨拉大主教——西多会修道士史蒂芬祝圣之时，将此物交给了新任大主教。

斯堪的纳维亚依旧是人口稀疏，远离罗马，且当地居民对基督教还有很多需要了解的。不过，斯堪的纳维亚人与当时最伟大的基督徒之间的联系表明这一地区当时已经是欧洲教会不可分割的一部分了。隆德大主教埃斯基尔是著名神学家、传教士克莱尔沃的圣伯纳德（Bernard of Clairvaux）的朋友，与其保持着通信往来。而伯纳德很可能是大主教斯蒂芬所在修道院的首任院长。许多斯堪的纳维亚的教士和平信徒在枢机主教尼古拉斯游历北方期间都曾与其有过接触。他在返回罗马之后，很快被选为教皇，即阿德里安四世（Adrian Ⅳ），之后他继续关注着自己在斯堪的纳维亚帮助组织创建的教堂。教区教堂网络已经建立，不过还需要时间来完善。比如，瑞典中部直到13世纪才开始建立教区教堂，但同时期的挪威已经建立了约一千座教堂。斯堪的纳维亚教会通过大面积的土地及大多数人缴纳的什一税确保了稳定的经济基础。没有人会说12世纪的斯堪的纳维亚仍是异域的边缘化区域。异教观念及仪式习俗或许仍然零星存在，即便到了现代时期北方的萨米人也依然保留着这些习俗，不过规模较小且已远离大众视线。经过几个世纪的暴力交涉与和平沟通，斯堪的纳维亚已经成了共享基督教文化的欧洲的一部分。

第九章

艺术与文字

几世纪以来，参访圣索菲亚大教堂的人络绎不绝。这座宏伟的教堂由查士丁尼大帝（Emperor Justinian）于6世纪30年代在首都君士坦丁堡（今伊斯坦布尔）所建。初建成时，这座教堂就是查士丁尼引以为豪的建筑奇观。据说，在检查完落成的教堂后，查士丁尼大喊道："所罗门，我已超越了你！"（所罗门是耶路撒冷圣殿的建造者。）让游人们赞叹不已的是这座建筑的巨大穹顶，已历经近15个世纪春秋岁月的打磨，真可谓6世纪数学计算和建筑结构的一个奇迹。

建筑本身不再是教堂，历经了几个世纪，已伤痕累累。墙上有各个时期留下的不同文字的涂鸦，到近来这些涂鸦才成了学者研究的课题。在圣索菲亚大教堂大理石上刻下的这些文字中，有一处尤为突出。这是某个斯堪的纳维亚人在维京时代的某个时候用如尼文字刻下的自己的名字——哈夫丹。旁边还有一些如尼文，但尚未有恰当的解释。这位哈夫丹不仅和诺森布里亚第一任北欧国王同名，也和已知的首位去往查理曼大帝宫廷的丹麦大使，以及如尼石刻记载的20多个斯堪的纳维亚人同名。[1] 我们禁不住会对哈夫丹展开猜想。他为何会在圣索菲亚大教堂里？他是不是前往圣地的斯堪的纳维亚朝圣者？或者他是瓦兰吉卫队中的雇佣兵，接受命令来参加弥撒，由于无聊想炫耀一下自己的如尼文？他又是不是信奉基督教的商人，来教堂庆祝自己幸运地做成了一笔生意？我们无法知道这些问题的答案。除非他留下的其他刻文能被解读，否则除了他的名字，我们一无所知。

哈夫丹能够读写中世纪早期北欧独特的书写文字，我们称之为斯堪的纳维亚如尼文。如尼文是地中海字母的一种发展，适用于刻写，以在木头上刻写居多，有时也刻在石头上。斯堪的纳维亚各地保留了成千上万块如尼石刻，其中最出名的都散落在斯堪的纳维亚的乡村郊野。但大多数是刻在木头上的，因而都随着木头的腐化而消失了。从挪威卑尔根（Bergen）考古挖掘发现的残留刻文的数千木片中，我们可以大致了解此前的如尼刻文是什么样的。这里的特殊条件使得木片能在地下留存数百年。刻文大都出现在维京时代刚结束之时，从简单的物主说明到情诗，从商人之间的紧急信件到污言秽语，不一而足。比如，其中一小片木头上就刻着一首1200年左右的如尼文情诗："你爱我，我也爱你，耿希尔德（Gunnhild）。吻我，我懂你。"[2]

斯堪的纳维亚花岗岩上的刻文比木头上的刻文保存至今的可能性更大。已发现的花岗岩石刻就有数千块，这些石刻可以帮助我们更深入地了解维京时代的社会。大多数如尼石刻是用于纪念逝者的，有时上面不过寥寥数语——毕竟，在石头上刻字是一项艰难的工作。例如，在斯德哥尔摩中部保留下来一块漂亮的如尼石刻嵌在一座近代早期建筑的墙壁中，上面简洁地写着："托尔斯滕（Thorsten）与弗洛古恩（Frögunn）在此立下石刻纪念爱子……"[3] 石刻有些破损，所以很遗憾这对夫妇已逝儿子的名字看不到了。与许多其他如尼刻文一样，这座石碑没有为我们提供更多有关这对夫妇或他们儿子的其他信息。我们不知道他们是做什么的，他们的儿子是怎么死的，又或者这对夫妇为何选择以这样的方式来纪念自己的儿子。

另一些如尼刻文则为我们提供了更多信息，这对历史学家来说也是件幸事。拿瑞典南部永比（Ljungby）外罗布罗（Rörbro）的一块如尼石刻来举例。其装饰比斯德哥尔摩的那块石刻更简单，只是用如尼文围成了弯曲的带状蜿蜒围绕着十字架。上面的刻文写道：

> 厄兹尔（Özzur）立碑纪念父亲艾恩迪尔（Eyndr）。
> 他是世间最善良的人，
> 食物慷慨与人，
> 宅心仁厚不记恨。
> 是个好塞恩（thane）*，
> 虔诚地信奉上帝。[4]

押着头韵精心编排的诗句刻画出艾恩迪尔的好人形象。这是我们认为这类体裁该有的内容。但他的美德并非普遍意义上的美德，而是有其独特之处。艾恩迪尔是个好领主。他具有好领主的品质，慷慨大方、热情好客（就像《贝奥武夫》中的国王赫罗斯加抑或吟唱诗中赞颂的那些领主们），他以德报怨（不记恨），也像是好领主

---

* 这里指领主。——译者注

该有的品质。他的美德重点体现在三个方面：他毫无可憎之处（此处轻描淡写，是北欧文学中的典型表现方式）；他是个好塞恩（如尼石刻上这一词语的确切含义仍备受争议）；他是一名虔诚的基督徒。在外来宗教基督教颇具声望的时代，这些品质让他成了好领主。石刻制于艾恩迪尔死后，而且很可能是他儿子厄兹尔设法委托而立，好让大家知道他是父亲职位的主要继承人。而他父亲的一些好名声也该在他身上有所体现。另一块数百米外的如尼石刻上记载了艾恩迪尔家上一代的故事，记述更为简略："艾恩迪尔与西芙（Sve）在此立碑以纪念厄兹尔。"[5]刻文编者认为，这里的艾恩迪尔是上一块石刻中所说的好领主，而厄兹尔应该是此前所说的厄兹尔的祖父。

维京时代是如尼石刻的鼎盛时期，但如尼文的使用历史长达一千多年。最古老的斯堪的纳维亚如尼文出现在公元纪年后不久，而后一直使用到维京时代结束之后很久。十六七世纪时古文物研究者开始研究如尼文，其中最著名的学者有约翰尼斯·布雷乌斯（Johannes Bureus）。据说，他的老师是瑞典达拉纳（Dalarna）省一位会读写如尼文的农人。布雷乌斯出版的瑞典初级读本中也包括关于如尼文写作的内容。因而，三十年战争期间（1618—1648）在欧洲大陆任职的一些瑞典官员才能够把如尼文作为暗语彼此通信联络。如尼文在乡村地区的使用时间甚至更长，尤其是在达拉纳省。据记载，如尼文最后一次使用近至1900年。有位叫安娜·安德斯多特（Anna Andersdotter）的年轻女性在山间小屋的墙上刻下了自己名字的首字母和另外三个如尼文字母构成的瑞典方言"AAD gät 1900"，意思是"在此畜养牲畜"。[6]

如尼文在瑞典流传了下来，有普及读物向大众推广如尼文。

在这种历史背景下，出现了如尼石刻仿制品。美国明尼苏达州（Minnesota）肯辛顿（Kensington）一位名叫奥洛夫·欧曼（Olof Ohman）的瑞典移民在 19 世纪晚期仿制过如尼石刻。他将刻文伪装成刻于 1362 年。上面记载了斯堪的纳维亚定居者与美洲印第安人的血战。这一"发现"在当时引起了轰动，大量证据表明这一石刻是在中世纪时期过了很久之后伪造的，但直到今天仍有许多人相信刻文是真的。[7]

即便是很快地瞥一眼，也能看出弗萨克字母（*futhark*，如尼文字母）是由地中海字母发展而来的，大多数很像西方人至今仍在使用的拉丁字母。*futhark* 一词中的首字母发音和 f 一致，显然来源于大写字母 F。两笔交叉的笔画略微有些倾斜，这表明如尼文最初便是刻在木头上的，因而很难在木纹上刻出笔直的线。其他的如尼字母缺一两笔仍能辨别。比如，如尼文中的 K 去掉了拉丁字母 K 两条斜线中的一笔。同样，如尼文中的 N 是由拉丁字母 N 中的两笔竖线合成一笔构成的。

每个如尼字母都有名称，通常是以相关发音开头的常用名词。比如，如尼文中的 F 在原始日耳曼语中叫作 *febu*（古北欧语的 *fé*），意为"牛"，引申义为"财富"。和古时其他书写体系相同，如尼文有时被认为是具有神奇力量的文字，名称会影响到每个如尼字母所具有的力量。例如，5 世纪前后刻在骨头制成的林霍尔姆护身符上的符文，通常包含向异教神灵祈福的内容。刻文开篇的几句尚可辨识，但难以对其做确切的解释："我，埃里拉兹（Erilaz），在此称为威利。"接着是一行没有实际意义的如尼文序列：AAAAAAAAZZZNN【N】BMUTTT: ALU。这里转写的 A 在原日耳曼语中称为 *ansuz*（古北

第九章 艺术与文字　　　　　　　　　　　　　　　　　　　　249

欧语的 ás），意为"诸神"，转写的 T 是以神祇名字来命名的 *Tiwaz*。如此，这行如尼文看上去是以祈求神灵开头和结尾的（到 ALU 前结束，ALU 可能是英文中表示麦芽酒的单词 ale 的词源）——换言之，是一种神奇的力量——但中间这段如尼文字的确切含义尚无定论。

如尼文首次出现时，有 24 个不同的弗萨克字母。用所谓的"老弗萨克文"刻写的符文通常较短，但难以解释，主要是因为撰写刻文的原北欧文字至今已无人完整了解了。大约 8 世纪时，斯堪的纳维亚经历了重大的语言变革，随后出现了简化的新如尼字母。新弗萨克字母只包括 16 个不同的字母，是维京时代使用的唯一的字母系统。现代学者发现诠释这些新字母组成的刻文更加容易，主要是因为相比于原日耳曼语而言，人们对古北欧语的了解更多。如今偶尔影响人们理解的是这仅有的 16 个字母会代表更多不同的发音，这就意味着一些如尼文或许具有许多不同的音值[*]。

如尼刻文能帮助我们深入了解维京时代斯堪的纳维亚社会的历史。有时一块如尼石刻甚至会告诉我们一些重大的历史事件。在中世纪早期贸易城镇海泽比发现的一块石刻便为我们提供了诸多信息："托鲁尔夫，斯韦恩的家仆，立碑纪念同伴埃里克。他死于海泽比遇袭时，他是舵手，是个很好的人。"埃里克应该是在 983 年丹麦国王"八字胡"斯韦恩从德意志皇帝奥托二世手中夺回海泽比时死去的。埃里克是托鲁尔夫的"同伴"（刻文中写作 *felaga*，该词是现代英语表示同伴的单词 fellow 的北欧语词源），而托鲁尔夫是国王斯韦恩的随从。因而，有人猜测埃里克也是斯韦恩的随从。埃里克是

---

[*] 音值又称时值，指音延续的时间长短，由发音体振动的时间长短决定。音值是乐音的四种基本物理属性（音高、音值、音强和音色）中的一种。——译者注

drengr，和其他"争夺"（袭击）海泽比的战士一样。*drengr* 不是可有可无的家仆，而是英勇战斗的勇士。埃里克也是舰船的舵手，这表明在航行或划船时由他来掌舵，在战斗中他很可能也是舰船船员的指挥者。[8]

最长的如尼刻文保存在瑞典洛克（Rök）的一块非常精致的如尼石刻上，总共有 750 个如尼字母。[9] 部分刻文用密码写成，也有些用的是古弗萨克字母，但在制作石刻的那个时期已不再使用古弗萨克字母了。显然，这样做就是为了让刻文变得难以理解，从而为其增添神秘色彩。大多数刻文是用新弗萨克字母刻写的，但是对其诠释仍有争议。但开篇几句话的意思足够清楚："为了纪念维莫德（Vemod）立起这些如尼石刻。父亲瓦兰（Varin）在此刻写，纪念已逝的儿子。"与几乎所有的如尼石刻相同，洛克的这块石刻也是用以纪念逝者的。

紧接着下一行如尼文就出现问题了。如尼文艺术家在制作石刻时没有断开词尾与下个词的词首，如此就使得诠释刻文变得更加困难。这行如尼文逐字写出来是这样的——SAKUMUKMINIÞAT，还是个固定表达，在刻文中前前后后出现了数次。似乎比较清楚的是最后三个表示连词或代词的如尼字母 þat（that），但又该如何解释此前的 11 个字母呢？学者对这些文字的理解方式也各不相同。下面是目前提出的一些分解标准古北欧语的方式以及对上述如尼文的翻译：

SAKUMUKINIÞAT
ságum yggmænni þat "我们看见了那可怕的人"

sagum ungmænni þat "我们对那个年轻人说"或

"我们告诉了那个年轻人"

sagum ungminni þat "我们讲了讲最近发生的一些事"

sagum mogminni þat "我们讲了那个民间传说"或

"我们对人们讲了那个故事"

以上的每句转写（还有一些其他的）都可能是对这些如尼文的解释，也表明同一个如尼字母有不同的发音（比如，这段如尼文中的"U"就可以分别读作 *y*、*u* 和 *o*）。由现代字母 *n* 表示的 *g* 前面的鼻音在如尼文中不需要读出来。此外，根据如尼文的拼读规则，一个音如果在一行文字中出现两次则只需拼读一次，即便其表示的是不同的词也是如此（这便解释了在上个例子中学者如何能从一个如尼文字母 M 中得到两个 m 的音）。不同的译文也说明了在这样简短的表达中其句法可能会多么模糊不明。对其诠释如果差距较大，那我们对于其余刻文的理解也会因为我们对这行文字的不同理解而有很大的不同。

紧跟引言出现的句子基本意义经核查已经比较确定了，大多数人认为这句应该这样来翻译："哪两个是战利品，哪些作为战利品从不同人的手中被抢夺了 12 次。"但当谈到其真实含义时，学者们都会受到此前开篇语思路的影响。认为开篇语意为"我们讲了那个民间传说"的学者会将后面的内容当成是讲述英雄传奇、故事的典故，或是有关著名而富有吸引力的战利品数次转手的"民间传说"。在斯堪的纳维亚，战利品对维京社会很重要，正如我们在不同的文献中看到的那样，因此这样的解释是有说服力的。

将开篇语理解为"我们看见了那可怕的人"的学者们，是将洛克刻文与一个以"我看见了一个怪物"开篇的古英语谜语联系在了一起，这主要是因为那个怪物把战利品从战场带回了家。在谜语中，另一个角色出现"夺回了战利品"，赶走了此前的拥有者。大多数人认为这个谜语指的是月亮从太阳那里偷来了光（"战利品"）又还回去的过程，就像每个月看到的月相的变化一样。一年 12 个月，洛克石刻上说的战利品也是被抢夺了 12 次，因此可能指的就是月亮一年中从太阳那里偷了 12 次光。这一完全不同的解释可能是瓦兰为纪念儿子制作华丽又神秘的纪念碑时想要表现的寓意。

不论此句作何解读，洛克石刻讲的是在当时社会环境中幻想出来的世界。瓦兰和他请的石匠思考的要么是充斥英雄传奇与冒险故事的世界，要么是天体与光线交错往来的神秘宇宙世界。在某种程度上，倘若洛克石刻上所述并非随意编造，那至少会有许多解读来帮我们理解这 750 个可任意组合的如尼字母描述的维京社会呈现出什么样貌。遗憾的是这一刻文太难解读，毕竟如果我们能够确定如何理解这其中的奥秘，便能从中得到一些详细的内容，从而更深入地了解在信仰基督教以前斯堪的纳维亚人的世界观。

无论哪一种解读被接受，其内容都是文学性的。刻文中甚至还包括以"弗吉伊尔斯莱格"（*forgyrðislag*）古北欧语叙事格律写的一个诗节。"弗吉伊尔斯莱格"的意思大概是"古语的韵律"。在如尼石刻上发现诗歌并非什么稀罕事。但只有一处刻文中有以"德罗特凯威特"（*dróttkvætt*）格律写就的一个完整的诗节。这一格律"适用于贵族家臣"，是古北欧语格律中的"女王"，是所有格律中最优雅、最复杂、最有趣的。

在波罗的海临近瑞典内陆的狭长岛屿奥兰德岛（Öland）上的卡尔勒维（Karlevi），伫立着一块部分由如尼文覆盖、打磨精致的花岗岩。花岗岩出现在这座岛上是极不寻常的事，因为这座岛几乎完全是由石灰岩构成的。上面的刻文以常见的纪念碑文开篇："立此石刻以纪念弗尔达尔（Foldar）之子西比贡萨（goða，即领主）和他的扈从。"逝者是位领主，他忠心的家臣为了纪念他在此立起石刻。

开篇标准式的纪念语后是完整的诗节，以下是这一诗节的现代译文：

> 女战神瓦尔基里斯鲁德（þrúðr，即勇士）的敌手之树（人）
> 有最高尚的功绩——无人不晓——他躺着
> 隐在那墓冢之中；这名正直的水手（wagon-Viðurr）
> 曾在恩迪尔那广阔的水域中英勇战斗，
> 将不再统治丹麦的土地。[10]

译文表现出古北欧语诗歌的一些特点。用复杂婉转的表达，也就是所谓的"隐喻"替代关键词。因而，简单的"勇士"一词用"女战神瓦尔基里斯鲁德的敌手之树（树在隐喻中通常表示人）"来表达。同样，"海"一词则用"恩迪尔（Endil，海神的名字）那广阔的水域"来替代。事实上，译为"广阔区域"的 *jǫrmungrundar*（古英语中为 *eormengrund*）一词在诗歌《贝奥武夫》类似的情境中也出现过。英雄贝奥武夫刚打伤了怪物格兰德尔（Grendel），勇士们为他的英武神力庆贺："世界之大，没有哪里的浩瀚天空比这里的

卡尔勒维如尼石刻上有以维京时代精巧的"德罗特凯威特"格律作的一节完整的诗。该诗赞颂了已逝领主西比的军事功绩，刻文为其家臣所刻。照片由本特·A. 伦德伯格（Bengt A. Lundberg）拍摄（图片来源：瑞典国家遗产委员会）

天空更适合持盾勇士。"[11] 措辞语调的相似性表明，在维京时代，英格兰的诗歌和社会文化与斯堪的纳维亚紧密相连。

但婉转曲折的表达特点并非是让这节诗歌变得异常复杂的唯一原因。为了探寻这一类型诗歌的其他特点，我们需要引述这节诗歌的原古北欧文字版本，以便更近距离地分析其中的一些表达：

Folginn liggr, hinn's fylgðu
(flestr vissi þat) mestar
dæðir, dolga þrúðar
draugr i þeimsi haugi:
mun't reið-Viðurr ráða
rógstarkr i Danmǫrku
Endils jǫrmungrundar
ørgrandari landi.

"德罗特凯威特"格律的诗节通常非常规整，就像卡尔勒维的诗节一样，由 8 句构成，每句 3 个重音，6 个音节。可探讨的押韵模式有多种。每两句为一组话，每组有 3 个词押头韵，即以同一个音开始——通常是第一句的两个词和第二句的第一个词。第一组中，*folginn*、*fylgðu* 和 *flestr* 押头韵 *f*。第二组中，押头韵的是 *dæðir*、*dolga* 和 *draugr* 这三个词。所有的元音（包括 j）都押头韵。比如最后一组中的 *Endils*、*jǫrmungrundar* 和 *ørgrandari*。

头韵是押韵方式中的一种，也称首韵或起始韵。不过，头韵只是勾勒了诗节的轮廓，却并不包括诗节的所有押韵。每句诗中也有行中韵：倒数第二个音节与同行的另一个音节押韵。偶数行都押完全韵：flest(r) 和 mest(ar) 以及 draug(r) 和 haug(i) 押韵，如此等等。单数行中则押较为跳跃的半韵，即不同的元音后面是同一个辅音或辅音群。比如 folg(inn) 和 fylg(ðu) 以及 dæð(ir) 和 þrúð(ar)。

德罗特凯威特格律使诗节更具艺术性的另一个特征是使用较为复杂的句法，将本是相互紧密联系的表达放在离彼此尽可能远的地方。开篇的"他隐没"（folginn ligger）句义并不完整，直到有了下一句中的"在那墓冢之中"（i peimsi haugi），句义才完整。同样，到了后半部分，开篇是"他不会再统治"（munat reið-Viðurr ráða），这里没有宾语（他统治什么？），直到诗节的最后一个词"土地"（landi）出现，句子才变得完整。

在挖掘维京时代的墓穴时，考古人员经常会发现一些当时的人用以阻止逝者魂魄重返世间烦扰生者的巧妙方法。有时他们会将圆石放在尸首上，通常逝者的武器也会被销毁。显然，维京时代的斯堪的纳维亚人相信逝者的魂魄可能会重返世间烦扰生者，除非他们能做好必要的预防措施。[12]事实上，放置在墓冢上的卡尔勒维石刻就警醒着人们："危险！有鬼魂！"就其本身来看，比起诗歌读起来反倒更像散文，中间一句（明显地刻在石刻中间）draugr i peimsi haugi 意思简单直白，即"墓冢里的鬼魂"。一般懂如尼文的人都能注意到，并理解这个明显的散文句的意思。需要我们花费精力的是解读这首诗歌来确定 draugr 这个词的正确理解到底是不是"鬼魂"。[13]不过，大概在读者有时间欣赏发掘诗歌的奥妙之前，这些有关鬼魂的传闻就已足够将他们吓跑了。

读者一旦注意到鬼魂这一主题，便很容易在刻文中找到更多恐怖阴森的内容。紧接着刚引述那句之前的是 *dolga* 一词，是 *dolgr* 的复数所有格形式，意为"敌人、对手"，虽然也有"鬼魂"的含义。在这节诗歌中，该词构成隐喻的一部分，*dolga þrúðar draugr* 指的是"女战神瓦尔基里斯鲁德的敌手之树"，也就是"勇士"的意思。在刻文中，*dolga* 一词之前是 *dæðir*（"功绩"），根据吟唱诗诗节的句法，这两个词相隔甚远。普通读者很容易对如尼文有不同的解读，主要是因为同一句如尼文可能表意相近但发音不同。我们将如尼文 *taiþir tulka* 按顺序转写为 *dæðir dolga*，但读者或许很容易就会将其解读为 *dauðir dólga(r)*，即"死者的鬼魂"。[14] 若是我们的读者还没尖叫着从这片鬼魂飘荡的阴森恐怖之地跑掉，那他可能会再多看一些刻文，且会对 URKRONTARI 这样的如尼文序列感到震惊。大多数专家将这个词读成 *ørgrandari*，是罕用语，只出现在北欧文学作品中。由于我们无法在其他语境中对这个词进行研究，所以难以弄清其确切含义。事实上可以有两种截然不同的解读。

我们试着重现维京读者尝试理解从未见过的生僻词 *ørgrandari* 的过程，也许很容易就能辨别出中间的音节 *grand* 是常用名词，意思是"伤害、受伤"，或者是其动词形式 *granda*，意思是"伤害、使受伤"。但词首与词尾的意义并不明确。前缀 UR 在此转写为 *ør*，在古北欧语中有两个不同的意思。与后面的词连起来既可表否定意义（"没有伤害"），也可加强语义（"巨大伤害"）。词尾的 -ari 同样有两种不同的理解。既可作为形容词比较级的词尾【相当于现代英语单词"更大"（greater）中的 -er】，也可理解为使动词变成名词指代做某事者的北欧语词尾【相当于现代英语"行动者"（doer）和"毁灭者"（destroyer）中的 er】。自 1900 年如尼文学者斯文·瑟德贝里（Sven Söderberg）和埃里克·布瑞特（Erik Brate）解读了这一刻文后，此后的每位学者都将前缀理解成否定含义，将后缀当作比较级的标识：西比"更无害"，这是典型的北欧含蓄表述，"更无害"即"更正直、纯良"。但若是脱离语境看，我们设想的这位维京读者对此就会很容易有不同的解读——将前缀理解成加强语义，将后缀当成构成施动者名词的词尾，即将其理解成带来巨大伤害的人，"极端迫害者"或"毁灭者"。[15]

如此一来，人们可能会从不同层面来解读这一刻文。即便是该领域的行家也难以对这节吟唱诗进行准确解读。任何伫立在石刻前的古北欧文字读者都无法明确理解诗节的含义。或许他们在雨雾、大雪或隆冬的暗夜里伫立在此抻着脖子，左右交替阅读这些竖排的如尼文字。但即便是不怕鬼魂且专注于用手头的照片和字典做研究的专家学者，仍不能完全确信自己已准确解读了该神秘刻文的每个字词。显然该诗节包含了两层信息：其深层的真实含义是对已逝领主西比纯良正直品格的高度赞扬。但其给人的第一印象却是鬼魂、幽灵，或死亡与毁灭的传送者。吟游诗人喜欢用这样故布疑阵的方式迷惑读者和听众，直到他们完全理解诗歌的意义。诗人想借卡尔勒维石刻的这首诗吓跑那些或许没有足够的时间、能力和心思去参透理解这节巧妙精密诗歌的路人。另外，有了这样看似会召唤穷凶极恶孤魂的刻文，那么盗墓贼在开挖墓穴前或许也会考虑再三。

隐喻、模棱两可的选词、复杂的句法、对战士功绩的颂扬，再加上隐秘的谐音，卡尔勒维如尼石刻上的诗节属于典型的古北欧语宫廷诗歌体裁，事实上其也是唯一一篇从当时保存至今的"德罗特凯威特"格律的诗歌。从12世纪开始，数百篇诗歌因大多在冰岛萨迦中引述过而得以留存，但更多的诗歌却没能留下来。中世纪的宫廷诗人列表《诗人名录》(*Skáldatal*)*中列出了一百多位在丹麦、瑞典和挪威国王领主们的大厅中创作诗歌的冰岛吟游诗人。他们中的许多人至今只留下了名字，没能留下创作的诗歌。比如，《诗人名录》中说到有 11 位为挪威国王斯韦勒（1177—1202 在位）作诗的吟游诗人，但他们创作的诗一首都没有保存下来。

吟游诗人为国王和领主创作诗歌。首先，吟唱诗是归属于北欧大厅的。在大厅中，国王和领主们宴饮勇士，用食物、蜂蜜酒和诗歌吟诵激励勇士：

> 吟游诗人（Scop）唱到，
> 在金碧辉煌的鹿厅——英雄尽享欢愉。[16]

scop（发音与 shop 商店一词相似）是盎格鲁-撒克逊语中表示吟游诗人的词。这位吟游诗人在贝奥武夫及其勇士到访时在丹麦国王赫罗斯加的鹿厅吟唱。这段引述出自古英语诗歌《贝奥武夫》。国王让王公贵族们喝"啤酒杯"中"甜甜的酒"，勇士们（"英雄"）感到心满意足。大厅中的盛宴旨在让勇士们开心，以加深对领主的印象。盛宴上，山珍海味令人印象深刻，诗人吟诵或大多时候吟唱的溢美之词亦如此让人难忘。这是为勇士们所作的诗歌，吟游诗人在其中特别赞颂了领主的军事实力和赫赫战功。

吟唱诗由数小节构成，比如诗节中会讲述一场胜利的战役或

---

* 《诗人名录》是一部北欧语短篇散文集，现今保留在两份手稿中，列出了从传说时代开始到 13 世纪晚期的斯堪的纳维亚统治者的宫廷诗人。——译者注

一次成功的劫掠。通常是一连串三言两语的描述，其中的表达结合了用典与婉转描述两种方式，就像卡尔勒维石刻上的刻文那样。这里可以用 11 世纪 40 年代吟游诗人阿诺尔为挪威和丹麦国王马格努斯·奥拉夫松吟诵的诗歌《赫林恩达》（*Hrynhenda*）来举例。[17] 全诗保留了 20 个或残缺或完整的诗节，讲述了马格努斯一生的事业。由于诗节是一节一节分开保留下来的，因此我们无法确切地知道我们应该按照什么顺序来读，甚至这些诗节本身就是同一首诗的各部分。但最完善的现代修复至少可以给我们一个大概的印象，让我们知道这类诗歌应该是什么样的。

"马格努斯，听这首孔武有力的诗歌！"阿诺尔在诗歌开篇如此强有力地大声呼喊。这一次吟游诗人用散文式的语言吟唱，没有用吟唱诗典型的极其复杂的句法。大家应该很快就理解了这句话，安静下来，集中注意力聆听。阿诺尔要求国王及勇士集中注意力听他吟唱。接着，阿诺尔用不甚明显的句法继续吟唱溢美之词："在我看来，没有任何王公比您更卓越。""他们远不及您。"阿诺尔表达了他的意愿："我赞颂您的实力，王公……以一首短诗。"阿诺尔继续总结马格努斯的一生。1030 年其父奥拉夫·哈拉尔德松逝世后，马格努斯逃到俄罗斯，这首诗中描述了马格努斯如何驾驶着战船，"带着俄国的金属（武器）"，在波罗的海上乘风破浪，而后抵达瑞典招募军队。阿诺尔以北欧典型的含蓄表达方式说道："您挑选的这支军队并不差。"后来马格努斯赢得了挪威。再后来，他袭击并征服了丹麦，还和文德人（Wends）^{*}交过手。马格努斯一直以来都是

---

* 中世纪时期生活在德意志东北部的斯拉夫民族的分支。——译者注

完美的国王和勇士。阿诺尔称他是哈拉尔德松的复仇者、贼人的碾压者、王公的征服者和慷慨大方的人。在韦苏恩迪尔（Visundr，意为"野牛"）舰船船头的驾驶室，可以看到令人震撼的一幕："污浊的海浪高高扬起，打在战船的后甲板和驾驶室；红金在颤抖；冷杉（狂风）如同威猛的猎犬般呼啸，让疾驰中的冷杉木船体变得倾斜。是您坚定地把控着船头，掌控着这艘由北方而来的战船；……前方海流激荡。"在战场上，马格努斯是真正的战神，如同伊格尔（奥丁）一般——手持沾满鲜血的护盾，喂饱群狼，满足群狼的贪婪，也染红奥丁之鸥（渡鸦）的羽翼。换言之，他手刃了许多对手的勇士。他的敌人知道自己输掉了这场战役，且已无法逃脱。马格努斯是完美的勇士国王，他不仅用敌人的尸体喂饱了食腐的禽兽，还为阿诺尔的诗歌提供了大量素材：

> 奥拉夫（哈拉尔德松，马格努斯的父亲）的复仇者，您是诗歌不竭的源泉；我来将您的功绩诉说成诗；您让瓦尔基里的鹰隼霍尔卢克（Hlǫkk，渡鸦或老鹰）去吸食满地堆积的尸首（鲜血）；如今诗篇不断延续。金甲护盾的铸造者，您勇于冒险，在一季中发动了四场箭如雨发的战役；威武强大的统治者，您的名字是无敌。

1043年，马格努斯在一季中打了四场战役。在这些战役中，他击败了文德人和丹麦人，成功地将丹麦人纳入自己的统治下。诸如此类的功绩为阿诺尔的诗歌创作提供了大量素材，扩展了诗篇的长度，也丰富了颂扬的妙语。诗歌最后以永恒不变的溢美之词结尾：

"吾王，世上不会有比您更尊贵崇高的主上了。"

阿诺尔完成了任务。他作了一首高度赞扬领主的诗，鼓舞听到此诗的人来追随英勇的国王马格努斯。我们一定可以想象阿诺尔在马格努斯的蜂蜜酒大厅举办的盛宴上吟诗的画面，如同《贝奥武夫》中的那位吟游诗人一样。很难说句法松散、隐喻难懂的诗歌中有多少是醉醺醺的勇士一听就能理解的，但可以肯定的是他们能够理解耳熟能详的隐喻和其他一些零碎的表达。他们毫不怀疑这些诗节就是在颂扬他们伟大的英雄——国王马格努斯，因为他们当然清楚这类体裁和这类诗歌的创作目的。维京诗歌的社会功能便是如此：为国王和领主建立勇士团队。作为交换，阿诺尔会收到丰厚的礼物，而他的诗歌便是回礼。他用典型的复杂难懂的表达指出马格努斯是一位慷慨的国王——诗句本身便是为了彰显其慷慨：马格努斯是"到手金子的克星"（换言之，他将所获金子分发给自己的勇士和诗人），是"水中火的消灭者"（水中火是对金子的隐喻，指国王又一次因分发金子而减少了自己的库存）。[18]

吟唱诗具有纪念意义，一些吟唱诗历经数百年得以留存。从9、10和11世纪流传下来的诗歌从13世纪及其之后开始被记录在手抄本中。这些诗歌究竟是如何保留至今的仍是个备受争议的话题，答案众说纷纭。有种说法是一代代口耳相传；还有一种说法是早期诗歌在创作的同时附有散文释文，以便后人能理解其中一些非常难懂的典故。

大多数留下来的诗歌到了我们手中已经不是最初的多诗节诗歌了，而是包括一些零散散文片段的诗歌，通常这些片段也是证明散文存在的证据。阿诺尔的《赫林恩达》中保留下来的大多数诗节都是在讲述国王马格努斯故事的历史传说中发现的。通常,散文叙述体是后来对诗歌中所述内容的重述和详细描述,这表明散文式萨迦的作者描述事件时除却其引述的同时期的诗歌外,几乎没有其他信息可供参考。因此,大多数历史学家会避免使用这些所谓的历史萨迦来做维京时代的参考文献。他们更倾向直接在同时期诗歌的基础上重构事件——与中世纪盛期的历史作家并肩研究,而非追随他们的脚步。这也是我常用诗歌作为此书参考文献,而几乎不用萨迦的原因。虽然萨迦本身亦是精彩绝妙的文学文本,创意丰富,情节起伏跌宕,值得一读。

在被鲜血染红的战场上,敌军尸横遍野,野狼猛禽分食着尸首。宫廷吟唱诗旨在以战场景象展现蜂蜜酒大厅中的男性地位,大厅中的女性最多不过处于次要地位。比如,在《贝奥武夫》中,赫罗斯加的王后维尔希奥(Wealhtheow)就亲自奉酒待客。吟游诗人口中的女性通常会待在挪威或冰岛的家中,对勇士爱人的男子气魄充满赞叹和仰慕。或者,他们会以妻子、爱人温柔的怀抱与战争的严酷现实做对比:"在战场上,可不像是亲吻高座上的年轻女郎。""在战斗中,也不会有漂亮女郎弯曲着肩下的双臂拥抱首领。"[19] 通过表明战场上不能惬意地拥温香软玉在怀来描述战争战斗的惨烈恐怖,是典型的吟唱诗的冷酷幽默和北欧的含蓄表述。诗歌强调了女性与战场无关,真正的男人都在外战斗,而非懒洋洋地在家拥妻在怀。正如国王"无情者"哈拉尔诙谐地指出,弱者自甘被引诱——又怎敢说自己软弱不堪?——有女人在旁,定会战败。"我们在兰德斯峡湾(Randersfjord,位于丹麦)下了锚,可亚麻-橡木(女人)、葛德（Gerðr）*符语（女人）哄骗着丈夫睡着了。"当地的男人对哈拉尔及其部下的到来毫无防备；他们躺在床上，即便醒了，当然也已太晚。[20]

诗歌中战争的喧嚣嘈杂与怀抱温香软玉的惬意形成的对比，同样在提醒着勇士们在胜利之后可获得的奖赏。待获胜的勇士最终得以归家，女性扮演的角色便是敬仰倾慕勇士及他们的战斗力。如吟游诗人西奥多夫对马格努斯打胜仗的评论，这里再次运用了典型的含蓄陈述的手法："松恩（Sogn）的女子（代指挪威女性，并不仅限于松恩峡湾地区）不会悲戚地接收这样的消息。"[21]

女性被富有男子气魄的勇士们征服是被征服地区常见的文学题材和艺术形象。这样的形象也会在吟唱诗中出现。比如，10世纪晚期哈康·西居尔松占领了挪威后，诗人艾温德·芬松（Eyvind Finnsson）便想象过"战神的新娘（奥丁的新娘，指挪威的领土）"躺在征服者"双臂中"的景象。[22]女人及她们带来的欢愉显然是北欧勇士取胜后期待的奖赏。在这样的背景下，值得注意的是与我们的预期不同，西欧反倒没有任何文献记载关于劫掠期间维京人奸淫妇女的内容。[23]对于这一文献空白最合理的解释是并非没有此类事情发生，而是在战争中这很常见，所以当时的编年史家认为没有必要详述，甚至觉得没有必要提及。至少，吟游诗人承认了女人们会设法逃脱得胜军队的事实。就像诗人西奥多夫·阿诺松赞颂国王马格努斯在丹麦西兰岛得胜时所述，胜仗逼迫女人逃离："西兰岛的少女从命令执行者那里只听到一个词……对于大多数成为奖赏的女人

---

* 挪威神话中的女神。——编者注

来说，只有冲出森林这条路。"[24]

据斯堪的纳维亚的勇士诗人所言，除了逃离，在真实的战场上女人派不上别的用场。但勇武善战的女人还是会出现在北欧人的想象中。北欧文学作品中处处都在引用瓦尔基里，她们这样的"战争恶魔"在战场上决断勇士们的生死，并将战死的勇士带入瓦尔哈拉殿堂成为主神奥丁的勇士。[25]一首9世纪的诗歌构想了一位瓦尔基里与一只吟唱诗中典型的食腐鸟渡鸦之间的对话。诗人托尔比约恩·霍恩克洛菲（Thorbiörn Hornklofi）以国王赠送的礼物指代勇士们，他一开篇就想吸引国王"金发王"哈拉尔勇士们的注意：

> 听，指环的佩戴者们！……我将重述我听到的一个白金色头发的女孩（发出声音）与一只渡鸦之间的对话：
> "渡鸦，你好吗？赶着黎明时分，你这是刚从哪儿回来，嘴上血淋淋的？爪上挂着血肉，嘴里散发着腐臭。我想，昨夜你停歇之地定是尸横遍野。"[26]

这首诗之后的重点放在了国王"金发王"哈拉尔身上，据说9世纪时他统一了挪威。渡鸦声称自从哈拉尔出生便一直跟随着他，而哈拉尔同样较为早熟："年轻时他就越来越厌倦温柔女子做伴，烧火做饭的居家日子。"他渴望去战场上，展现一名勇士的气魄。诗人在此详述了有"普通"女子（有别于瓦尔基里）居家做伴、儿女绕膝与从（血性）战场上荣归的区别。

除了和渡鸦对话，瓦尔基里也常出现在隐喻中。在战场上马格努斯杀了许多人，过后瓦尔基里霍尔卢克的猛禽（渡鸦或鹰）会来饮这尸海（鲜血）。西比是好战的瓦尔基里斯鲁德的敌手之树。我们难以区分这些瓦尔基里——至少，现代学者没有发现什么个性特征可以区分斯鲁德与霍尔卢克的。诗人之所以选择此瓦尔基里而非彼瓦尔基里，主要取决于她的名字与诗歌的韵律有多契合及其名字代表的含义。斯鲁德的意思是"力量"，霍尔卢克表示"（战争的）嘈杂喧嚣"。天界女侍以此方式出现在吟唱诗中，其实大多数是为了修饰诗歌和隐喻，且一般暗指战争。根据记述通常她们实际上做不了什么。

吟唱诗明显不甚提及浪漫爱情。这类诗歌的主题是战争，而非爱情。但也确实存在一些以浪漫爱情为主题的吟唱诗。在中世纪盛期的萨迦中通常会引述以爱情故事为主题的吟唱诗。许多评论者认为这些诗歌是在中世纪盛期撰写萨迦时创作的，也就是维京时代结束后的几个世纪才有的。

到了 12 世纪，爱情题材开始出现在吟唱诗中，当时很可能是受到欧洲宫廷爱情观念的影响。斯堪的纳维亚奥克尼群岛的朗瓦尔德伯爵在征战途中到访了纳博讷（Narbonne），受女伯爵埃芒加尔（Ermengard）之邀参加了宴会。埃芒加尔也以资助吟游诗人闻名。根据讲述奥克尼伯爵奇遇的萨迦，埃芒加尔与侍女一同走进大厅，手中端着金杯为朗瓦尔德奉酒。朗瓦尔德握住杯子的同时握住了她的手，还一把将她拽到自己腿上坐下。接着朗瓦尔德吟唱了一首诗：

聪明的女人，你的长发如弗洛奇（金子）一般，胜过了大多女人的美。鹰场上的支柱（手臂的支撑，指女人）让她如丝绸般金黄的秀发落在双肩；我染红了饥肠辘辘的雄鹰的双爪。[27]

然而，在吟唱诗中光有浪漫爱情显然是不够的：就算朗瓦尔德用宫廷式谄媚奉承的语气在为欧洲最受欢迎的单身女性之一致辞，血爪雄鹰也必不可少。埃芒加尔是寡妇，但她像年轻的未婚女性一样披散着长发。对于女性的浪漫赞美并非吟唱诗的典型题材，因此我们很容易认为这一诗节是受到了埃芒加尔宫廷吟唱诗兴盛之风的启发，对此朗瓦尔德在旅途中或许早有耳闻。

据说一些女性吟游诗人的诗歌保留了下来，但大多数作品的归属难以确定。[28] 有一首斯坦纽恩·瑞福斯多特尔（Steinunn Refsdóttir）于10世纪末作的两节诗，起码多半真的是她的作品。作为坚定的异教信仰者，她在基督教传教士坦格布兰德（Thangbrand）遭遇海难后写了这首诗来取笑上帝：

> 食人女妖血亲（托尔）的杀手
> 彻底粉碎了停歇中
> 钟声护卫者（教士）的野牛（船），
> 【诸神催赶着河岸边的骏马（船）】；
> 货船破碎时，
> 基督并不在意甲板上（船）的一块木板；
> 我想上帝根本难以守护
> 这于尔费*（Gylfe）的驯鹿（船）。[29]

诗节是典型的"德罗特凯威特"格律诗，有头韵和固定位置的

---

* 传说中古代瑞典的国王。——译者注

押韵，且和我们预想的一样有隐喻。诗中运用了三种不同的隐喻来表示"船"。除了作者身份外，这首诗另一个不同寻常的地方就是其并非赞颂诗。

虽然女性吟游诗人的出现已不寻常，但我们可以设想，或许会有更多女性视觉艺术家出现。然而，维京时代几乎所有的艺术创作都是匿名的，因此想要证明或推翻这一猜测便是不可能的。如同我们在第七章中所见，女性通常负责纺织工作，如织布与刺绣，这通常说明一些留存下来的纺织工艺品是女性艺术家创作的。9世纪早期，在挪威奥塞贝格随葬船中发现了一张刺绣挂毯。这艘宏伟壮观的随葬船中埋葬了两位女性，还有各种奢侈品陪葬（详见第四章）。这张挂毯保存得不是很好，但显然这是一条又长又窄（20~23厘米宽）的条形毯，多半是用来挂在墙上的，由染了不同颜色——主要是红、黄、黑三种——的羊毛所制。

奥塞贝格挂毯上描绘了两列马匹组成的队列，马尾交缠在一起。三匹马拉着车，车上坐着两个人，显然是两位女士。有学者猜想车上的这两位女士是否代表奥塞贝格随葬船中埋葬的两位墓主（载着一车的陪葬品），又或者这张挂毯是专为描绘随葬队列而制。挂毯上的队列中还有许多男人和女人随队前进。女人们穿着曳地长裙和斗篷，其中一些与许多男人一样手持长矛。她们的头发里似乎塞了会让头发隆起的发饰。[30]

从她们的穿着打扮来看，奥塞贝格挂毯上的这些女人会让人想到那些迎接被杀死的勇士的亡魂进入瓦尔哈拉殿堂的瓦尔基里，就像哥特兰岛图画石上的那样。在哥特兰岛的图画石上，许多女人的头发没有用发饰挽起来而是披散着，就像传闻中朗瓦尔德在纳博讷拜访埃芒加尔时那样。图画石上的瓦尔基里为阵亡的勇士上菜奉酒，她们之所以长发披肩或许带有性暗示。图画石上的一些女人手中拿着饮酒用的兽角，在比尔卡发现的一个小的银质女人塑像也做出同样的动作，可以解读成瓦尔基里在为抵达瓦尔哈拉殿堂的勇士奉酒。勇士通常骑马而来。有时他们会骑着八条腿的马，因为他们很重要，所以瓦尔哈拉殿堂的统治者奥丁才会将自己八条腿的坐骑斯莱普内尔（Sleipner）派去接他们。像这样的图画石上通常还有船。至少可能维京时代的人们会认为逝者只有乘船才能去往瓦尔哈拉殿堂。哥特兰岛四面环水，因此岛上的人需要乘船才能出行。人们相信去往瓦尔哈拉殿堂的路途要跨越海洋，这一点也能够解释为何维京时代如此多的人都埋葬在船中，这其中包括奥塞贝格船中的两位女性，科克斯塔德长船中埋葬的战死于沙场的领主及许多旺代（Vendel）和瓦尔斯加尔德墓中的勇士。

但只有哥特兰岛上发现的这些图画石上有大量叙述故事的系列图画。有时，我们可以辨识出上面的叙事图像。比如，有两块保存并不完整的图画石上就有一条大蛇或龙，旁边有人，描绘的是"屠龙者"西格德的故事。根据冰岛诗集和中世纪盛期的文本如《沃尔松格萨迦》（*Saga of the Volsungs*）所述，西格德与巨龙法夫纳（Fafnir）斗争并将其杀死。理查德·瓦格纳在自己的歌剧作品《西格弗里德》（*Siegfried*）中重新讲述了这个故事。其他描绘这一故事的图案出现在瑞典的两块如尼石刻以及挪威一扇木质教堂大门上。

兰姆桑德斯比尔盖特（Ramsundsberget）崖面石刻以其雅致的非写实的系列图画而闻名。主画面由三条蛇构成，其中一条身上刻有如尼文字（非常单调的标准纪念语）。西格德在主画面之外，正尽力用他手中的剑刺其中一条蛇（法夫纳）的软下腹。故事中其他各种各样的意象也出现在画面中。西格德在火上炙烤了龙之心，并将拇指放到嘴里。根据故事的叙述，在检查龙之心熟没熟时，他烫伤了自己，而在他将手指放进嘴里舒缓冷却时，偶然间喝到了龙血。因此，他有了可以读懂树上刻下的鸟语的能力。鸟儿们及时告诉了他，他的养父铁匠雷因（Regin）打算杀了他以偷取巨龙的宝藏。西格德知道后杀了雷因。雷因死时，头没了，向左侧躺着，身边是他打铁的工具：铁锤、皮条、风箱和铁砧。图中还展现了西格德的马格拉尼（Grani）满载着巨龙宝藏的画面。[31]

西格德和巨龙很容易辨认，但哥特兰岛图画石上的其他图案却难以解读。显然，这些图案是叙述故事的图画或系列图画，但除此外上面讲的故事不为人知。石头上这三个来自萨达（Sada）的人是谁？他们手里拿着不同的东西：显然第一个人一手拿着长矛，另一只手拿着被认为是镰刀或者火把的东西。他们是不是奥丁、托尔和弗雷三位神祇？或者他们三位是在划分新购买的大量土地？他们正后方的圆圈是什么？圆圈下方看起来像火的又是什么？[32] 如果我们知道更多维京时代斯堪的纳维亚地区流传的这些事，或许就能更好地理解这块图画石及其他图画石上描绘的画面。

毫无疑问，这些图画石可以证明，与其他时期有着不同文化的民族一样，维京时代的斯堪的纳维亚人也讲故事。令我们感到庆幸的是由于这些故事在中世纪盛期被记录在羊皮卷上，至少我们还能

瑞典兰姆桑德斯比尔盖特一处崖面石刻生动地描绘了神话故事英雄西格德中的场景。巨龙法夫纳呈条带状，上面刻写着如尼文字，可以看到西格德正在刺巨龙的软下腹。之后，他炙烤了法夫纳的心，就在那时他吞进了巨龙之血，突然间能理解鸟语。鸟儿警告了西格德其养父铁匠雷因的企图，于是西格德杀死了他。当时，西格德的马格拉尼就立在他身旁。技艺精湛的艺术家用精巧的工艺描绘了许多故事。照片由本特·艾·伦德伯格（Bengt A. Lundberg）拍摄（图片来源：瑞典国家遗产委员会）

读到一些他们的故事。那时记录的故事一定发生了些许变化，或许就在记录的过程中，但这各式各样讲述西格德故事的图画石之考古发现，至少表明了故事的主要元素没有变。

我们刚讨论的这些图画是写实的叙事风格的作品。但维京时代斯堪的纳维亚的大多数艺术作品都是装饰性和象征性的。女士长裙上别的胸针，领主马匹上华丽的笼头和马具，还有像杯子、风标甚至行船用的复杂精细的装饰等各种各样的实用品，都是技艺精湛的艺术家和手工艺人倾尽全力制造的。"奥塞贝格号"的龙骨全部由雕刻图案覆盖，在日德兰半岛马门发现的铁斧斧刃上满是银丝镶嵌的图画。带有复杂装饰的铸铜搭扣和胸针也很常见。维京时代时兴以不同材料、不同颜色、留白与装饰形成反差。同一件珠宝首饰或其他物件可能会采用多种材料，运用多项技巧才能制造出各不相同的视觉效果。乌金、玻璃、油漆、金、银、铜、铁及其他材料可任意组合以达到预期的光泽效果。

自维京时代之前一直到维京时代结束，不断出现的兽形主题一直在斯堪的纳维亚及其他北欧装饰艺术中占主导地位。似乎相同的兽形图案会在不断变化的艺术成品与艺术表现形式中重复出现。可能最初是受到罗马艺术的启发；提及此最先想到的是狮和马，但在维京时代或许将其想成龙才说得通，毕竟很难想象这些图案展现的是同时期亲历者见到的哪种动物。这一意象历经数十乃至数百年的变化发展，有了其不同的特色，形成了艺术历史学家谈论的一系列风格。每种风格通常以目前发现的具有代表性的著名物件来命名：奥塞贝格、博勒（Borre）、耶灵、马门、灵厄里克（Ringerike）及厄尔内斯（Urnes）。区分不同物件的风格便能追溯该物件出现的确切时间："讲述西格德神话故事的兰姆桑德斯比尔盖特石刻上的蛇头和蛇尾是典型的灵厄里克卷须风格。"这意味着该石刻很可能是 11 世纪上半叶的作品。[33]

在风格形成的过程中，兽形图饰时大时小。最开始是强壮精悍，看起来像狮子；接着变得纤瘦、细长、弯曲有致，就像一只丑化了的灵猩——简而言之，它全速向前，之后又停了下来；颈上的鬣毛时多时少，嘴旁的垂肉也是如此；腿上长满毛须，最后脱落，又长出新的。有的扭打在一起,有的看起来冷静优雅。这一北欧装饰艺术中典型的兽形图饰在数百年间不断变形转换,直到12世纪后被新的欧洲风格和图饰替代乃至最终消失。[34]

最著名的兽形图饰之一是"奥塞贝格号"船头和船尾吃水线上方装饰华丽的兽形图饰,清晰凸起,一行行整齐排列着。该船是在815—820年间建造及装饰的,在834年被埋葬在一处巨大的墓冢里,墓冢将船保护得很好。橡木上雕刻的动物非常相似,只有细节上略有不同。它们头小眼大,身体细长而弯曲有致。身体上有两个心形的洞,这样整个动物便呈现出数字8的样子,头(带鬣毛)、尾和腿向外伸出来交错在一起,有的会伸进离得最近的心形洞里。身体由线条和其他几何图案构成。

公元957年之后到11世纪之前,包含1.8千克黄金和2.9千克白银的一笔巨大宝藏被埋在瑞典东部埃瑞克斯托普(Erikstorp)某地。其中包括330枚铸币,大部分是895—957年间的阿拉伯银币迪拉姆,如此可追溯该宝藏出现的时间。有趣的是,其中还有一套完整的女性服饰珠宝。7个金臂环中有6个由两条粗金链缠绕而成,尾端还打了漂亮的结。尾结交错穿过两枚矩形胸针以固定之,胸针上有通常意义上的环链,每条环链上各有一个常见的兽形图案,"丝带般的身体,扭动的臀,腿与身交错在一起,带着鬣毛"。[35]由于这是一对胸针,因而有人认为是用来系女士衬裙的。虽然常见的做此用途的胸针都是椭圆形的,而非矩形。经艺术历史学家鉴定,这对胸针的装饰属耶灵风格。

宝藏中还有银链,有些可能是挂在两枚胸针之间的。许多阿拉伯铸币上都有小孔,而且有个上面还带着一个小环。这些铸币或许此前都是挂在链子上的，旁边可能悬挂着宝藏中发现的锤形吊坠。吊坠是银质的，但上面有金线勾出的各式线圈。黄金与白银搭配是典型的维京时代的装饰。

埃瑞克斯托普宝藏中还有一枚纯金的圆形胸针，可能是用来系斗篷。上面用金银线勾画了三只动物。它们咬着中心环，四肢交错在一起。想要制作这样的首饰，金匠首先要制成基本模型，接着将金银丝制成的纹路（或弦）焊在上面。值得注意的是，用于制作该胸针的模具是在距离埃瑞克斯托普西南数百英里的海泽比发现的。由此可知，这件首饰是在这座堪称手艺人之乡的大城镇制作的，这些手艺人中就有金匠。由于此宝库中其他首饰的装饰与这圆形胸针相似，因此它们很可能出自同一个地方，甚至可能出自同一家作坊。显然海泽比是技艺精湛的金匠聚集的中心，他们在这里制作运往斯堪的纳维亚全境的精致珠宝（及其他）。[36]

在埃瑞克斯托普的首饰上，做装饰的动物通常呈瘦长的条带状，虽然看起来结实强壮。百年后，其模样变得异常窄长，看起来似乎环绕着绚丽夺目的光芒，四肢交错，卷须分明。转移至斯德哥尔摩斯堪森露天博物馆的如尼石刻上就有这样的图案，每年都会有数十万游客到此参观。[37] 这块石刻起初竖立在由乌普萨拉向西的古老干道旁的奥尔斯塔（Ölsta）。这条路就是所谓的埃里克之路（Erikgata）*，至少到了后来的中世纪时期，瑞典国王就是在这条路上从一个省到另一个省逐一赢得人们认可的。动物的身体盘绕在圆润石头曲面的边缘，上面刻有如尼文字。石刻中间，其颈绕过后腿，

---

* 中世纪时，新上任的瑞典国王需要访问所有重要省份，目的是为了得到当地政府的认可。埃里克之路就是穿过这些省份的一条路。——译者注

咬着自己的颈部。可以看到头部轮廓，它有着长长的眼、些许鬣毛和小小的厚唇。与许多有着小头小眼看着像小蛇的动物缠绕在一起。整个图案给人一种繁复的动态美。这块如尼石刻属厄尔内斯风格，该风格以挪威一座木雕教堂的大门来命名。其上刻有一些与教堂大门图案相似的动物，甚至更为细腻灵动。

奥尔斯塔的如尼石刻在现代以推测的原有颜色重新上了色，该石刻是如尼文大师阿斯蒙德·凯瑞森（Åsmund Kåresson）的作品，上面有大师的签名 *Åsmundr hjó*。阿斯蒙德·凯瑞森以刻写过 20 多块如尼石刻而为人们熟知，这些石刻就在现今斯德哥尔摩北部的乌普兰地区。他是位技艺精湛的石刻者，以精致的装饰与规范的文体闻名。这块石刻由四兄弟姊妹霍尔米蒂斯（Holmdis）和她的三个兄弟——比约恩、贡纳（Gunnar）和奥杜尔夫（Audulf）所立，以纪念他们的父亲伍尔夫，即"金尼罗格（Ginnlög）的丈夫"。我们只能猜测他们为何会选择以这样间接的方式来纪念母亲，但我们该庆幸他们这样做了，因为这样我们才有可能知道他们家所有人的名字。

艺术与文字在维京时代的斯堪的纳维亚发挥了重要作用。总而言之，留存下来的诗歌与艺术都是为社会上层创作的，但也有为不太富裕的阶层创作的较为简单的作品。保存下来的定然仅是冰山一角，大多已然流失。例如，我们对维京时代斯堪的纳维亚的音乐几乎一无所知，但一千年前斯堪的纳维亚人一定在领主的大厅或其他地方聆听享受着音乐。尽管如此，留存的诗歌、具有代表性的装饰艺术和故事让我们也了解到维京时代并非只有与劫掠和战利品有关的内容。斯堪的纳维亚人对美有鉴赏力，懂得欣赏诗歌，形成了与欧洲其他国家和地区不同的独具特色的艺术与文学风格。在维京时代，斯堪的纳维亚在这些人类努力耕耘的领域均形成了独特的风格。到了11和12世纪，古老的本地风格慢慢由罗马艺术和浪漫主义文学所替代，斯堪的纳维亚选择了融入欧洲。

第十章

后记：维京时代的终结

1066年9月25日，挪威国王"无情者"哈拉尔·西居尔松带领自己的军队在近英格兰约克的斯坦福桥与英格兰国王哈罗德·戈德温森（Harold Godwineson）带领的军队战斗。战争局势对挪威人不利，因而哈拉尔试图树立自己英勇果敢的形象来集结军队。他"双手紧握剑，左刺右劈。他……杀人众多，扫清前路……双臂染血，披风斩棘，迈向敌人，不畏火光剑影"。这位拜占庭帝王护卫队的老指挥官，西西里岛战役的英雄，参与诸多斯堪的纳维亚陆路及海上战役的战士最后一次展现出自己的英雄气概。突然，一柄英格兰人的长矛刺穿了哈拉尔的喉咙。他倒下了，躺在地上大口大口地吐着鲜血。"那对他而言是致命伤。"古北欧语史册《莫金斯吉那》（*Morkinskinna*）*淡淡地一笔带过。他手下的勇士勇猛地战斗，如同他们在蜂蜜酒大厅曾向敬爱的领主许下诺言那般，然而一切终是徒劳。英格兰赢了，到了傍晚，满地都是斯堪的纳维亚人的尸首。[1]

斯坦福桥战役恰巧成了维京时代的尾声。"无情者"哈拉尔想

---

* 讲述古代北欧国王传奇故事的史册。——译者注

要追随半世纪前曾征服过英格兰的"八字胡"斯韦恩与克努特大帝的步伐,但不曾想自己竟在西欧最后一场主要的维京战役中倒下了。国王哈罗德·戈德温森率领军队出现在约克郡,肯定是从伦敦出发后快速行军而来,比哈拉尔料想的要来得早一些,这让他有些措手不及。战斗刚结束,英格兰人就不得不再次向南行进,因为诺曼底公爵威廉已然带着军队入侵。威廉公爵得到了英格兰,且由于其仅在三周后便于黑斯廷斯(Hastings)击败了哈罗德·戈德温森和筋疲力尽的英格兰军队,因而获得了"征服者"的称号。威廉将10世纪早期定居在诺曼底的维京人认作自己的祖先,虽然他的家族在法国西北部生活了一个多世纪之后已彻底融入了法国文化。[2] 正是这位法国统治者而非维京人于1066年占领了英格兰。

11世纪晚期维京人停止攻击西欧的原因有二:一是防御措施让劫掠变得更加困难,风险更大;二是留守在斯堪的纳维亚的国王再也无法容忍维京抢掠,想要将国民的这股旺盛的攻击力转移到别处,特别是东方。

"无情者"哈拉尔悔不当初,劫掠西欧太危险,本不该去。历经近三个世纪频繁的维京人袭击,不列颠群岛及大陆上的王国已经知道该如何自我防御了。11世纪时,每位国王都会确保自己掌控着军事装备,以及定期的税收、罚金、其他费用和类似的封建徭役。为了应对维京人袭击,中世纪欧洲国家在这些方面至少部分有所加强。我们可以尤为明显地看到英格兰是如何应对的。1066年后,斯堪的纳维亚人依旧威胁着"征服者"威廉在英格兰的统治,最严重的时候丹麦国王斯韦恩·埃斯特里德松曾与古盎格鲁-撒克逊王室家族的王子埃德加(Edgar)联盟,于1069年一同侵袭了诺森布里亚，并成功占领了约克城，虽然只是暂时的。威廉带着军队进城时，斯韦恩逃走了。为了更好地保卫国家抵御侵略，包括维京人的入侵，威廉拓宽了英格兰的军事及行政职能。威廉于1066年在黑斯廷斯取胜后，作为胜利者的他征收了大量土地，他将一些土地分给忠诚的追随者，作为回报，追随者允诺如有军事需要会贡献出一定数量全副武装的骑士。他关注扩大国库收入，并将王国的各项资源详细地记录在《末日审判书》* 中。因此威廉成功积累了抵抗所有威胁，尤其是维京劫掠的防御力量，这意味着任何想要开战的斯堪的纳维亚战士动手前都得三思而后行。维京劫掠的危险性和代价因而变得更高。11世纪晚期，英格兰或许就是通过完善组织抵御维京人的强大欧洲王国中的最佳代表，虽然西欧的其他国家也经历着相似的变化发展。维京人在9、10世纪精明地利用了大多数欧洲国家防御薄弱这一缺陷。但到了11世纪末，他们再也找不到可乘之机了。

与此同时，家乡斯堪的纳维亚的其他变化也让维京人无法再出航探险。[3] 如我们所知，公元1000年左右，斯堪的纳维亚的三个王国相继创立，各由一位国王统治。国王可能没有实力与其他的领主竞争角逐，但他需要控制国内暴力，确保角逐者无法集结强大的军事力量来与他抗争。斯堪的纳维亚真正有实力的政权出现在数百年之后，但我们可以在维京时代晚期看到这一过程的萌芽，比如国王"蓝牙王"哈拉尔在丹麦全境构建军事营地网时。虽然数年后这些军事营地在其子斯韦恩反叛时没能帮他保住政权，但哈拉尔确实为维护丹麦各地区的统一奠定了基础。在接下来的几个世纪中，来自哈

---

* 其正式名称应是《土地赋税调查书》或《温彻斯特书》，又称"最终税册"。是英王威廉一世（"征服者"）下令对全国土地调查情况做的汇编。——译者注

拉尔家族的统治者将统一丹麦，这说明在权力角逐中王室血统已变得比军事实力更加重要了。

但这并不是说斯堪的纳维亚人变得平和，或是不再战斗、抢掠了。他们只是将激情和活力转移到其他地方，而且用了一些新方式来构建他们的事业。斯堪的纳维亚的国王们自己组织了武装袭击，主要针对的是波罗的海南岸和东岸沿岸的居民。斯坦福桥战役之后的几个世纪，瑞典国王和丹麦国王袭击了芬兰、爱沙尼亚、俄罗斯及当时住在今德国东北部的斯拉夫人。俄国一部史册记述了1142年一位瑞典统治者如何与主教一起带领60艘船的勇士袭击诺夫哥罗德。瑞典人在随后的战斗中失败了，约150人丧命于此。[4] 更值得一提的是，1168年，丹麦国王瓦尔德马尔一世征服了文德人，即住在波罗的海南岸的斯拉夫人的公国。1219年，其子瓦尔德马尔二世入侵爱沙尼亚。教皇何诺三世（Honorius III）给予瓦尔德马尔及其勇士讨伐特权以制约波罗的海东部异教徒的军事发展。这样的战争让斯堪的纳维亚的国王们可获得劫掠的财物和战利品，与此同时他们也努力扩大自己王国的地域范围。其间，挪威国王不断向北扩张统治，统治范围沿着大西洋海岸扩张直至北大西洋的岛屿。国王"光腿"马格努斯（1093—1103年在位）控制了马恩岛、赫布里底群岛和奥克尼群岛。13世纪60年代早期，国王哈康·哈孔松（1217—1263年在位）迫使格陵兰岛及冰岛的居民承认其统治者的身份，并向其缴纳赋税。如此，斯堪的纳维亚的国王继续抢掠、收纳贡金，最终征服其他地区，不再只针对西欧。斯堪的纳维亚国王的作为更像查理曼，反倒不太像海盗和维京强盗了。[5]

这些事业将王国之外的财富带给斯堪的纳维亚的国王们，但他们也越来越依赖从国内居民那里获得的收入，尤其是税收和罚金。在这一点上，教会需要征收什一税（缴纳收入的十分之一），并提供税收方式的范例，也为制定和管理征税制度提供了相关的经验。就像英格兰的兵役税，从居民那里得来的税金起初是用于自我保护与防御的——被认为用来代替个人的防卫职责——但这些资金很快就成了斯堪的纳维亚新兴王国各项需求的周转金，尤其是用于满足国王组建强大军队的需求。[6] 由此看来，北方的新兴王国走了与欧洲其他地方的发展变化相似的道路。在中世纪盛期（约 1000—1300 年），欧洲其他地区的国王就是通过创设这样复杂的征税及收费名目扩大了自己王国的财政基础。

中世纪的斯堪的纳维亚国王重塑司法行政体系，创设了罚款这一重要收入来源。然而，旧的司法行政是通过当地社区和集会进行的自救或仲裁过程，称为"事件"。国王一旦宣布一些罪行是有悖于上帝和社会的极大恶行，那么违反者就必须受到王室司法审判与制裁。这些罪行包括拦路抢劫、强奸、违背伦理引诱妇女、实施巫术及情节特别严重的谋杀。罪犯会失去法律保护，可依法被任何人杀死，但他们也可以向国王缴纳重金罚款以换取自由。这样罚款便成了斯堪的纳维亚国王们的一个重要收入来源。

从维京时代末到 13 世纪末的这段时间，斯堪的纳维亚的三个王国均处于政治混乱期，权力角逐几乎从未间断，但还是以王族内斗为主。例如，国王斯韦恩·埃斯特里德松的 5 个儿子都当过丹麦国王，其中几人还在兄弟争斗中丧生。克努特就是其中之一，于 1086 年欧奥登塞（Odense）的圣奥尔本斯教堂被杀，当时他在那里避难。死后，他被奉为圣人和殉道者。瑞典和挪威有许多人像这样被残忍杀害后成为王室圣人，比如圣埃里克（逝于1160年）和圣奥拉夫·哈拉尔德松（逝于1030年），如此便为王室家族和王权增添了神圣光环。到了13世纪，斯堪的纳维亚的国王们才算稳住了政权。据同时期的史册记载，1286年丹麦国王埃里克五世"被手下"杀害。他是中世纪最后一个被谋杀的斯堪的纳维亚国王，算是为诸多国王被残忍杀害这一状况画上了句号。[7]坐在王位上的国王更加安全了。

作战方式的变化使得与安坐王位上的国王抗争变得更加困难。维京时代斯堪的纳维亚的战斗主要发生在满载勇士的长船上。许多著名的战役，从哈伏斯峡湾之战到斯伏尔德战役以及其他战役，都发生在船上。1134年，埃里克·埃蒙尼（Erik Emune）在斯堪尼亚弗特毕格（Fotebig）那场陆战中击败了自己的叔父国王尼尔斯（Niels）。埃里克招募了一支重装骑兵帮自己赢得王冠。骑兵将是未来斯堪的纳维亚王国武装部队的主力，此外还有用石头建造的城堡式的军事据点。埃里克在德意志雇用了这支重装骑兵——昂贵的费用要求王国要有稳健的财政和稳定的税收。在这几个世纪中，税收负担加重，但国王对那些能为王国骑兵部队提供勇士的人也开始适当降低税金并提供一些其他优待。这一举措是斯堪的纳维亚贵族形成的基础，他们通过提供军事服务而获得免税权。

军队是中世纪斯堪的纳维亚王国的主要基石之一。另一块基石是至少从1164年开始确立地位的国内教会，此时瑞典继丹麦和挪威之后终于拥有了自己的乌普萨拉大主教区。当地教会与国王有密切的同盟关系，为当局提供了大量巩固世袭君主制的治理经验与思想理念。国王们支持教会，为大教堂、教堂和修道院大量捐赠土地。教会与国家的联盟显而易见，而为王室加冕也成了宗教仪式。第一次加冕仪式在1163或1164年举行，特隆赫姆大主教埃斯泰因（Eystein）为还是孩子的国王马格努斯·埃尔林松（Magnus Erlingsson）加冕。与其母克莉丝汀（Kristin）不同，马格努斯不是国王子嗣，这大概也解释了为何他【或者更确切地说，是真正的统治者其父埃尔林·斯卡克（Erling Skakke）伯爵】要向教会寻求帮助以支持其统治。作为回报，在卑尔根的仪式上，马格努斯宣誓对教皇和教会保持忠诚和服从，做一个公平的统治者——而这符合当时教会对于王权的期待。[8]

所有的发展变化都围绕着一个共同的主题——帮助斯堪的纳维亚成为与欧洲大陆其他地区一样的欧洲地区，虽然相比而言斯堪的纳维亚更冷条件更差。

在维京时代，斯堪的纳维亚人开发了新的军事战术。他们的快船使得突袭成为可能，也让他们从此恶名昭彰，令人闻风丧胆。他们开创了诸多新的商贸路线，尤其是那些贯穿东欧的路线。他们在那里和大西洋的西边建立了新的定居点。他们发展自己的文学和艺术美学及异教神话，这些与同时期欧洲的理想典范形成了鲜明对比。只要能继续，斯堪的纳维亚就会遵循自己的道路前行。到了维京时代末期，斯坦福桥战役上渡鸦啄食国王哈拉尔血淋淋尸首的恐怖画面已经变得微不足道了，无法再引起人们的关注。历史上属于维京人的独特时期走到最后时，新的时代已真正到来。斯堪的纳维亚人转而选择了加入欧洲，接受基督教思想和其他观念，接纳欧洲的艺术思想、军事战术及贸易模式。当斯堪的纳维亚人成为国王的臣民和普世教会的信徒时，他们便不再是维京人了。维京时代至此就落下了帷幕。

拓展文献

有关维京时代的文献十分丰富。在斯特凡·布林克（Stefan Brink）与尼尔·普赖斯（Neil Price）合作编著的《维京世界》（*The Viking World*，2008）一书中，可以找到一项最近的关于维京时代研究状况的调查，里面包括详细的参考文献书目以及约 80 位专家的短篇专题论文。彼得·索耶（Peter Sawyer）编著的《牛津维京人历史图解》（*The Oxford Illustrated History of the Vikings*，1997）一书中有许多优秀的论文和极具吸引力的图解，虽然有些旧，但依然非常有用。在诸多关于维京人的论著中，作者埃尔丝·罗斯达尔（Else Roesdahl）独自撰写的《维京人》（*The Vikings*，1998 年第 2 版）一书以其严密的调研尤其是考古方面的详细调查脱颖而出。非常感谢格温·琼斯（Gwyn Jones）在《维京人历史》（*A History of the Vikings*，1968）一书中对劫掠和定居点内容全面详细的注解，以及 F. 唐纳德·洛（F. Donald Logan）在《历史上的维京人》（*The Vikings in History*，2005 年第 3 版）一书中同样详细的描述。克努特·赫勒（Knut Helle）编著的《剑桥斯堪的纳维亚史》（*Cambridge History of Scandinavia*，2007）一书中的前几章从斯堪的纳维亚的角度对维京时代进行了概述。比吉特·索耶（Birgit Sawyer）和彼得·索耶合著的《中世纪斯堪的纳维亚：从改宗到宗教改革，约 800—1500 年》(*Medieval Scandinavia: From Conversion to Reformation, circa 800–1500*，1993) 以及斯韦勒·巴格 (Sverre Bagge) 所著的《十字架与权杖：斯堪的纳维亚王国的崛起，从维京人到宗教改革》(*Cross and Scepter: The Rise of the Scandinavian Kingdoms from the Vikings to the Reformation*，2014) 这两本书都对中世纪斯堪的纳维亚的历史有着较为完整的概述。P. H. 索耶 (P. H. Sawyer) 的《维京史》(*The Age of the Vikings*，1962 年出版，1971 年第 2 版) 一书仍非常值得一读。这本书通过在历史背景中探讨劫掠与定居问题，并谨慎地把钱币作为论述的线索，将作者对维京时代的研究呈现给现代人。

安格斯·A. 萨默维尔 (Angus A. Somerville) 和 R. 安德鲁·麦克唐纳 (R. Andrew MacDonald) 合编的《维京时代：读本》(2010) 里收集了相关文献资料，但没有对当代及中世纪盛期的文学论著做明显区分。在《英格兰历史文件》前两卷的译文中有许多文献都涉及了英格兰（包括《盎格鲁－撒克逊编年史》和《马尔顿之战》），第一卷（时间跨度约为 500—1042 年）由多萝西·怀特洛克 (Dorothy Whitelock) 编辑（1979 年第 2 版），第二卷（时间跨度约为 1042—1189 年）由乔治·W. 格里纳韦 (George W. Greenaway) 编辑（1981 年第 2 版）。这些合集虽然主要对许多有关维京劫掠的欧洲文献做摘录，但也包含一些最重要文献的完整英文版。在逐年增多的诸多引述中特别有用的包括伯恩哈德·W. 肖尔茨 (Bernhard W. Scholz) 与芭芭拉·罗杰斯 (Barbara Rogers) 的《加洛林编年史：皇家法兰克志及尼塔尔的历史》(*Carolingian Chronicles: Royal Frankish Annals and Nithard's Histories*，1970)；珍妮特·纳尔逊（Janet Nelson）的《圣贝尔坦编年史》（*The Annals of St-Bertin*，1991）；蒂莫西·罗伊特（Timothy Reuter）的《富尔达编年史》（*The Annals of Fulda*，1992）；迈克尔·斯旺顿（Michael Swanton）的《盎格鲁－撒克逊编年史》（*The Anglo-Saxon Chronicle*，1996）；西蒙·凯恩斯（Simon Keynes）和迈克尔·拉皮奇（Michael Lapidge）的《阿尔弗雷德大帝：阿瑟尔所述"阿尔弗雷德的一生"及其他当代文献》（*Alfred the Great: Asser's "Life of Alfred" and Other Contemporary Sources*，1983）；西恩·马克·艾尔特（Sean Mac Airt）的《英尼斯法伦罗林森女士的编年史》（*The Annals of Innisfallen MS. Rawlinson B 503,* 1951）；西恩·马克·艾尔特和吉尔洛伊德·马克·尼科尔（Gearóid Mac Niocaill）的《阿尔斯特编年史》【*The Annals of Ulster（to A.D. 1131）*，1983】；塞缪尔·哈泽德·克罗斯（Samuel Hazzard Cross）和奥乐吉尔德·P.舍伯维茨－韦佐尔（Olgerd P. Sherbowitz-Wetzor）的《往年纪事：劳伦特本》（*The Russian Primary Chronicle: Laurentian Text*，1973）；由不来梅的亚当撰写、弗朗西斯·约瑟夫·舍（Francis J. Tschan）和蒂莫西·罗伊特合译的《汉堡－不来梅大主教的历史》（*History of the Archbishops of Hamburg-Bremen*，2002年第2版）。

西蒙·库普兰（Simon Coupland）所著《中世纪早期的欧洲7》（*Early Medieval Europe 7*，1998）一书"从偷猎者到庄园看守人：斯堪的纳维亚军事首领与加洛林国王"这一章节中包含有关杜里斯特的留里克与其西方同伴的一些内容。西蒙·富兰克林（Simon Franklin）和乔纳森·谢泼德（Jonathan Shepard）的《罗斯人的出现，750—1200》（*The Emergence of Rus*）一书中有对留里克权衡选择的记述。道恩·M.哈德利（D. M. Hadley）的《维京人在英格兰：定居、社会与文化》(The Vikings in England: Settlement, Society and Culture，2006）一书中有对丹麦区及英格兰其他地方北欧人定居点的最新分析。本杰明·哈德森（Benjamin Hudson）的《维京海盗和基督教君主：王朝、宗教与北大西洋帝国》(Viking Pirates and Christian Princes: Dynasty, Religion, and Empire in the North Atlantic，2005）一书中讲述了不列颠群岛上一些斯堪的纳维亚统治者的故事。蒂莫西·博尔顿（Timothy Bolton）的《克努特大帝的帝国：11世纪早期北欧权力的征服与巩固》(The Empire of Cnut the Great: Conquest and the Consolidation of Power in Northern Europe in the Early Eleventh Century，2009）一书中包括国王克努特的最新传记。戴维·贝茨（David Bates）《1066年前的诺曼底》(Normandy before 1066，1982）一书中很好地讲述了诺曼底早期的历史。威廉·W.菲茨休（William W. Fitzhugh）与伊丽莎白·沃德（Elizabeth I. Ward）编著的《维京人：北大西洋传奇故事》(Vikings: The North Atlantic Saga，2000）一书中提到了那些移民到格陵兰岛和北美洲的斯堪的纳维亚人的故事。基内瓦·孔兹（Keneva Kunz）翻译的《文兰萨迦：首次跨越北大西洋航行的冰岛萨迦》(The Vinland Sagas: The Icelandic Sagas about the First Documented Voyages across the North Atlantic，2008）一书中则讲述了有关这些中世纪移民者的传奇故事。

朱迪思·杰什（Judith Jesch）的《维京时代晚期的船与水手：如尼刻文词汇与吟唱诗》(Ships and Men in the Late Viking Age: The Vocabulary of Runic Inscriptions and Skaldic Verse，2001）系统地讲解了维京时代斯堪的纳维亚文献中出现的有关船的词汇，亦

讲述了维京船只的历史。致力于维京船只研究的主要机构是位于丹麦罗斯基勒的维京船博物馆。博物馆以及工作人员出版了许多关于维京船的书籍和画册，还提供了资源丰富的网站 http://www.vikingeskibsmuseet.dk/en/。较著名的是奥利·克拉姆林－佩得森（Ole Crumlin-Pedersen）的《维京时代的船与海泽比/海特哈布及石勒苏益格的造船业》(*Viking-Age Ships and Ship-building in Hedeby/Haithabu and Schleswig*, 1997）一书。伊本法德兰的记述可以在理查德·弗赖伊（Richard N. Frye）的英文记述《伊本法德兰的俄罗斯之行：10世纪旅者从巴格达到伏尔加河》(*Ibn Fadlan's Journey to Russia: A Tenth-Century Traveler from Baghdad to the Volga River*, 2005）及保罗·伦德（Paul Lunde）与卡罗琳·斯通（Caroline Stone）译的《伊本法德兰与黑暗之地：阿拉伯旅者在远北》(*Ibn Fadlan and the Land of Darkness: Arab Travellers in the Far North*, 2012）中找到，此中也有许多关于北方历史的阿拉伯文献。

海伦·克拉克（Helen Clarke）和比约恩·安布罗西尼（Björn Ambrosiani）的《维京时代的城镇》(*Towns in the Viking Age*, 1991）一书从考古学角度考察研究了北欧的贸易中心。珍妮特·马丁（Janet Martin）的《黑暗之地的宝藏：毛皮贸易与其对中世纪俄罗斯的重要意义》(*Treasure of the Land of Darkness: The Fur Trade and Its Significance for Medieval Russia*, 1986）一书中较为详尽地探讨了维京时代及其之后俄罗斯的毛皮贸易。亚拉恩·弗赫斯特（Adriaan Verhulst）的《加洛林王朝的经济》(*The Carolingian Economy*, 2002）一书则是维京时期经济史研究的基础。

诺拉·贝伦德（Nora Berend）编著的《基督教化与基督教君

主制的崛起：斯堪的纳维亚、中欧以及罗斯国，约 900—1200 年》（*Christianisation and the Rise of Christian Monarchy: Scandinavia, Central Europe, and Rus', c. 900–1200*，2007）是关于欧洲外围国家形成以及基督教化的重要调研文献。斯韦勒·巴格的《从维京据点到基督教王国》（*From Viking Stronghold to Christian Kingdom*，2010）讲述了挪威地区的国家形成。

珍妮·约亨（Jenny Jochens）的《古北欧社会中的女性》（1995）和《古北欧的女性形象》（1996），以及朱迪思·杰什的《维京时代的女性》（1991）中都有对斯堪的纳维亚社会及文学中的女性的有趣探讨。基于骨骼检测对维京时期斯堪的纳维亚人身体特征进行探讨的内容可参考库尔特·布罗斯特（Kurt Brøste）、约尔根·巴尔斯列夫·约尔根森（Jørgen Balslev Jørgensen）、乌拉·隆德·汉森（Ulla Lund Hansen）和贝丽特·詹森·塞尔维尔德（Berit Jansen Sellevold）合著的《铁器时代的丹麦人》（*Iron Age Man in Denmark*，1984）一书。

在诸多关于北方神话的调研中较为著名的是加布里埃尔·特维尔－彼得（Gabriel Turville-Petre）的《北方神话与宗教：古代斯堪的纳维亚的宗教信仰》（*Myth and Religion of the North: The Religion of Ancient Scandinavia*，1964）一书。更新一些的关于北方宗教的讨论应该是托马斯·A.杜波依斯（Thomas A. DuBois）的《维京时期的北欧宗教》（*Nordic Religions in the Viking Age*，1999），以及克里斯托弗·艾布拉姆（Christopher Abram）的《北方异教神话：北欧人的诸神》（*Myths of the Pagan North: The Gods of the Norsemen*，2011）这两本书中的内容了。安德斯·温罗特的《斯堪的纳维亚的转型：北欧重塑中的维京人、商人和传教士》（*The Conversion of Scandinavia: Vikings, Merchants, and Missionaries in the Remaking of Northern Europe*，2012）主要侧重于改宗的内容，但也探讨了维京人的社会与文化。卡罗琳·拉林顿（Carolyne Larrington）的《诗歌埃达：新译本》（*The Poetic Edda: A New Translation*）2014 年第 3 版是理解斯堪的纳维亚宗教的最佳基础译本。

玛格丽特·克卢尼斯·罗斯（Margaret Clunies Ross）编辑的《中世纪斯堪的纳维亚的吟唱诗》（*Skaldic Poetry of the Scandinavian Middle Ages*）一书中详细地编辑并翻译了多卷吟唱诗歌文集。卡罗尔·J. 克洛弗（Carol J. Clover）和约翰·林多（John Lindow）的《古代北欧冰岛文学：评论指南》（*Old Norse-Icelandic Literature: A Critical Guide*）2005 年第 2 版较为全面地介绍了中世纪斯堪的纳维亚文学。斯文·B. F. 杨松（Sven B. F. Jansson）的《瑞典如尼文》（*Runes in Sweden*，1987）一书很好地介绍了如尼文及其用法。所有已知的斯堪的纳维亚如尼刻文及其英文译文都可以通过赛默诺迪斯（Samnordis）如尼文数据库找到，网址为 http://www.nordiska.uu.se/forskn/samnord.htm。詹姆斯·格雷厄姆·坎贝尔（James Graham Campbell）在《维京艺术》（2013）一书中用丰富的插图注释对中世纪早期斯堪的纳维亚的艺术进行了研究和探讨。

致谢

在这本书的写作中，我得到了许多帮助，在这里我很高兴能对曾帮助过我的人表达深深的谢意。首先，我要感谢编辑布丽吉塔·范·赖因贝格（Brigitta van Rheinberg）。她建议我写这本书，并提供了相关阅读文本和许多宝贵的建议作为支持。我的代理人加拉蒙德公司的丽萨·亚当斯（Lisa Adams）也一如既往地给予我很大的帮助。我还要特别感谢出色的文字编辑玛德琳·亚当斯（Madeleine Adams），她孜孜不倦地用细腻的文笔对本书的诸多方面改进良多。制作编辑马克·贝利斯（Mark Bellis）也以精湛的技巧为本书的出版劳心费力。

我还要感谢曾与我讨论维京历史的朋友和同事。在此要特别感谢罗伯塔·弗兰克（Roberta Frank）。我钦羡她的学识，而我与她的友情亦弥足珍贵。她读了初稿中的一部分，提出了意见。另外，她慷慨地允许我将她几乎全用古北欧语外来词写的短评以英文形式公开出版。雷·克莱门斯（Ray Clemens）与我自研究生时期便是好友，他这次对初稿深入研读，又给了我很多帮助。珍妮特·纳尔逊（Janet Nelson）、彼得·希瑟（Peter Heather）和斯韦勒·巴格通过出版社读了初稿，他们慷慨做出的学术评论也让我受益匪浅。我还想特别感谢备受敬仰的彼得·索耶，感谢他没有因此书与他1962年的开创性代表作同名而有任何异议。

我的助手吉娜·赫尔利（Gina Hurley）在收集图像信息和获取出版许可方面做出了重要贡献。我同样要感谢允许我出版图像信息的机构与个人，且要特别感谢哈坎·斯文松（Håkan Svensson）、尼古拉·加尔霍基·拉松（Nicolai Garhøj Larsson）和雷蒙德·海叶德斯特罗姆（Raymond Hejdström）。迈克尔·蒂茨恩（Michal Ditzian）以其对论证、风格及语法无可挑剔的敏感度审校了几个章节。亚历克萨·瑟弗（Alexa Selph）也一如既往地以最高的专业素养与技能整合了索引部分。

我工作的耶鲁大学也对这项工作给予了资金支持。在我撰写这本书的主要部分时，学校给了我公休假。弗雷德里克·希尔斯基金（Frederick W. Hilles Fund）支付了一部分完成初稿所需的费用。

当然，我也要感谢为我提供书籍、期刊和电子文献资源的图书馆和其他机构。尤其我要感谢世界最大的人文研究中心之一的耶鲁大学图书馆以及位于雷克雅未克的阿尔尼·玛格努森冰岛研究院。该研究院有文献资料库、丰富的手抄本以及专业研究工作人员，是研究中世纪斯堪的纳维亚史的理想处所。

此外，我的妻子约翰娜·凯特琳·弗雷斯瑞克斯多特尔（Jóhanna Katrín Friðeriksdóttir）也在诸多方面给予我帮助，阅读整份初稿并慷慨地与我分享她的意见。我的孩子耶尔玛（Hjalmar）和艾尔莎（Elsa）也不断鼓励我。我的父母汉斯·埃里克·约翰松（Hans Erik Johansson）与伊娃·温罗特（Eva Winroth）一直支持着我这个似乎有些非同寻常的职业选择，我很荣幸能将此书献给他们。

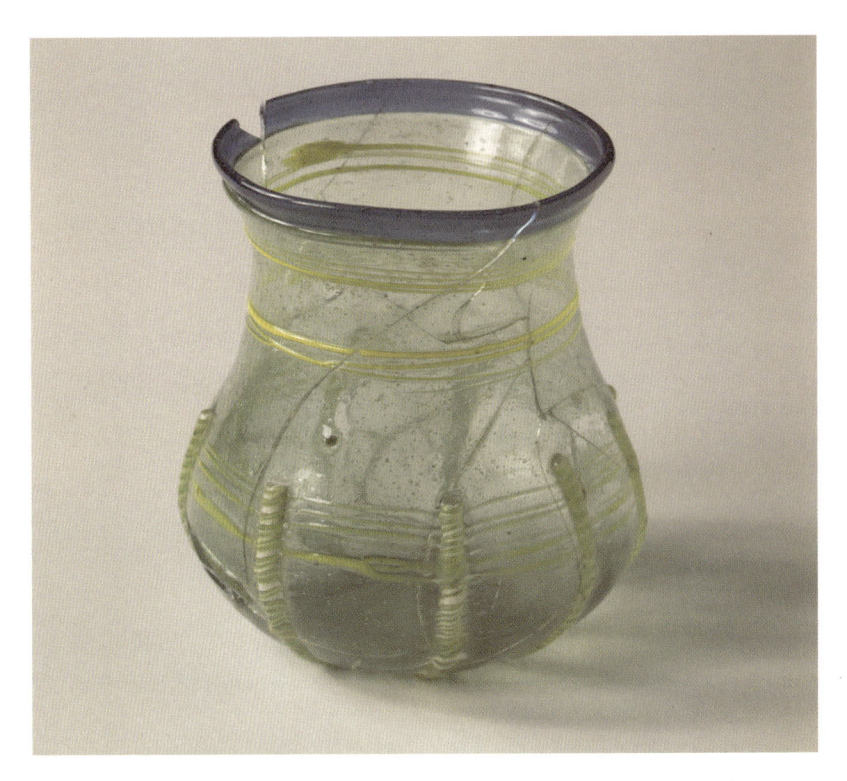

精致的彩色玻璃容器，置于最富有的领主的大厅里。这件物品保存完好，出土于瑞典比尔卡的一座墓中。照片由贡内尔·扬松（Gunnel Jansson）拍摄，由位于斯德哥尔摩的瑞典国家历史博物馆提供

瑞典比尔卡一位富人墓穴中的阿拉伯迪拉姆（银币）与玻璃游戏棋，其中有一个"国王"。照片由瑟伦·霍尔格伦（Sören Hallgren）拍摄，由位于斯德哥尔摩的瑞典国家历史博物馆提供

船在维京人的生活和想象中扮演着重要角色。在斯堪的纳维亚的乡间散布着数千由大石头摆成的船形排列。通常,船形排列与墓葬相关,可能代表将逝者带去后世世界的船。图中的船形排列出现在瑞典哥特兰岛的尤普维克(Djupvik)。照片由本特·A. 伦德伯格拍摄,由位于斯德哥尔摩的瑞典国家遗产部提供

瑞典哥特兰岛上留存了数百块图画石。其中最令人震撼的是图中的这块位于拉布罗的"斯托拉哈马斯1号"图画石，上面展示了数幅战争画面，其中一幅中还有一名女子。在最后一幅画中，巨型舰船占了大部分画面。照片由本特·A.伦德伯格拍摄，由位于斯德哥尔摩的瑞典国家遗产部提供

丹麦罗斯基勒的维京船博物馆使用中世纪造船技艺仿制了考古学家迄今发现的最大的一艘维京长船，名为"格伦达洛的海上种马"。它曾从丹麦出海到都柏林后返程，已证实了自身优越的航海性能。如今每年夏天志愿者都有机会划桨驾此船出海。照片由罗斯基勒维京船博物馆提供，经授权转载

维京领主为了加强他们与手下勇士的关系，会慷慨地送出礼物，比如用金银装饰的精美宝剑。这把造型简约优雅的嵌银宝剑出自瑞典索勒伦（Sollerön）的一座墓穴。照片由加布里埃尔·希尔德布兰拍摄，由位于斯德哥尔摩的瑞典国家历史博物馆提供

这条由 20 颗红玛瑙、20 颗无色水晶和一颗蓝色玻璃珠制成的精致珠串出自海泽比的一座墓穴。虽然无色水晶的产地可能是欧洲的某几个地方，但玛瑙应该来自高加索地区或印度。照片由位于石勒苏益格的海泽比维京博物馆提供

埃斯特里德·西格法斯多特尔是11世纪时的一名寡妇，她在瑞典萨塔靠近她家农场的地方竖起这块如尼石刻以纪念她的第一任丈夫奥斯坦。根据石刻的内容，奥斯坦是在前往耶路撒冷朝圣的路上死去的。照片由特·A.伦德伯格拍摄，由位于斯德哥尔摩的瑞典国家遗产部提供

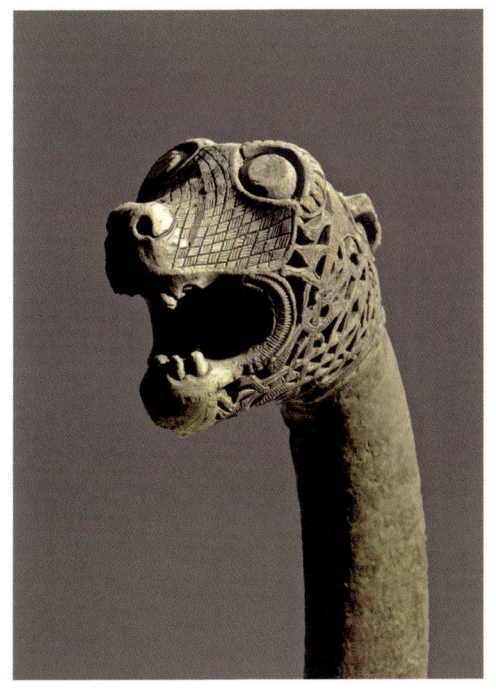

这个于19世纪在奥塞贝格一处墓穴出土的雕工精细的兽首，很可能是用来装饰椅子的，或者是某件家具的一部分。它即便用在一位强大领主的高座上，也不输气势。照片由奥斯陆大学文化历史博物馆提供，一切版权归其所有

这块位于瑞典阿尔图纳的公元 11 世纪的如尼石刻，描绘了雷神托尔一手持锤，一手用钓线捉住耶梦加德巨蟒，用力过猛大脚已踩穿船底的场景。照片由特·A. 伦德伯格拍摄，由位于斯德哥尔摩的瑞典国家遗产部提供

生育之神弗雷的雕像。据 11 世纪基督教编年史家不来梅的亚当所述,斯堪的纳维亚异教徒喜欢塑造"凸显男性特征"的弗雷像。照片由加布里埃尔·希尔德布兰拍摄,由位于斯德哥尔摩的瑞典国家历史博物馆提供

《弗拉特耶尔波克》(Flateyjarbók)是留存至今收罗古斯堪的纳维亚故事的最伟大的中世纪手稿之一，里面有许多关于挪威和其他地方统治者的萨迦，引用了许多赞颂国王领主的吟唱诗，图示页上有四个诗节。在中世纪手稿中，诗歌通常不是一行行誊抄的，而是和现代书中的一样，以散文形式呈现。照片由位于雷克雅未克的阿尼·玛格努森冰岛研究所提供，一切版权归其所有

在瑞典埃瑞克斯托普发现的两处相距不远的宝库中藏有近两千克黄金，包括 7 个精致臂环。这枚圆形金胸针用距此数百公里的海泽比出土的模具制成。照片由伍尔夫·布鲁克斯（Ulf Bruxe）拍摄，由位于斯德哥尔摩的瑞典国家历史博物馆提供

注释

第一章 引言：北方人的狂怒

1. R. M. Liuzza, *Beowulf* (2nd ed. Peterborough, Ont., 2013).
2. Tom Christensen, "Lejre and Roskilde," in *The Viking World*, ed. Stefan Brink and Neil Price (Abingdon, 2008), 121–125.
3. Roberta Frank, "The Invention of the Viking Horned Helmet," in *International Scandinavian and Medieval Studies in Memory of Gerd Wolfgang Weber*, ed. Michael Dallapiazza (Trieste, 2000), 199–208.
4. P. H. Sawyer, *Kings and Vikings: Scandinavia and Europe, A.D. 700–1100* London and New York, 1982).
5. R. I. Page, *"A Most Vile People": Early English Historians on the Vikings* (London, 1987).
6. *Reallexikon des germanischen Altertumskunde* (2nd ed. Berlin, 1967–2007) 35.687–696, s.v. "Wiking," by Thorsten Andersson and Klaus Böldl.

第二章 暴行肆虐的时代

1. René Merlet, ed., *La chronique de Nantes* (Paris, 1896).
2. *Annals of St-Bertin*, s.a. 837, trans. Janet Nelson, *The Annals of St-Bertin, Ninth-Century Histories I* (Manchester, 1991), 37.
3. *Annals of St-Bertin*, s.a. 843, trans. Nelson, 55.
4. The quoted sources are found in the *Annals of St-Bertin*, s.a. 836, 844, 864, and 873 (kept up by Prudentius 835–861 and by Hincmar 861–882), trans. Nelson, 35, 60, 111, and 183; *Annals of Ulster*, s.a. 844, ed. and trans. Seán Mac Airt and Gearóid Mac Niocaill, *The Annals of Ulster (to A.D. 1131)* ([Dublin], 1983), 302–303; and the D version of the *Anglo-Saxon Chronicle*, trans. Michael Swanton, *The Anglo-Saxon Chronicle* (London, 1996), 111.
5. Anders Winroth, *The Conversion of Scandinavia: Vikings, Merchants, and Missionaries in the Remaking of Northern Europe* (New Haven, 2012), 24.

6. *Alcuini sive Albini epistolae* 20, trans. Paul Edward Dutton, *Carolingian Civilization: A Reader* (Peterborough, Ont., 1993), 109–110. Alcuin quoted, among other scriptural passages, Isaiah 5:25.

7. [C. Smedt], "Translatio S. Germani Parisiensis anno 846 secundum primævam narrationem e codice Namurcensi," *Analecta Bollandiana* 2 (1883): 69–98.

8. David Morgan, *The Mongols* (2nd ed. Oxford, 2007).

9. Samnordisk runtextdatabas, Uppsala University, U 112. http://www.nordiska.uu.se/forskn/samnord.htm.

10. Samnordisk runtextdatabas, U 374.

11. *Magnúsdrápa* 10, ed. and trans. Diana Whaley in *Skaldic Poetry of the Scandinavian Middle Ages*, edited by Margaret Clunies Ross (Turnhout, 2007–), 2.1.219–220.

12. Halldórr ókristni, *Eiriksflokkr* 7, ed. and trans. Kari Ellen Gade in *Skaldic Poetry of the Scandinavian Middle Ages*, ed. Ross, 1.1.482–483; Haraldr harðráði Sigurðarson, *Lausavísa* 7, ed. and trans. Kari Ellen Gade in *Skaldic Poetry of the Scandinavian Middle Ages*, ed. Ross, 2.1.48–49.

13. *Anglo-Saxon Chronicle*, s.a. 1012, trans. Swanton, 142.

14. *Völuspá* 24, trans. Carolyne Larrington, *The Poetic Edda: A New Translation* (Oxford, 1996), 7 (my adapted translation).

15. *Battle of Maldon*, lines 108–111, 114–119, 134–136, 138–146, 149–153, trans. S.A.J. Bradley, *Anglo-Saxon Poetry* (London, 1982), 518–528 (my translation leaning on published translations).

16. Brian R. Campbell, "The 'suþerne gar' in 'The Battle of Maldon,'" *Notes and Queries* 16, no. 2 (1969): 45–46.

17. *Battle of Maldon*, lines 160–161.

18. Per Holck, "The Skeleton from the Gokstad Ship: New Evaluation of an Old Find," *Norwegian Archaeological Review* 42, no. 1 (2009): 40–49.

19. Sigvatr Þórðarson, *Víkingarvísur* 6, ed. and trans. Judith Jesch in *Skaldic Poetry of the Scandinavian Middle Ages*, ed. Ross, 1.2.542–545; Hilda Ellis Davidson, *The Sword in Anglo-Saxon England: Its Archaeology and Literature* (Woodbridge, Suffolk, 1998).

20. Alan Williams, "A Metallurgical Study of Some Viking Swords," *Gladius: Estudios sobre armas antiquas, arte militar y vida cultural en oriente y occidente* 29 (2009): 121–184.

21. Winroth, *Conversion of Scandinavia*, 62.

22. Page, *"A Most Vile People."*

23. Sigvatr, *Knútsdrápa* 1, ed. and trans. Matthew Townend in *Skaldic Poetry of the Scandinavian Middle Ages*, ed. Ross, 1.2.651–652.

24. See chapter 9.

25. Sigvatr, *Erfidrápa Óláfs helga* 27, ed. and trans. Judith Jesch in *Skaldic Poetry of the Scandinavian Middle Ages*, ed. Ross, 1.2.696.

26. Þjóðólfr ór Hvíni, *Ynglingatál* 15, ed. Edith Marold in *Skaldic Poetry of the Scandinavian Middle Ages*, ed. Ross, 1.1.34.

27. [Eiríkur Jónsson and Finnur Jónsson, eds.], *Hauksbók udgiven efter de Arnamagnæanske Håndskrifter No. 371, 544 og 675, 40 samt forskellige Papirshåndskrifter af det Kongelige Nordiske Oldskrift-Selskab* (Copenhagen, 1892–1896), 464.

28. My translation, using Saxo Grammaticus, *The Nine Books of the Danish History of Saxo Grammaticus*, trans. Oliver Elton (London, 1905), and Saxo Grammaticus, *The History of the Danes*, trans. Peter Fischer and ed. Hilda Ellis Davidson (Woodbridge, Suffolk, 1979), 1.206.

29. *Ynglingasaga* 6, trans. Lee M. Hollander in Snorri Sturluson, *Heimskringla: History of the Kings of Norway* (Austin, 1964), 10.

30. Britt-Mari Näsström, *Bärsärkarna: Vikingatidens elitsoldater* (Stockholm, 2006); Vincent Samson, *Les Berserkir: Les guerriers-fauves dans la Scandinavie ancienne, de l'âge de Vendel aux Vikings (VIe–XIe siècle)*, Histoire et civilisations: Histoire (Villeneuve d'Ascq, 2011).

31. Þórbjörn hornklofi, *Haraldskvæði* 8, ed. and trans. R. D. Fulk in *Skaldic Poetry of the Scandinavian Middle Ages*, ed. Ross, 1.1.102–103, adapted. See also Klaus von See, "Exkurs zum Haraldskvæði: Berserker," *Zeitschrift für deutsche Wortforschung* 17 (1961): 129–135.

32. Lines 25–26, 29–34.

33. Lines 160–161.

34. *Annals of St-Bertin*, s.a. 852 and 868, trans. Nelson, 74 and 144.

35. *Anglo-Saxon Chronicle*, s.a. 991, trans. Swanton, 126–127.

36. Samnordisk runtextdatabas, U 344.

37. See, e.g., *Annals of St-Bertin*, s.a. 863, 864, 873, trans. Nelson, 105, 118, and 183.

38. *Royal Frankish Annals*, s.a. 774, trans. Bernhard W. Scholz with Barbara Rogers, *Carolingian Chronicles: Royal Frankish Annals and Nithard's Histories* (Ann Arbor, Mich., 1970), 50–51.

39. *Royal Frankish Annals*, s.a. 796, trans. Scholz with Rogers, 74; Einhard, *The Life of Charlemagne* 13, trans. Dutton, *Carolingian Civilization*, 31.

40. *Einhard's Annals*, s.a. 774, ed. Friedrich Kurze, *Annales regni Francorum inde ab a. 741 usque ad a. 829*, MGH: SS rer. Germ. (Hanover, 1895), 41.

41. *Einhard's Annals*, s.a. 785, ed. Kurze, 69.

42. *Royal Frankish Annals*, s.a. 795, trans. Scholz with Rogers, 74.

43. Timothy Reuter, "Plunder and Tribute in the Carolingian Empire," *Transactions of the Royal Historical Society* 35 (1985): 75–94, reprinted in Timothy Reuter and Janet L. Nelson, *Medieval Polities and Modern Mentalities* (Cambridge, 2006), 231–250.

44. H. Schnorr von Carolsfeld, "Das Chronicon Laurissense breve," *Neues Archiv* 36 (1911): 13–39.

第三章　留里克在家守候，留里克远走奔波：维京时代大迁移

1. As counted by Statistics Sweden: http://www.scb.se/namnsok. The Russian form of the name, Rurik, had 169 carriers.
2. Lena Peterson, *Nordiskt runnamnslexikon med tillägg av frekvenstabeller och finalalfabetisk ordlista* (Uppsala, 2002), 106.
3. Samnordisk runtextdatabas, Ög 153.
4. *Annales Fuldenses*, s.a. 850, trans. Timothy Reuter, *The Annals of Fulda*, Ninth-Century Histories 2 (Manchester, 1992), 30. Roric's story is well told in Simon Coupland, "From Poachers to Game-Keepers: Scandinavian Warlords and Carolingian Kings," *Early Medieval Europe* 7 (1998): 85–114.
5. *Sedulii Scotti carmina* 47.11, ed. Ludwig Traube, MGH: Poetae 3 (Berlin, 1896), 210.
6. Ruotpertus Mediolacensis, *Vita et Miracula S. Adalberti Egmondani*, ed. Oswald Holder-Egger, MGH: Scriptores (Hanover, 1888), 15.2.702.
7. Flodoardus Remensis, *Historia Remensis ecclesiae* 3.23 and 3.26, ed. Martina Stratman, *Historia Remensis ecclesiae*, MGH: Scriptores 36 (Hanover, 1998), 307 and 336.
8. *Russian Primary Chronicle*, s.a. 6368–6370 (860–862), trans. Samuel Hazzard Cross and Olgerd P. Sherbowitz-Wetzor, *The Russian Primary Chronicle: Laurentian Text* (Cambridge, Mass., 1973), 59.
9. Simon Franklin and Jonathan Shepard, *The Emergence of Rus: 750–1200*, Longman History of Russia (London, 1996).
10. *Russian Primary Chronicle*, s.a. 6368–6370 (860–862), trans. Cross and Sherbowitz-Wetzor, 59.
11. Paul the Deacon, *Historia Langobardorum* 1.1, trans. William Dudley Foulke, *History of the Lombards*, Sources of Medieval History (Philadelphia, 1974), 1.
12. Jordanes, *Getica* 4, trans. in Jordanes, *The Gothic History of Jordanes in English Version*, ed. Charles Christopher Mierow (Princeton, N.J., 1915), 57.
13. *Anglo-Saxon Chronicle*, s.a. 876, trans. Swanton, 74–75.
14. D. M. Hadley, *The Vikings in England: Settlement, Society and Culture*, Manchester Medieval Studies (Manchester, 2006); Dawn M. Hadley, "The Creation of the Danelaw," in *The Viking World*, ed. Stefan Brink and Neil Price (Abingdon, 2008), 375–378.
15. Robin Fleming, *Britain after Rome: The Fall and Rise, 400–1070*, Penguin History of Britain (London, 2010).
16. Hadley, *The Vikings in England*, 45–50.
17. Hadley, *The Vikings in England*, 237–264.
18. Hadley, "The Creation of the Danelaw."
19. Benjamin T. Hudson, *Viking Pirates and Christian Princes: Dynasty, Religion, and Empire in the North Atlantic* (Oxford, 2005); Hadley, *The Vikings in England*, 28–71.
20. James Henthorn Todd, ed. and trans., *Cogadh Gaedhel re Gaillaibh: The Wars of the Irish against the Foreigners, or The Invasions of Ireland by the Danes and Other Norsemen*, Rerum Britannicarum medii aevi scriptores [Roll series] 78 (London, 1867), 159.

21. Timothy Bolton, *The Empire of Cnut the Great: Conquest and the Consolidation of Power in Northern Europe in the Early Eleventh Century*, The Northern World: North Europe and the Baltic, c. 400–1700 A.D: Peoples, Economies and Cultures (Leiden, 2009), 128–132.
22. Winroth, *Conversion of Scandinavia*, 56.
23. S. Goodacre et al., "Genetic Evidence for a Family-Based Scandinavian Settlement of Shetland and Orkney during the Viking Periods," *Heredity* 95 (2005): 129–135.
24. Judith Jesch, *Women in the Viking Age* (Woodbridge, Suffolk, 1991), 96–123.
25. Shane McLeod, "Warriors and Women: The Sex Ratio of Norse Immigrants to Eastern England up to 900 AD," *Early Medieval Europe* 19 (2011): 332–353.
26. Matthew Townend, *Language and History in Viking Age England: Linguistic Relations between Speakers of Old Norse and Old English*, Studies in the Early Middle Ages (Turnhout, 2002).
27. I warmly thank my friend and colleague Professor Roberta Frank for permission to reproduce her text, which she composed for teaching purposes when we taught Viking culture together at Yale University.
28. Gillian Fellows-Jenssen, *The Vikings and Their Victims: The Evidence of the Names* (London, 1995); Jesch, *Women in the Viking Age*, 77–78; Gillian Fellows-Jenssen, "Scandinavian Place-Names in the British Isles," in *The Viking World*, ed. Stefan Brink and Neil Price (Abingdon, 2008), 391–400.
29. James H. Barrett, "The Norse in Scotland," in *The Viking World*, ed. Brink and Price, 411–427.
30. Gwyn Jones, *A History of the Vikings* (London, 1968), 289–311; Kirsten A. Seaver, *The Frozen Echo: Greenland and the Exploration of North America, ca. A.D. 1000–1500* (Stanford, 1996); William W. Fitzhugh and Elisabeth I. Ward, eds., *Vikings: The North Atlantic Saga* (Washington, D.C., 2000), 280–349; Jette Arneborg, Georg Nyegaard, and Orri Vésteinsson, eds., *Norse Greenland: Selected Papers from the Hvalsey Conference 2008*, *Journal of the North Atlantic*, special volume 2 (2012).
31. Niels Lynnerup, "Life and Death in Norse Greenland," in *Vikings: The North Atlantic Saga*, ed. Fitzhugh and Ward, 290–292.
32. Lynnerup, "Life and Death in Norse Greenland," 286–287.
33. Seaver, *The Frozen Echo*.
34. Jette Arneborg and Hans Christian Gulløv, eds., *Man, Culture and Environment in Ancient Greenland: Report on a Research Programme* (Copenhagen, 1998).
35. Joel Berglund, "The Farm beneath the Sand," in *Vikings: The North Atlantic Saga*, ed. Fitzhugh and Ward, 295–303.
36. Ívarr Bárðarson, *Det gamle Grønlands beskrivelse*, ed. Finnur Jónsson (Copenhagen, 1930).
37. Hans Christian Petersen, "The Norse Legacy in Greenland," in *Vikings: The North Atlantic Saga*, ed. Fitzhugh and Ward, 342.
38. Hildur Hermóðsdóttir, *Icelandic Turf Houses*, trans. Anna Yates (Reykjavik, 2012); Jesse L. Byock, *Viking Age Iceland* (London, 2001), 34–42.

第四章 舰、船、后世摆渡

1. *Royal Frankish Annals*, s.a. 810, trans. Scholz with Rogers, 91–92.
2. Max Vinner, *Viking Ship Museum Boats* (Roskilde, 2002), 14–17.
3. *Anglo-Saxon Chronicle*, s.a. 851, trans. Swanton, 64–65; *Annals of St-Bertin*, s.a. 859, trans. Nelson, 90.
4. *Battle of Maldon*, lines 29–41.
5. Erik Nylén, *Bygden, skeppen och havet*, Antikvariskt arkiv 49 (Stockholm, 1973).
6. *Heimskringla*, trans. Hollander in Snorri, *Heimskringla: History of the Kings of Norway*, 221.
7. Judith Jesch, *Ships and Men in the Late Viking Age: The Vocabulary of Runic Inscriptions and Skaldic Verse* (Woodbridge, 2001), 128–132.
8. Sigvatr Þórðarson, *Flokkr about Erlingr Skjálgsson* 1, ed. and trans. Judith Jesch in *Skaldic Poetry of the Scandinavian Middle Ages*, ed. Ross, 1.1.631
9. Vinner, *Viking Ship Museum Boats*, 14–17.
10. Þjóðólfr Arnórsson, *Magnússflokkr* 2 and 4, ed. and trans. Diana Whaley in *Skaldic Poetry of the Scandinavian Middle Ages*, ed. Ross, 2.1.65, 68.
11. "Havhingsten fra Glendalough (Skuldelev 2)," Viking Ship Museum, http://www.vikingeskibsmuseet.dk/en/research/ship-reconstruction/skuldelev-2/.
12. Niels Lund et al., *Two Voyagers at the Court of King Alfred: The Ventures of Ohthere and Wulfstan, Together with the Description of Northern Europe from the Old English Orosius* (York, 1984); Janet Bately and Anton Englert, *Ohthere's Voyages: A Late 9th-Century Account of Voyages along the Coasts of Norway and Denmark and Its Cultural Context* (Roskilde, 2007); Vinner, *Viking Ship Museum Boats*.
13. *Annals of St-Bertin*, s.a. 862 and 866, trans. Nelson, 98 and 131. See also Walther Vogel, *Die Normannen und das fränkische Reich bis zur Gründer der Normandie (799–911)*, Heidelberger Abhandlungen zur mittleren und neueren Geschichte 14 (Heidelberg, 1906), 213–218.
14. Rudolph Keyser et al., *Norges gamle love indtil 1387* (Christiania, 1846), 1.100.
15. Per Lundström, *De kommo vida: Vikingars hamn vid Paviken på Gotland*, Sjöhistoriska museets rapportserie 15 (Stockholm, 1981).
16. Eduard Mühle, "Gnezdovo—das alte Smolensk? Zur Deutung eines Siedlungskomplexes des ausgehenden 9. bis beginnend 11. Jahrhunderts," *Bericht der römisch-germanischen Kommission* 69 (1988): 358–410; Eduard Mühle, *Die städtischen Handelszentren der nordwestlichen Rus: Anfänge und frühe Entwicklung altrussischer Städte (bis gegen Ende des 12. Jahrhunderts)*, Quellen und Studien zur Geschichte des östlichen Europa 32 (Stuttgart, 1991), 239–255; Franklin and Shepard, *Emergence of Rus*, 100–102, 127–128.
17. Samnordisk runtextdatabas, U 778.
18. Samnordisk runtextdatabas, Sö 179.
19. Sigvatr, *Nesjavísur* 5, ed. and trans. R. D. Fulk in *Skaldic Poetry of the Scandinavian Middle Ages*, ed. Ross, 1.2.563–564.
20. *Landnámabók* H2, trans. Jan Bill, "Ships and Seamanship," in *The Oxford Illustrated History of the Vikings*, ed. Peter Sawyer (Oxford, 1997), 198.
21. *Annals of St-Bertin*, s.a. 838, trans. Nelson, 39.

22. *Anglo-Saxon Chronicle*, s.a. 876, trans. Swanton, 74.
23. Samnordisk runtextdatabas, U 258.
24. *Anglo-Saxon Chronicle*, s.a. 882, trans. Swanton, 76–79.
25. Steinn Herdísarson, *Nizarvísur* 1 and 4, ed. and trans. Kari Ellen Gade in *Skaldic Poetry of the Scandinavian Middle Ages*, ed. Ross, 1.2.360–363; Jesch, *Ships and Men*, 209–210.
26. Sigvatr, *Flokkr about Erlingr Skjálgsson* 1, ed. and trans. Judith Jesch in *Skaldic Poetry of the Scandinavian Middle Ages*, ed. Ross, 1.2.631.
27. This and the previous quotation come from *Flokkr about Sveinn Álfifuson*, ed. and trans. Diana Whaley in *Skaldic Poetry of the Scandinavian Middle Ages*, ed. Ross, 2.1.1029–1030. Tying the ships together is also mentioned in Sigvatr, *Nesjavísur* 2, ed. and trans. Russell Poole in *Skaldic Poetry of the Scandinavian Middle Ages*, ed. Ross, 1.2.559–561.
28. Sigvatr, *Flokkr* 2, ed. and trans. Jesch, 632.
29. Sigvatr, *Nesjavísur* 7, ed. and trans. Poole, 1.2.566–568.
30. Arnórr jarlaskáld Þórðarson, *Þórfinnsdrápa* 21, ed. and trans. Diana Whaley in *Skaldic Poetry of the Scandinavian Middle Ages*, ed. Ross, 2.1.254–255.
31. Arnórr, *Þórfinnsdrápa* 6, ed. and trans. Whaley, 236–237; Sigvatr, *Flokkr* 2; Sigvatr, *Nesjavísur* 8, ed. and trans. Poole, 568–569.
32. Þjóðólfr Arnórsson, *Stanzas about Magnús Óláfsson in Danaveldi* 1, ed. Diana Whaley in *Skaldic Poetry of the Scandinavian Middle Ages*, ed. Ross, 2.1.88–89.
33. Arnórr, *Magnússdrápa* 15, ed. and trans. Diana Whaley in *Skaldic Poetry of the Scandinavian Middle Ages*, ed. Ross, 2.1.225.
34. Samnordisk runtextdatabas, Sö 164; Jesch, *Ships and Men*, 120.
35. Torsten Capelle, "Schiffsetzungen," *Praehistorische Zeitschrift* 61 (1986): 1–62.
36. Tove Werner, "Stenskepp i Södermanland: Utbredning och datering," *Fornvännen* 98 (2003): 257–264.
37. *Beowulf* 26–29, 32–42, 47–50, trans. Liuzza, 49–50.
38. *Beowulf* 50–52, trans. Liuzza, 50.
39. Michael Müller-Wille, *Bestattung im Boot. Studien zu einer nordeuropäischen Grabsitte*, Offa 25/26 (Neumünster, 1970); Neil Price, "Dying and the Dead: Viking Age Mortuary Behaviour," in *The Viking World*, ed. Stefan Brink and Neil Price (Abingdon, 2008), 257–273.
40. Þór Magnússon, "Bátkumlið í Vatnsdal í Patreksfirði," *Árbok Hins íslenzka fornleifafélags* 63 (1966): 5–32; Kristján Eldjárn, *Kuml og haugfé úr heiðnum sið á Íslandi*, ed. Adolf Friðriksson (2nd ed. Reykjavik, 2000), 115–119. The grave was reused when, apparently, the bones of several other dead people were moved there. The judgment that it was first constructed for a woman rests on the grave goods found in it.
41. Samnordisk runtextdatabas, N 138, ed. *Norges innskrifter med de yngre runer*, Norges innskrifter indtil reformationen, afd 2 (Oslo, 1941–), 2.165–168.
42. Terje Gansum, "Fra jord till handling," in *Plats och praxis: Arkeologiska och religionshistoriska studier av norrön ritual*, ed. Kristina Jennbert, Anders Andrén, and Catharina Raudvere, Vägar till Midgård 2 (Lund, 2001), 249–286; RGA 22.306–311, s.v. "Oseberg," by E. Nyman, T. Gansum, A. E. Christensen, and K. Düwel.

43. Bengt Schönbäck and Lena Thunmark-Nylén, "De vikingatida båtgravarna i Valsgärde—relativ kronologi," *Fornvännen* 97 (2002): 1-8; RGA 35.375-379, s.v. "Valsgärde," by J. Ljungkvist.
44. The quotations here are chiefly from James E. Montgomery, "Ibn Fadlan and the Russiyah," *Journal of Arabic and Islamic Studies* 3 (2000): 1-25. For clarification I have used Richard N. Frye, *Ibn Fadlan's Journey to Russia: A Tenth-Century Traveler from Baghad to the Volga River* (Princeton, N.J., 2005), and Paul Lunde and Caroline Stone, *Ibn Fadlan and the Land of Darkness: Arab Travellers in the Far North* (London, 2012).
45. Aziz al-Azmeh, "Barbarians in Arab Eyes," *Past and Present* 134 (1992): 3-18.

第五章　铸币、丝绸和鲱鱼：维京时代的北欧贸易

1. Stavgard is run by Föreningen Stavgard, whose website has more information: http://www.stavgardgotland.com.
2. *Dagens Nyheter*, 19 June 2012, http://www.dn.se/nyheter/sverige/skarpta-straff-for-fornminnesbrott/.
3. Ann-Marie Pettersson, ed., *Spillingsskatten: Gotland i vikingatidens världshandel* (Visby, 2008); RGA 29.366-367, s.v. "Spillings," by Majvor Östergren.
4. Frye, *Ibn Fadlan's Journey to Russia*, 65.
5. Roman K. Kovalev and Alexis C. Kaelin, "Circulation of Arab Silver in Medieval Afro-Eurasia: Preliminary Observations," *History Compass* 5, no. 2 (2007): 560-580, http://www.blackwell-synergy.com/doi/abs/10.1111/j.1478-0542.2006.00376.x.
6. M.A.S. Blackburn and Kenneth Jonsson, "The Anglo-Saxon and Anglo-Norman Element of North European Coin Finds," in *Viking-Age Coinage in the Northern Lands*, ed. M.A.S. Blackburn and M. S. Metcalf, BAR International ser. 122 (Oxford, 1981): 147-255.
7. Dagfinn Skree, ed., *Kaupang in Skiringssal*, Kaupang Excavation Project Publication Series 1 = Norske Oldfunn 22 (Aarhus, 2007).
8. Lund et al., *Two Voyagers at the Court of King Alfred*; Bately and Englert, *Ohthere's Voyages*.
9. P. H. Sawyer, "Kings and Merchants," in *Early Medieval Kingship*, ed. P. H. Sawyer and I. N. Wood (Leeds, 1977), 139-158.
10. RGA 13.584, s.v. "Handel."
11. Lundström, *De kommo vida*.
12. Rimbert, *Life of Ansgar* 24, trans. Charles H. Robinson, *Anskar, the Apostle of the North, 801-865: Translated from the Vita Anskarii by Bishop Rimbert, His Fellow Missionary and Successor* ([London], 1921), 84.
13. Herbert Jankuhn, *Haithabu: Ein Handelsplatz der Wikingerzeit* (3rd ed. Neumünster, 1956).
14. Samnordisk runtextdatabas, DR 1; Wolfgang Laur, *Runendenkmäler in Schleswig-Holstein und in Nordschleswig* (2nd ed. Schleswig, 2009).
15. *Lausavísur from Haralds saga Sigurðsonar* 2, ed. and trans. Kari Ellen Gade in *Skaldic Poetry of the Scandinavian Middle Ages*, ed. Ross, 2.2.816-817.
16. Birgit Maixner, *Haithabu: Fernhandelszentrum zwischen den Welten* (Schleswig, 2010).

17. Lunde and Stone, *Ibn Fadlan and the Land of Darkness*, 163.
18. Rimbert, *Life of Ansgar* 10 and 33, trans. Robinson, 47 and 104.
19. Adam of Bremen, *History of the Archbishops of Hamburg-Bremen* scholion 126, trans. Francis Joseph Tschan and Timothy Reuter, Records of Western Civilization (New York, 2002), 201.
20. Helen Clarke and Björn Ambrosiani, *Towns in the Viking Age* (Leicester, 1991), 73; Adam, *History of the Archbishops of Hamburg-Bremen* scholion 142, trans. Tschan and Reuter, 210.
21. Lund et al., *Two Voyagers at the Court of King Alfred*; Anton Englert and Athena Trakadas, eds., *Wulfstan's Voyage: The Baltic Sea Region in the Early Viking Age as Seen from Shipboard* (Roskilde, 2009).
22. Samnordisk runtextdatabas, U 214–215.
23. Samnordisk runtextdatabas, Sö 198.
24. Jordanes, *Gothic History* 3.21, trans. in Jordanes, *The Gothic History of Jordanes in English Version*, 7.
25. Adam, *History of the Archbishops of Hamburg-Bremen* 4.18, trans. Tschan and Reuter, 199.
26. Lund et al., *Two Voyagers at the Court of King Alfred*; Bately and Englert, *Ohthere's Voyages*.
27. Per G. P. Ericson, Elisabeth Iregren, and Maria Vretemark, "Animal Exploitation at Birka—A Preliminary Report," *Fornvännen* 83 (1988): 81–88.
28. Kovalev and Kaelin, "Circulation of Arab Silver in Medieval Afro-Eurasia."
29. Janet Martin, *Treasure of the Land of Darkness: The Fur Trade and Its Significance for Medieval Russia* (Cambridge, 1986); Christian Lübke, *Fremde im östlichen Europa: Von Gesellschaften ohne Staat zu verstaatlichten Gesellschaften (9.–11. Jahrhundert)*, Ostmitteleuropa in Vergangenheit und Gegenwart (Cologne, 2001).
30. Youval Rotman, *Byzantine Slavery and the Mediterranean World*, trans. Jane Marie Todd (Cambridge, Mass., 2009).
31. Michael McCormick, "New Light on the 'Dark Ages': How the Slave Trade Fuelled the Carolingian Economy," *Past and Present*, no. 177 (2002): 17–54.
32. *Anglo-Saxon Chronicle*, s.a. 1048, trans. Swanton, 166.
33. Flodoard, *Annals*, s.a. 923, trans. in Flodoard, *The Annals of Flodoard of Reims, 919–966*, trans. Bernard S. Bachrach and Steven Fanning, Readings in Medieval Civilizations and Cultures 9 (Peterborough, Ont., 2004), 9.
34. Adam, *History of the Archbishops of Hamburg-Bremen* 4.6, trans. Tschan and Reuter, 190.
35. *Life of Rimbert* 18, ed. Georg Waitz, *Vita Anskarii auctore Rimberti: Accedit Vita Rimberti*, MGH: SS rer. Germ. (Hanover, 1884), 95–96.
36. Fitzhugh and Ward, *Vikings: The North Atlantic Saga*, 312.
37. Richard Abels, "What Has Weland to Do with Christ? The Franks Casket and the Acculturation of Christianity in Early Anglo-Saxon England," *Speculum* 84 (2009): 549–581.
38. Sigvatr, *Lausavísa* 9, ed. and trans. R. D. Fulk in *Skaldic Poetry of the Scandinavian Middle Ages*, ed. Ross, 1.2.710–712. See also Winroth, *Conversion of Scandinavia*, 77–78.
39. Agnes Geijer, *Die Textilfunde aus den Gräbern*, Birka: Untersuchungen und Studien 3 (Stockholm, 1938).

40. Lunde and Stone, *Ibn Fadlan and the Land of Darkness*.
41. Annika Larsson, "Vikingar begravda i kinesiskt siden," *Valör*, no. 3/4 (2008): 33–43.
42. Egon Wamers, "Kristne gjenstander i tidligvikingtidens Danmark," in *Kristendommen i Danmark før 1050*, ed. Niels Lund ([Roskilde], 2004), 43–59; Egon Wamers and Michael Brandt, *Die Macht des Silbers: Karolingische Schätze im Norden* (Regensburg, 2005)
43. Rimbert, *Life of Ansgar* 20 and 24, trans. Robinson, 70–73 and 84.
44. *Annals of St-Bertin*, s.a. 834, 835, 836, and 837, trans. Nelson, 30–37.
45. Peter Spufford, *Money and Its Use in Medieval Europe* (Cambridge and New York, 1988); J. L. Bolton, *Money in the Medieval English Economy, 973–1489* (Manchester, 2012).
46. Spufford, *Money and Its Use in Medieval Europe*, 55–73; Philip Grierson, M.A.S. Blackburn, and Lucia Travaini, *Medieval European Coinage: With a Catalogue of the Coins in the Fitzwilliam Museum, Cambridge* (Cambridge, 1986), 190–266; Adriaan E. Verhulst, *The Carolingian Economy*, Cambridge Medieval Textbooks (New York, 2002), 117–118.
47. *Annals of Ulster*, s.a. 824, ed. and trans. Mac Airt and Mac Niocaill, 281.
48. *Annals of St-Bertin*, s.a. 858, trans. Nelson, 86.
49. Georges Duby, *The Early Growth of the European Economy: Warriors and Peasants from the Seventh to the Twelfth Century*, World Economic History (Ithaca, N.Y., 1974), 118.
50. *Annals of St-Bertin*, s.a. 873, trans. Nelson, 185.
51. Mark Blackburn, "Money and Coinage," in *The New Cambridge Medieval History*, vol. 1, ed. Rosamond McKitterick (Cambridge, 1995), 557.
52. Sture Bolin, "Mohammed, Charlemagne and Rurik," *Scandinavian Economic History Review* 1 (1953): 5–39; Spufford, *Money and Its Use in Medieval Europe*, 68; Michael McCormick, *Origins of the European Economy: Communications and Commerce A.D. 300–900* (Cambridge, 2001); McCormick, "New Light on the 'Dark Ages'"; Kovalev and Kaelin, "Circulation of Arab Silver in Medieval Afro-Eurasia: Preliminary Observations."
53. Heiko Steuer, "Der Handel der Wikingerzeit zwischen Nord- und Westeuropa aufgrund archäologischer Zeugnisse," in *Untersuchungen zu Handel und Verkehr der vor- und frühgeschichtlichen Zeit in Mittel- und Nordeuropa*, vol. 4, *Der Handel der Karolinger- und Wikingerzeit: Bericht über die Kolloquien der Kommission für die Altertumskunde Mittel- und Nordeuropas in den Jahren 1980 bis 1983*, ed. Klaus Düwel et al. (Göttingen, 1987), 113–197; Ingrid Gustin, "Means of Payment and the Use of Coins in the Viking Age Town of Birka in Sweden: Preliminary Results," *Current Swedish Archaeology* 6 (1998): 73–83.
54. See chapter 7.
55. Ola Kyhlberg, "Vågar och viktlod: Diskussion kring frågor om precision och noggrannhet," *Fornvännen* 70 (1975): 156–165; Ola Kyhlberg, *Vikt och värde: Arkeologiska studier i värdemätning, betalningsmedel och metrologi under yngre järnålder: 1. Helgö, 2. Birka*, Stockholm Studies in Archaeology 1 (Stockholm, 1980).
56. James H. Barrett, Alison M. Locker, and Callum M. Roberts, "'Dark Age Economics' Revisited: The English Fish Bone Evidence, AD 600–1600,"

Antiquity 78 (2004): 618–636; James Campbell, "Domesday Herrings," in *East Anglia's History: Studies in Honor of Norman Scarfe*, ed. Christopher Harper-Bill, Carole Rawcliffe, and Richard G. Wilson (Woodbridge, 2002), 5–17.

57. Jan Bill, "Viking Ships and the Sea," in *The Viking World*, ed. Stefan Brink and Neil Price (Abingdon, 2008), 170–180.

58. Adam, *History of the Archbishops of Hamburg-Bremen* scholion 142, , trans. Tschan and Reuter, 210.

59. Brita Malmer, *Den svenska mynthistorien: Vikingatiden ca 995–1030* (Stockholm, 2010).

60. Ildar H. Garipzanov, *The Symbolic Language of Authority in the Carolingian World (c. 751–877)*, Brill's Series on the Early Middle Ages 16 (Leiden, 2008).

第六章　领主的王者之路

1. Sigvatr Þórðarson, *Erfidrápa Óláfs helga* 2 and 21, ed. Judith Jesch in *Skaldic Poetry of the Scandinavian Middle Ages*, ed. Ross, 1.2.666–668 and 689–691.

2. Einarr skálaglamm Helgason, *Vellekla* 32, ed. and trans. Edith Marold in *Skaldic Poetry of the Scandinavian Middle Ages*, ed. Ross, 1.1.323–324.

3. Peter Sawyer, *Da Danmark blev Danmark: Fra ca. år 700 til ca. 1050*, trans. Marie Hvidt, Gyldendal-Politikens Danmarkshistorie (Copenhagen, 1988), 3.82.

4. Mats Burström, *Arkeologisk samhällsavgränsning: En studie av vikingatida samhällsterritorier i Smålands inland*, Stockholm Studies in Archaeology 9 (Stockholm, 1991); Åke Hyenstrand, *Lejonet, draken och korset: Sverige 500–1000* (Lund, 1996), 21–36. Per H. Ramqvist, "Perspektiv på lokal variation och samhälle i Nordens folkvandringstid," in *Samfundsorganisation og regional variation: Norden i romersk jernålder og folkevandringstid* (Aarhus, 1991), reconstructs fifteen independent "petty kingdoms" in early Scandinavia.

5. Jordanes, *De origine actibusque Getarum*, 19–24, ed. by Francesco Giunta and Antonino Grillone, Fonti per la storia d'Italia 117 (Rome, 1991), 9–11. A detailed discussion of this passage is found in Josef Svennung, *Jordanes und Scandia: Kritisch-exegetische Studien*, Skrifter utgivna av K. Humanistiska vetenskapssamfundet i Uppsala 44:2A (Stockholm, 1967). Cf., e.g., Hyenstrand, *Lejonet, draken och korset: Sverige 500–1000*, 39–40. Procopius, who was a contemporary of Jordanes, stated that thirteen different peoples lived in Scandinavia: *History of the Wars* 6.15.3, trans. H. B. Dewing, The Loeb Classical Library 107 (Cambridge, Mass., 1919), 414–415. Several tenth-century runic inscriptions mention Finnveden; see Sven B. F. Jansson, *The Runes of Sweden* (Stockholm, 1962), 63 and 74–75; and Samnordisk runtextdatabas, Sm 35.

6. Byock, *Viking Age Iceland*.

7. *Royal Frankish Annals*, s.a. 814, trans. Scholz with Rogers, 97–99.

8. Sigvatr Þórðarson, *Bersǫglisvísur* 2, ed. and trans. Kari Ellen Gade in *Skaldic Poetry of the Scandinavian Middle Ages*, ed. Ross, 2.1.14–15.

9. Arnórr jarlaskald, fragment 4, ed. and trans. Diana Whaley, *The Poetry of Arnórr Jarlaskáld: An Edition and Study*, Westfield Publications in Medieval Studies 8 (Turnhout, 1998), 134 and 308–310.

10. Egill Skallagrimsson, *Höfuðlausn* 17, ed. Finnur Jónsson, *Den norsk-islandske skjaldedigtning* (Copenhagen, 1912), B:1, 33.

11. Arnórr jarlaskald, *Haraldsdrápa* 13, ed. and trans. Diana Whaley in *Skaldic Poetry of the Scandinavian Middle Ages*, ed. Ross, 2.1. 274. These lines are capable of several interpretations, as outlined by Whaley, 275.
12. *Beowulf*, lines 2633–2638, trans. Liuzza, 128.
13. *Beowulf*, lines 2847, 2850, 2890–2891, trans. Liuzza, 134–135.
14. Bjarni Einarsson, ed., *Ágrip af Nóregskonunga sǫgum: Fagrskinna—Noregs konunga tal*, Íslenzk fornrit 29 (Reykjavik, 1985), 87; Alison Finlay, *Fagrskinna: A Catalogue of the Kings of Norway* (Leiden, 2004), 67
15. Samnordisk runtextdatabas, DR 291.
16. *Thorfinnsdrápa* 2, ed. and trans. Whaley in *Skaldic Poetry of the Scandinavian Middle Ages*, ed. Ross, 2.1.232.
17. *Beowulf* 1020–1049, trans. Liuzza, 80.
18. *Sigurðardrápa* 6, ed. Finnur, *Den norsk-islandske skjaldedigtning*, B:1, 69–70; Klaus Düwel, *Das Opferfest von Lade: Quellenkritische Untersuchungen zur germanischen Religionsgeschichte*, Wiener Arbeiten zur germanischen Altertumskunde und Philologie 27 (Wien, 1985); Frands Herschend, *Livet i hallen: Tre fallstudier i den yngre järnålderns aristokrati*, Occasional Papers in Archaeology (Uppsala) 14 (Uppsala, 1997), 61–89.
19. Samnordisk runtextdatabas, U 739.
20. Judith Jesch, "In Praise of Ástríðr Óláfsdóttir," *Saga-Book* 24 (1994–1997): 1–18; Jóhanna Katrín Friðriksdóttir, *Women in Old Norse Literature: Bodies, Words, and Power* (New York, 2013), 93–94.
21. Winroth, *Conversion of Scandinavia*, 159.
22. Bjørn Eithun, Magnus Rindal, and Tor Ulset, *Den eldre Gulatingslova*, Norrøne tekster 6 (Oslo, 1994), 32.
23. Steinar Imsen, *Hirdloven til Norges konge og hans håndgangne menn* (Oslo, 2000), 64.
24. Sverre Bagge, *From Viking Stronghold to Christian Kingdom: State Formation in Norway, c. 900–1350* (Copenhagen, 2010); Hans Jacob Orning, *Frem til 1400, Norvegr: Norges historie* (Oslo, 2011).
25. Winroth, *Conversion of Scandinavia*, 13.
26. Generally, see Sawyer, *Da Danmark blev Danmark*; and Ole Fenger, *"Kirker reses alle vegne": 1050–1250*, Gyldendal og Politikens Danmarkshistorie (Copenhagen, 1989).
27. Else Roesdahl, *The Vikings* (2nd ed. London, 1998), 93.
28. H. Hellmuth Andersen, *Til hele rigets værn: Danevirkes arkæologi og historie* (Højbjerg, 2004).
29. Anders Götherström, *Acquired or Inherited Prestige? Molecular Studies of Family Structures and Local Horses in Central Svealand during the Early Medieval Period*, Theses and Papers in Scientific Archaeology 4 (Stockholm, 2001).
30. http://www.bluetooth.com/Pages/Fast-Facts.aspx.
31. A valuable summary of what is known about the burials in Jelling is found in Niels Lund, "Gorm den gamle og Thyre Danebod," in *Danske kongegrave*, ed. Karin Kryger (Copenhagen, 2014). I wish to thank Professor Lund for allowing me to read the typescript of his essay before publication. The theory that Gorm was moved from the mound to the church is presented in Knud J. Krogh, *Gåden om Kong Gorms grav: Historien om Nordhøjen i Jelling*, Vikingekongernes

monumenter i Jelling 1 (Copenhagen, 1993). Preliminary reports from the recent excavations in Jelling are found in the journal *Skalk: Nyt om gammelt*.
    32. Andersen, *Til hele rigets værn: Danevirkes arkæologi og historie*, 53-57.
    33. Generally, see Jón Viðar Sigurðsson, *Norsk historie, 800-1300*, Samlagets Norsk historie, 800-2000 (Oslo, 1999); Claus Krag, *Norges historie fram til 1319* (Oslo, 2000); and Orning, *Frem til 1400*.
    34. Generally, see Dick Harrison, *600-1350*, Sveriges historia (Stockholm, 2009); and Dick Harrison and Kristina Ekero Svensson, *Vikingaliv* (Stockholm, 2009).
    35. Thomas Lindkvist, *Plundring, skatter och den feodala statens framväxt: Organisatoriska tendenser i Sverige under övergången från vikingatid till tidig medeltid*, Opuscula historica Upsaliensia 1 (3rd ed. Uppsala, 1993).

第七章 农场为家

    1. Lars Andersson and Margareta Boije-Backe, *Jarlabankeättens gravplats vid Broby bro: Arkeologisk delundersökning av gravplats med tre skelettgravar vid Broby bro, Täby socken och kommun, Uppland*, Stockholms läns museum: Rapport 1999:4 (Stockholm, 1999).
    2. Winroth, *Conversion of Scandinavia*, 110.
    3. Rune Edberg, "Spår efter en tidig Jerusalemsfärd," *Fornvännen* 101 (2006): 342-346; Johanne Autenrieth, Dieter Geuenich, and Karl Schmid, eds., *Das Verbrüderungsbuch der Abtei Reichenau*, Monumenta Germaniae Historica: Libri memoriales et necrologia, Nova series 1 (Hanover, 1979), 151.
    4. Samnordisk runtextdatabas, U 101, U 136, U 137, U 143, U 310.
    5. Winroth, *Conversion of Scandinavia*, 140-144.
    6. Ursula Dronke, *The Poetic Edda* (Oxford, 1969-2011), 2.176.
    7. Birgit Sawyer, *The Viking-Age Rune-Stones: Custom and Commemoration in Early Medieval Scandinavia* (Oxford, 2000), 112.
    8. Kurt Brøste et al., *Prehistoric Man in Denmark: A Study in Physical Anthropology*, vol. 3, *Iron Age Man in Denmark*, Nordiske fortidsminder Serie B—in quarto 8 (Copenhagen, 1984); Peter Bratt, ed., *Forntid i ny dager* (Stockholm, 1998), 168-176; Palle Eriksen et al., eds., *Vikinger i vest: Vikingetiden i Vestjylland* (Højbjerg, 2009).
    9. Fredrik Svanberg, *Vikingatiden i Skåne* (Lund, 2000), 28-32.
    10. Samnordisk runtextdatabas, N 184.
    11. *Anglo-Saxon Chronicle*, s.a. 876, trans. Swanton, 75.
    12. Jenny Jochens, *Women in Old Norse Society* (Ithaca, N.Y., 1995); Stig Welinder, Ellen Anne Pedersen, and Mats Widgren, *Jordbrukets första femtusen år*, Det svenska jordbrukets historia (Stockholm, 1998).
    13. Samnordisk runtextdatabas, Vs 24.
    14. Andrew Dennis, Peter Godfrey Foote, and Richard Perkins, *Laws of Early Iceland: The Codex Regius of Grágás with Material from Other Manuscripts*, University of Manitoba Icelandic Studies 3 and 5 (Winnipeg, 1980-2000), 2.66; Jochens, *Women in Old Norse Society*, 116-118.
    15. *Rígsþula* 16, trans. Larrington, *The Poetic Edda: A New Translation*, 248.
    16. Óttar svarti, *Hǫfudlausn*, 5, ed. and trans. Matthew Townend in *Skaldic Poetry of the Scandinavian Middle Ages*, ed. Ross, 1.2.747-747; see also Jesch, *Women in the Viking Age*.

17. Roesdahl, *The Vikings*, 34-50.
18. Kent Andersson, *Glas från romare till vikingar* (Uppsala, 2010).
19. *Rígsþula* 15, trans. Larrington, *The Poetic Edda: A New Translation*, 248.
20. Mette Iversen, ed., *Mammen: Grav, kunst og samfund i vikingetid*, Jysk Arkaeologisk Selskabs skrifter 28 (Højbjerg, 1991).
21. Dronke, *The Poetic Edda*, 2.181.
22. James Graham-Campbell and Magdalena Valor, eds., *The Archaeology of Medieval Europe*, Acta Jutlandica 83:1 (Århus, 2007), 192-207
23. Steen Hvass, "The Viking-Age Settlement of Vorbasse, Central Jutland," *Acta Archaeologica* 50 (1979): 137-172.
24. *Beowulf*, lines 81-82, trans. Liuzza, 51.
25. Bratt, *Forntid i ny dager*, 222-230; Cecilia Åqvist, *Sanda—en gård i södra Uppland: Bebyggelse från vendeltid till 1600-tal: Uppland, Fresta socken, Sanda 1:1, RAÄ 147*, UV Mitt Rapport 2004:15 (Hägersten, 2006).
26. *Rígsþula* 8 and 12, trans. Larrington, *The Poetic Edda: A New Translation*, 248.
27. Roy C. Cave and Herbert H. Coulson, *A Sourcebook for Medieval Economic History* (New York, 1936), 46-48, as modernized by Jerome S. Arkenberg at http://www.fordham.edu/halsall/source/1000workers.asp.
28. Michael McCormick, Paul Edward Dutton, and Paul A. Mayewski, "Volcanoes and the Climate Forcing of Carolingian Europe, A.D. 750-950," *Speculum* 82 (2007): 865-895.
29. Rodulfus Glaber, *The Five Books of History* 2.9.17, ed. and trans. John France, Oxford Medieval Texts (Oxford 1989), 81-83.
30. *Beowulf*, lines 3150-3155, trans. Liuzza, 143-144.

第八章　北欧人的信仰

1. Einarr skálaglam Helgason, *Vellekla* 14, ed. Edith Marold in *Skaldic Poetry of the Scandinavian Middle Ages*, ed. Ross, 1.1.301-303. See also Christopher Abram, *Myths of the Pagan North: The Gods of the Norsemen* (London, 2011), 130.
2. Einarr, *Vellekla* 14, ed. Marold, 322-323. See also Abram, *Myths of the Pagan North*, 134.
3. *Hávamál* 156, trans. Larrington, *The Poetic Edda: A New Translation*, 36.
4. Winroth, *Conversion of Scandinavia*.
5. Konstantin Reichardt, "Die Thórsdrápa des Eilífr Godrúnarson: Textinterpretation," *Publications of the Modern Language Association of America* 63, no. 2 (1948): 329-391; Roberta Frank, "Hand Tools and Power Tools in Eilífr's Þórsdrápa," in *Structure and Meaning in Old Norse Literature: New Approaches to Textual Analysis and Literary Criticism*, ed. John Lindow, Lars Lönnroth, and Gerd Wolfgang Weber (Odense, 1986), 94-109; Abram, *Myths of the Pagan North*.
6. Stefan Brink, "How Uniform Was the Old Norse Religion?," in *Learning and Understanding in the Old Norse World*, ed. Judith Quinn, Kate Heslop, and Tarrin Wills (Turnhout, 2007), 106-136.
7. John Lindow, "Thor's 'hamarr,'" *Journal of Germanic and English Philology* 93, no. 4 (1994): 485-503; Thomas A. DuBois, *Nordic Religions in the Viking Age* (Philadelphia, 1999), 158-163; Sæbjørg Walaker Nordeide, *The Viking Age as*

a Period of Religious Transformation: The Christianization of Norway from AD 560–1150/1200, Studies in Viking and Medieval Scandinavia 2 (Turnhout, 2011), 235–244.

8. Lilla Kopár, *Gods and Settlers: The Iconography of Norse Mythology in Anglo-Scandinavian Sculpture*, Studies in the Early Middle Ages 25 (Turnhout, 2012), 58–68.

9. Samnordisk runtextdatabas, U 1161.

10. Bragi gamli, *Ragnarsdrápa* 16, ed. Finnur, *Den norsk-islandske skjaldedigtning*, B:1, 4.

11. Úlfr Uggsson, *Húsdrapa* 6, ed. Finnur, *Den norsk-islandske skjaldedigtning*, B:1, 129.

12. Roberta Frank, "Snorri and the Mead of Poetry," in *Speculum norroenum: Norse Studies in Memory of Gabriel Turville-Petre*, ed. Ursula Dronke et al. (Odense, 1981), 155–170.

13. Otto Gschwantler, "Christus, Thor, und die Midgardschlange," in *Festschrift für Otto Höffler zum 65. Geburtstag*, ed. Otto Gschwantler (Vienna, 1968), 145–168; Henrik Janson, "Snorre, Tors fiskafänge och frågan om den religionshistoriska kontexten," in *Hedendomen i historiens spegel: Bilder av det förkristna Norden*, ed. Catharina Raudvere, Anders Andrén, and Kristina Jennbert, Vägar till Midgård 6 (Lund, 2005), 33–55.

14. *Vafthrudnir's Sayings* 35, trans. Larrington, *The Poetic Edda: A New Translation*, 45. About *lúðr*, see Anne Holtsmark, "Det norrøne ord lúðr," *Maal og minne* (1946): 48–65.

15. Snorri Sturluson, *The Prose Edda: Norse Mythology* (London, 2005), 15–16, adapted.

16. Snorri Sturluson, *The Prose Edda*, 33.

17. DuBois, *Nordic Religions in the Viking Age*, 150.

18. Samnordisk runtextdatabas, DR 220.

19. Adam, *History of the Archbishops of Hamburg-Bremen* 4.26–27, trans. Tschan and Reuter, 207–208.

20. Thietmar of Merseburg, *Chronicon* 1.17, trans. David Warner, *Ottonian Germany: The Chronicon of Thietmar of Merseburg*, Manchester Medieval Sources Series (Manchester, 2001), 80.

21. DuBois, *Nordic Religions in the Viking Age*, 48.

22. Olof Sundqvist, Per Vikstrand, and John Ljungkvist, eds., *Gamla Uppsala i ny belysning*, Religionsvetenskapliga studier från Gävle 9 (Uppsala, 2013).

23. Sigvatr Þórðarson, *Austrfararvísur* 4–5, ed. and trans. R. D. Fulk in *Skaldic Poetry of the Scandinavian Middle Ages*, ed. Ross, 1.2.589–591; trans. R. I. Page, *Chronicles of the Vikings: Records, Memorials, and Myths* (Toronto, 1995), 50.

24. Lunde and Stone, *Ibn Fadlan and the Land of Darkness*, 163.

25. *Völuspá* 7, trans. Larrington, *The Poetic Edda: A New Translation*, 5.

26. Olaf Olsen, *Hørg, hov og kirke: Historiske og arkæologiske vikingetidsstudier* (Copenhagen, 1966), 280; Anette Lassen, *Oden på kristent pergament: En teksthistorisk studie* (Copenhagen, 2011).

27. DuBois, *Nordic Religions in the Viking Age*, 153; Michael Müller-Wille, *Das wikingerzeitliche Gräberfeld von Thumby-Bienebek (Kr. Rendsburg-Eckernförde)*, Offa-Bücher 36 (Neumünster, 1976), 1.54–55.

28. *Landnámabók* 218, trans. Herman Pálsson and Paul Edwards, *The Book of Settlements: Landnámabók* (Winnipeg, 1972), 97. About *Landnámabók* as a historical source, see Orri Vésteinsson and Adolf Friðriksson, "Creating a Past: A Historiography of the Settlement of Iceland," in *Contact, Continuity and Collapse: The Norse Colonization of the North Atlantic*, ed. James Barrett, Studies in the Early Middle Ages 5 (Turnhout, 2003), 139–161.

29. Rimbert, *Life of Ansgar* 11, trans. Robinson, 49.

30. Widukind of Corvey, *Res gestae Saxonicae* 3.65, ed. Paul Hirsch and Hans-Eberhard Lohmann, *Die Sachsengeschichte des Widukind von Korvei*, MGH SS rer. Germ. (Hanover, 1935), 140.

31. *Alcuini sive Albini epistolae* 6, ed. Ernst Dümmler, MGH: Epp. 4 (Berlin, 1895), 31.

32. Winroth, *Conversion of Scandinavia*, 12–16.

33. Eric Knibbs, *Ansgar, Rimbert, and the Forged Foundations of Hamburg-Bremen* (Farnham, Surrey, 2011).

34. Winroth, *Conversion of Scandinavia*, 149.

35. *Anglo-Saxon Chronicle*, s.a. 994, trans. Swanton, 126–129.

36. Oddr Snorrason, *The Saga of Olaf Tryggvason*, trans. Theodore M. Andersson (Ithaca, N.Y., 2003).

37. Sigvatr, *Lausavísa* 19, ed. and trans. R. D. Fulk, *Skaldic Poetry of the Scandinavian Middle Ages*, ed. Ross, 1.2.724–725.

38. Samnordisk runtextdatabas, N 210.

39. MGH: Concilia 6.1.140 and 158.

40. MGH: Auctores antiquissimi 9.574.

第九章 艺术与文字

1. Peterson, *Nordiskt runnamnslexikon med tillägg av frekvenstabeller och finalalfabetisk ordlista*.

2. Klaus Düwel, *Runenkunde* (4th ed. Stuttgart, 2008), 159.

3. Samnordisk runtextdatabas, U 53.

4. Samnordisk runtextdatabas, Sm 37.

5. Samnordisk runtextdatabas, Sm 36.

6. Helmer Gustavson, "Runorna som officerens hemliga skrift och allmogens vardagsvara," in *Gamla och nya runor: Artiklar 1982–2001* (Stockholm, 2003), 113–121; Tore Janson, *Språken och historien* (Stockholm, 1997), 118.

7. Mats G. Larsson, *Kensington 1998: Runfyndet som gäckade världen* (Stockholm, 2012).

8. Samnordisk runtextdatabas, DR 1; see also Düwel, *Runenkunde*, 102.

9. Samnordisk runtextdatabas, Ög 136; see also Erik Brate, *Östergötlands runinskrifter*, Sveriges runinskrifter 2 (Stockholm, 1911), 231–255; Elias Wessén, *Runstenen vid Röks kyrka*, Kungl. Vitterhets-, historie- och antikvitetsakademiens handlingar: Filologisk-filosofiska serien, 5 (Stockholm, 1958); Bo Ralph, "Gåtan som lösning—Ett bidrag till förståelsen av Rökstenens runinskrift," *Maal og minne* (2007): 133–157.

10. Samnordisk runtextdatabas, Öl 1; Roberta Frank, *Old Norse Court Poetry: The Dróttkvætt Stanza*, Islandica 42 (Ithaca, N.Y., 1978); see also Roberta Frank, "Like a Bridge of Stones," *Yale Review* 99, no. 4 (2011), 170–177.

11. *Beowulf*, lines 859–861, trans. Liuzza, 74–75.
12. DuBois, *Nordic Religions in the Viking Age*, 85–91.
13. Sveinbjörn Egilsson and Finnur Jónsson, *Lexicon poeticum antiquæ linguæ Septentrionalis: Ordbog over det norsk-islandske skjaldesprog* (2nd ed. Copenhagen, 1931).
14. Sveinbjörn and Finnur, *Lexicon poeticum*.
15. Sven Söderberg and Erik Brate, *Ölands runinskrifter*, Sveriges runinskrifter 1 (Stockholm, 1900), 14–37; Richard Cleasby, Guðbrandur Vigfússon, and William A. Craigie, *An Icelandic–English Dictionary* (2nd ed. Oxford, 1957), 766.
16. *Beowulf*, 497–498, trans. Liuzza, 64.
17. Arnórr jarlaskáld Þórðarson, *Hrynhenda, Magnússdrápa*, ed. and trans. Diana Whaley in *Skaldic Poetry of the Scandinavian Middle Ages*, ed. Ross, 2.1.181–206.
18. Arnórr, *Hrynhenda, Magnússdrápa* 16, ed. and trans. Whaley, 202; Arnórr, *Magnússdrápa* 2, ed. and trans. Diana Whaley in *Skaldic Poetry of the Scandinavian Middle Ages*, ed. Ross, 2.1.209–210
19. *Krákumál* 14, ed. Finnur, *Den norsk-islandske skjaldedigtning*, B:1, 652; Tindr Hallkelsson, *Hákonardrápa* 1, ed. Russell Poole in *Skaldic Poetry of the Scandinavian Middle Ages*, ed. Ross, 1.1.338–341. See also Roberta Frank, "Quid Hinieldus cum feminis: The Hero and Women at the End of the First Millennium," in *La functione dell'eroe germanico: Storicita, metafora, paradigma*, ed. Teresa Paroli (Rome, 1995), 21.
20. Haraldr harðráði Sigurðarson, *Lausavísur* 4, ed. and trans. Kari Ellen Gade in *Skaldic Poetry of the Scandinavian Middle Ages*, ed. Ross, 2.1.46–47; see also Jesch, *Women in the Viking Age*.
21. Þjóðólfr, Arnórsson, *Stanzas about Magnús Óláfsson in Danaveldi* 1, ed. and trans. Diana Whaley in *Skaldic Poetry of the Scandinavian Middle Ages*, ed. Ross, 2.1.88.
22. Eyvindr skáldaspillir Finnsson, *Háleygjatal* 12, ed. and trans. Russell Poole in *Skaldic Poetry of the Scandinavian Middle Ages*, ed. Ross, 1.1.211–212. See also Roberta Frank, "The Lay of the Land in Skaldic Praise Poetry," in *Myth in Early Northwest Europe*, ed. Stephen O. Glosecki (Tempe, Ariz., 2007), 175–196.
23. Janet Nelson, "The Frankish Empire," in *The Oxford Illustrated History of the Vikings*, ed. Peter Sawyer (Oxford, 1997), 19–47, points out that no Viking rapes are mentioned in the *Annals of St-Bertin*, and I have not seen any such reference in any other of the contemporary year-by-year accounts of Viking attacks, such as the *Anglo-Saxon Chronicle* and the *Annals of Fulda*.
24. Þjóðólfr, *Stanzas* 4, ed. and trans. Whaley, 91.
25. *Kulturhistoriskt lexikon för nordisk medeltid från vikingatid till reformationstid* (Malmö, 1956–1982), 19.468–469, s.v. "Valkyrje," by Anne Holtsmark.
26. Þórbjörn hornklofi, *Haraldskvæði (Hrafnsmál)* 1 and 3, ed. R. D. Fulk in *Skaldic Poetry of the Scandinavian Middle Ages*, ed. Ross, 1.1.94–97. Quotation below is from stanza 6. Unlike Fulk, I have chosen not to emend the text of the manuscripts: "beak" and "mouth" are in the singular, while "ravens" appears in the plural.
27. Rǫgnvaldr jarl Kali Kolsson, *Lausavísa* 15, ed. and trans. Judith Jesch in *Skaldic Poetry of the Scandinavian Middle Ages*, ed. Ross, 2.2.592–593.
28. Sandra Ballif Straubhaar, *Old Norse Women's Poetry: The Voices of Female Skalds* (Rochester, N.Y., 2011).

29. Jesch, *Women in the Viking Age*, 166–167.
30. James Graham-Campbell, *Viking Art* (London, 2013), 58–59.
31. Samnordisk runtextdatabas, Sö 101. See also David M. Wilson, *Vikingatidens konst*, trans. Henrika Ringbom, Signums svenska konsthistoria (Lund, 1995), 166–174; Klaus Düwel, "On the Sigurd Representations in Great Britain and Scandinavia," in *Languages and Cultures: Studies in Honor of Edgar C. Polomé*, ed. Mohammad Ali Jazayery and Werner Winter (Berlin, 1988), 133–156; and Nancy L. Wicker, "The Scandinavian Animal Styles in Response to Mediterranean and Christian Narrative Art," in *The Cross Goes North: Processes of Conversion in Northern Europe, AD 300–1300*, ed. Martin Carver (York, 2003), 531–550.
32. Erik Nylén and Jan Peder Lamm, *Bildstenar* (3rd ed. Stockholm, 2003).
33. David M. Wilson, "The Development of Viking Art," in *The Viking World*, ed. Stefan Brink and Neil Price (Abingdon, 2008), 321–338.
34. Wilson, *Vikingatidens konst*; Graham-Campbell, *Viking Art*.
35. Wilson, "The Development of Viking Art."
36. Mårten Stenberger, "Erikstorpsspännet och Hedeby," *Fornvännen* 45 (1950): 36–40.
37. Samnordisk runtextdatabas, U 871.

第十章　后记：维京时代的终结

1. Theodore M. Andersson and Kari Ellen Gade, *Morkinskinna: The Earliest Icelandic Chronicle of the Norwegian Kings (1030–1157)*, Islandica 51 (Ithaca, N.Y., 2000), 271; Kelly DeVries, *The Norwegian Invasion of England in 1066*, Warfare in History (Woodbridge, U.K., 1999), 291.
2. David Bates, *Normandy before 1066* (London, 1982).
3. Good surveys of medieval Scandinavian history in English are Birgit Sawyer and P. H. Sawyer, *Medieval Scandinavia: From Conversion to Reformation, circa 800–1500*, The Nordic Series 17 (Minneapolis, 1993); and Sverre Bagge, *Cross and Scepter: The Rise of the Scandinavian Kingdoms from the Vikings to the Reformation* (Princeton, N.J., 2014).
4. Lindkvist, *Plundring, skatter och den feodala statens framväxt*, 61.
5. Lindkvist, *Plundring, skatter och den feodala statens framväxt*.
6. Niels Lund, *Lið, leding og landeværn: Hær og samfund i Danmark i ældre middelalder* (Roskilde, 1996); Rikke Malmros, *Vikingernes syn på militær og samfund belyst gennem skjaldenes fyrstedigtning* (Århus, 2010); Bagge, *From Viking Stronghold to Christian Kingdom*, 72–79.
7. Bagge, *Cross and Scepter*.
8. Vegard Skånland, *Det eldste norske provinsialstatutt* (Oslo, 1969).

参考文献

Abels, Richard. "What Has Weland to Do with Christ? The Franks Casket and the Acculturation of Christianity in Early Anglo-Saxon England." *Speculum* 84 (2009): 549–581.
Abram, Christopher. *Myths of the Pagan North: The Gods of the Norsemen.* London, 2011.
Adam of Bremen. *History of the Archbishops of Hamburg-Bremen.* Translated by Francis Joseph Tschan and Timothy Reuter. Records of Western Civilization. New York, 2002.
Bjarni Einarsson, ed. *Ágrip af Nóregskonunga sǫgum: Fagrskinna—Noregs konunga tal.* Íslenzk fornrit 29. Reykjavik, 1985.
al-Azmeh, Aziz. "Barbarians in Arab Eyes." *Past and Present* 134 (1992): 3–18.
Andersen, H. Hellmuth. *Til hele rigets værn: Danevirkes arkæologi og historie.* Højbjerg, 2004.
Andersson, Kent. *Glas från romare till vikingar.* Uppsala, 2010.
Andersson, Lars, and Margareta Boije-Backe. *Jarlabankeättens gravplats vid Broby bro: Arkeologisk delundersökning av gravplats med tre skelettgravar vid Broby bro, Täby socken och kommun, Uppland.* Stockholms läns museum: Rapport 1999:4. Stockholm, 1999.
Andersson, Theodore M., and Kari Ellen Gade. *Morkinskinna: The Earliest Icelandic Chronicle of the Norwegian Kings (1030–1157).* Islandica 51. Ithaca, N.Y., 2000.
Åqvist, Cecilia. *Sanda—en gård i södra Uppland: Bebyggelse från vendeltid till 1600-tal: Uppland, Fresta socken, Sanda 1:1, RAÄ 147.* UV Mitt Rapport 2004:15. Hägersten, 2006.
Arneborg, Jette, and Hans Christian Gulløv, eds. *Man, Culture and Environment in Ancient Greenland: Report on a Research Programme.* Copenhagen, 1998.
Arneborg, Jette, Georg Nyegaard, and Orri Vésteinsson, eds. *Norse Greenland: Selected Papers from the Hvalsey Conference 2008. Journal of the North Atlantic,* special volume 2 (2012).

Autenrieth, Johanne, Dieter Geuenich, and Karl Schmid, eds. *Das Verbrüderungsbuch der Abtei Reichenau*. Monumenta Germaniae Historica: Libri memoriales et necrologia, Nova series 1. Hanover, 1979.
Bagge, Sverre. *Cross and Scepter: The Rise of the Scandinavian Kingdoms from the Vikings to the Reformation*. Princeton, N.J., 2014.
———. *From Viking Stronghold to Christian Kingdom: State Formation in Norway, c. 900–1350*. Copenhagen, 2010.
Bárðarson, Ívarr. *See* Ívarr Bárðarson.
Barrett, James H. "The Norse in Scotland." In *The Viking World*, edited by Stefan Brink and Neil Price, 411–427. Abingdon, 2008.
Barrett, James H., Alison M. Locker, and Callum M. Roberts. "'Dark Age Economics' Revisited: The English Fish Bone Evidence, AD 600–1600." *Antiquity* 78 (2004): 618–636.
Bately, Janet, and Anton Englert. *Ohthere's Voyages: A Late 9th-Century Account of Voyages along the Coasts of Norway and Denmark and Its Cultural Context*. Roskilde, 2007.
Bates, David. *Normandy before 1066*. London, 1982.
Berglund, Joel. "The Farm beneath the Sand." In *Vikings: The North Atlantic Saga*, edited by William W. Fitzhugh and Elisabeth I. Ward, 295–303. Washington, D.C., 2000.
Bill, Jan. "Ships and Seamanship." In *The Oxford Illustrated History of the Vikings*, edited by Peter Sawyer, 182–201. Oxford, 1997.
———. "Viking Ships and the Sea." In *The Viking World*, edited by Stefan Brink and Neil Price, 170–180. Abingdon, 2008.
Blackburn, M.A.S., and Kenneth Jonsson. "The Anglo-Saxon and Anglo-Norman Element of North European Coin Finds." In *Viking-Age Coinage in the Northern Lands*, edited by M.A.S. Blackburn and M. S. Metcalf, 147–255. BAR International ser. 122. Oxford, 1981.
Blackburn, Mark. "Money and Coinage." In *The New Cambridge Medieval History*, vol. 1, edited by Rosamond McKitterick, 538–560. Cambridge, 1995.
Bolin, Sture. "Mohammed, Charlemagne and Rurik." *Scandinavian Economic History Review* 1 (1953): 5–39.
Bolton, J. L. *Money in the Medieval English Economy, 973–1489*. Manchester, 2012.
Bolton, Timothy. *The Empire of Cnut the Great: Conquest and the Consolidation of Power in Northern Europe in the Early Eleventh Century*. The Northern World: North Europe and the Baltic, c. 400–1700 A.D: Peoples, Economies and Cultures. Leiden, 2009.
Bradley, S.A.J. *Anglo-Saxon Poetry*. London, 1982.
Brate, Erik. *Östergötlands runinskrifter*. Sveriges runinskrifter 2. Stockholm, 1911.
Bratt, Peter, ed. *Forntid i ny dager*. Stockholm, 1998.

Brink, Stefan. "How Uniform Was the Old Norse Religion?" In *Learning and Understanding in the Old Norse World*, edited by Judith Quinn, Kate Heslop, and Tarrin Wills, 106-136. Turnhout, 2007.
Brøste, Kurt, Jørgen Balslev Jørgensen, Ulla Lund Hansen, and Berit Jansen Sellevold. *Prehistoric Man in Denmark: A Study in Physical Anthropology*. Vol. 3, *Iron Age Man in Denmark*. Nordiske fortidsminder Serie B—in quarto 8. Copenhagen, 1984.
Burström, Mats. *Arkeologisk samhällsavgränsning: En studie av vikingatida samhällsterritorier i Smålands inland*. Stockholm Studies in Archaeology 9. Stockholm, 1991.
Byock, Jesse L. *Viking Age Iceland*. London, 2001.
Campbell, Brian R. "The 'suþerne gar' in 'The Battle of Maldon.'" *Notes and Queries* 16, no. 2 (1969): 45-46.
Campbell, James. "Domesday Herrings." In *East Anglia's History: Studies in Honor of Norman Scarfe*, edited by Christopher Harper-Bill, Carole Rawcliffe, and Richard G. Wilson, 5-17. Woodbridge, 2002.
Capelle, Torsten. "Schiffsetzungen." *Praehistorische Zeitschrift* 61 (1986): 1-62.
Cave, Roy C., and Herbert H. Coulson. *A Sourcebook for Medieval Economic History*. New York, 1936.
Christensen, Tom. "Lejre and Roskilde." In *The Viking World*, edited by Stefan Brink and Neil Price, 121-125. Abingdon, 2008.
Clarke, Helen, and Björn Ambrosiani. *Towns in the Viking Age*. Leicester, 1991.
Cleasby, Richard, Guðbrandur Vigfússon, and William A. Craigie. *An Icelandic–English Dictionary*. 2nd ed. Oxford, 1957.
Coupland, Simon. "From Poachers to Game-Keepers: Scandinavian Warlords and Carolingian Kings." *Early Medieval Europe* 7 (1998): 85-114.
Cross, Samuel Hazzard, and Olgerd P. Sherbowitz-Wetzor. *The Russian Primary Chronicle: Laurentian Text*. Cambridge, Mass., 1973.
Deacon, Paul the. *See* Paul the Deacon.
Dennis, Andrew, Peter Godfrey Foote, and Richard Perkins. *Laws of Early Iceland: The Codex Regius of Grágás with Material from Other Manuscripts*. University of Manitoba Icelandic Studies 3 and 5. Winnipeg, 1980-2000.
DeVries, Kelly. *The Norwegian Invasion of England in 1066*. Warfare in History. Woodbridge, U.K., 1999.
Dronke, Ursula. *The Poetic Edda*. Oxford, 1969-2011.
DuBois, Thomas A. *Nordic Religions in the Viking Age*. Philadelphia, 1999.
Duby, Georges. *The Early Growth of the European Economy: Warriors and Peasants from the Seventh to the Twelfth Century*. World Economic History. Ithaca, N.Y., 1974.

Dutton, Paul Edward. *Carolingian Civilization: A Reader*. Peterborough, Ont., 1993.
Düwel, Klaus. *Das Opferfest von Lade: Quellenkritische Untersuchungen zur germanischen Religionsgeschichte*. Wiener Arbeiten zur germanischen Altertumskunde und Philologie 27. Wien, 1985.
———. "On the Sigurd Representations in Great Britain and Scandinavia." In *Languages and Cultures: Studies in Honor of Edgar C. Polomé*, edited by Mohammad Ali Jazayery and Werner Winter, 133–156. Berlin, 1988.
———. *Runenkunde*. 4th ed. Stuttgart, 2008.
Edberg, Rune. "Spår efter en tidig Jerusalemsfärd." *Fornvännen* 101 (2006): 342–346.
Egilsson, Sveinbjörn. *See* Sveinbjörn Egilsson.
Einarsson, Bjarni. *See* Bjarni Einarsson.
[Eiríkur Jónsson and Finnur Jónsson, eds.] *Hauksbók udgiven efter de Arnamagnæanske Håndskrifter No. 371, 544 og 675, 40 samt forskellige Papirshåndskrifter af det Kongelige Nordiske Oldskrift-Selskab*. Copenhagen, 1892–1896.
Eithun, Bjørn, Magnus Rindal, and Tor Ulset. *Den eldre Gulatingslova*. Norrøne tekster 6. Oslo, 1994.
Eldjárn, Kristján. *Kuml og haugfé úr heiðnum sið á Íslandi*. Edited by Adolf Friðriksson. 2nd ed. Reykjavik, 2000.
Ellis Davidson, Hilda. *The Sword in Anglo-Saxon England: Its Archaeology and Literature*. Woodbridge, Suffolk, 1998.
Englert, Anton, and Athena Trakadas, eds. *Wulfstan's Voyage: The Baltic Sea Region in the Early Viking Age as Seen from Shipboard*. Roskilde, 2009.
Ericson, Per G. P., Elisabeth Iregren, and Maria Vretemark. "Animal Exploitation at Birka—A Preliminary Report." *Fornvännen* 83 (1988): 81–88.
Eriksen, Palle, Torben Egeberg, Lis Helles Olesen, and Hans Rostholm, eds. *Vikinger i vest: Vikingetiden i Vestjylland*. Højbjerg, 2009.
Fellows-Jenssen, Gillian. "Scandinavian Place-Names in the British Isles." In *The Viking World*, edited by Stefan Brink and Neil Price, 391–400. Abingdon, 2008.
———. *The Vikings and Their Victims: The Evidence of the Names*. London, 1995.
Fenger, Ole. *"Kirker reses alle vegne": 1050–1250*. Gyldendal og Politikens Danmarkshistorie. Copenhagen, 1989.
Finlay, Alison. *Fagrskinna: A Catalogue of the Kings of Norway*. Leiden, 2004.
Finnur Jónsson. *Den norsk-islandske skjaldedigtning*. Copenhagen, 1912.
Fitzhugh, William W., and Elisabeth I. Ward, eds. *Vikings: The North Atlantic Saga*. Washington, D.C., 2000.
Fleming, Robin. *Britain after Rome: The Fall and Rise, 400–1070*. Penguin History of Britain. London, 2010.

Flodoard. *The Annals of Flodoard of Reims, 919–966*. Translated by Bernard S. Bachrach and Steven Fanning. Readings in Medieval Civilizations and Cultures 9. Peterborough, Ont., 2004.

Frank, Roberta. "Hand Tools and Power Tools in Eilífr's Þórsdrápa." In *Structure and Meaning in Old Norse Literature: New Approaches to Textual Analysis and Literary Criticism*, edited by John Lindow, Lars Lönnroth, and Gerd Wolfgang Weber, 94–109. Odense, 1986.

———. "The Invention of the Viking Horned Helmet." In *International Scandinavian and Medieval Studies in Memory of Gerd Wolfgang Weber*, edited by Michael Dallapiazza, 199–208. Trieste, 2000.

———. "The Lay of the Land in Skaldic Praise Poetry." In *Myth in Early Northwest Europe*, edited by Stephen O. Glosecki, 175–196. Tempe, Ariz., 2007.

———. "Like a Bridge of Stones." *Yale Review* 99, no. 4 (2011): 170–177.

———. *Old Norse Court Poetry: The Dróttkvætt Stanza*. Islandica 42. Ithaca, N.Y., 1978.

———. "Quid Hinieldus cum feminis: The Hero and Women at the End of the First Millennium." In *La functione dell'eroe germanico: Storicita, metafora, paradigma*, edited by Teresa Paroli, 7–25. Rome, 1995.

———. "Snorri and the Mead of Poetry." In *Speculum norroenum: Norse Studies in Memory of Gabriel Turville-Petre*, edited by Ursula Dronke, Gudrun P. Helgadóttir, Gerd Wolfgang Weber, and Hans Bekker-Nielsen, 155–170. Odense, 1981.

Franklin, Simon, and Jonathan Shepard. *The Emergence of Rus: 750–1200*. Longman History of Russia. London, 1996.

Friðriksdóttir, Jóhanna Katrín. *See* Jóhanna Katrín Friðriksdóttir.

Frye, Richard N. *Ibn Fadlan's Journey to Russia: A Tenth-Century Traveler from Baghad to the Volga River*. Princeton, N.J., 2005.

Gansum, Terje. "Fra jord till handling." In *Plats och praxis: Arkeologiska och religionshistoriska studier av norrön ritual*, edited by Kristina Jennbert, Anders Andrén, and Catharina Raudvere. Vägar till Midgård 2, 249–286. Lund, 2001.

Garipzanov, Ildar H. *The Symbolic Language of Authority in the Carolingian World (c. 751–877)*. Brill's Series on the Early Middle Ages 16. Leiden, 2008.

Geijer, Agnes. *Die Textilfunde aus den Gräbern*. Birka: Untersuchungen und Studien 3. Stockholm, 1938.

Glaber, Rodulfus. *See* Rodulfus Glaber.

Goodacre, S., A. Helgason, J. Nicholson, L. Southam, L. Ferguson, E. Hickey, E Vega, et al. "Genetic Evidence for a Family-Based Scandinavian Settlement of Shetland and Orkney during the Viking Periods." *Heredity* 95 (2005): 129–135.

Götherström, Anders. *Acquired or Inherited Prestige? Molecular Studies of Family Structures and Local Horses in Central Svealand during the Early*

Medieval Period. Theses and Papers in Scientific Archaeology 4. Stockholm, 2001.
Graham-Campbell, James. *Viking Art*. London, 2013.
Graham-Campbell, James, and Magdalena Valor, eds. *The Archaeology of Medieval Europe*, Acta Jutlandica 83:1. Århus, 2007.
Grammaticus, Saxo. *See* Saxo Grammaticus.
Grierson, Philip, M.A.S. Blackburn, and Lucia Travaini. *Medieval European Coinage: With a Catalogue of the Coins in the Fitzwilliam Museum, Cambridge*. Cambridge, 1986.
Gschwantler, Otto. "Christus, Thor, und die Midgardschlange." In *Festschrift für Otto Höffler zum 65. Geburtstag*, edited by Otto Gschwantler, 145–168. Vienna, 1968.
Gustavson, Helmer. "Runorna som officerens hemliga skrift och allmogens vardagsvara." In *Gamla och nya runor: Artiklar 1982–2001*, 113–121. Stockholm, 2003.
Gustin, Ingrid. "Means of Payment and the Use of Coins in the Viking Age Town of Birka in Sweden: Preliminary Results." *Current Swedish Archaeology* 6 (1998): 73–83.
Hadley, D. M. *The Vikings in England: Settlement, Society and Culture*. Manchester Medieval Studies. Manchester, 2006.
Hadley, Dawn M. "The Creation of the Danelaw." In *The Viking World*, edited by Stefan Brink and Neil Price, 375–378. Abingdon, 2008.
Harrison, Dick. *600–1350: Sveriges historia*. Stockholm, 2009.
Harrison, Dick, and Kristina Ekero Svensson. *Vikingaliv*. Stockholm, 2009.
"Havhingsten fra Glendalough (*Skuldelev 2*)." Viking Ship Museum, http://www.vikingeskibsmuseet.dk/en/research/ship-reconstruction/skuldelev-2/.
Herman Pálsson and Paul Edwards. *The Book of Settlements: Landnámabók*. Winnipeg, 1972.
Hermóðsdóttir, Hildur. *See* Hildur Hermóðsdóttir.
Herschend, Frands. *Livet i hallen: Tre fallstudier i den yngre järnålderns aristokrati*. Occasional Papers in Archaeology (Uppsala) 14. Uppsala, 1997.
Hildur Hermóðsdóttir. *Icelandic Turf Houses*. Translated by Anna Yates. Reykjavik, 2012.
Holck, Per. "The Skeleton from the Gokstad Ship: New Evaluation of an Old Find." *Norwegian Archaeological Review* 42, no. 1 (2009): 40–49.
Holtsmark, Anne. "Det norrøne ord lúðr." *Maal og minne* (1946): 48–65.
Hudson, Benjamin T. *Viking Pirates and Christian Princes: Dynasty, Religion, and Empire in the North Atlantic*. Oxford, 2005.
Hvass, Steen. "The Viking-Age Settlement of Vorbasse, Central Jutland." *Acta Archaeologica* 50 (1979): 137–172.
Hyenstrand, Åke. *Lejonet, draken och korset: Sverige, 500–1000*. Lund, 1996.

Imsen, Steinar. *Hirdloven til Norges konge og hans håndgangne menn.* Oslo, 2000.
Ívarr Bárðarson. *Det gamle Grønlands beskrivelse.* Edited by Finnur Jónsson. Copenhagen, 1930.
Iversen, Mette, ed. *Mammen: Grav, kunst og samfund i vikingetid,* Jysk Arkaeologisk Selskabs skrifter 28. Højbjerg: Jysk arkaeologisk selskab, 1991.
Jankuhn, Herbert. *Haithabu: Ein Handelsplatz der Wikingerzeit.* 3rd ed. Neumünster, 1956.
Janson, Henrik. "Snorre, Tors fiskafänge och frågan om den religionshistoriska kontexten." In *Hedendomen i historiens spegel: Bilder av det förkristna Norden,* edited by Catharina Raudvere, Anders Andrén, and Kristina Jennbert. Vägar till Midgård 6, 33–55. Lund, 2005.
Janson, Tore. *Språken och historien.* Stockholm, 1997.
Jansson, Sven B. F. *The Runes of Sweden.* Stockholm, 1962.
Jesch, Judith. "In Praise of Ástríðr Óláfsdóttir." *Saga-Book* 24 (1994–1997): 1–18.
———. *Ships and Men in the Late Viking Age: The Vocabulary of Runic Inscriptions and Skaldic Verse.* Woodbridge, 2001.
———. *Women in the Viking Age.* Woodbridge, Suffolk, 1991.
Jochens, Jenny. *Women in Old Norse Society.* Ithaca, N.Y., 1995.
Jóhanna Katrín Friðriksdóttir. *Women in Old Norse Literature: Bodies, Words, and Power.* New York, 2013.
Jón Viðar Sigurðsson. *Norsk historie, 800–1300.* Samlagets Norsk historie, 800–2000. Oslo, 1999.
Jones, Gwyn. *A History of the Vikings.* London, 1968.
Jónsson, Eiríkur. *See* Eiríkur Jónsson.
Jónsson, Finnur. *See* Finnur Jónsson.
Jordanes. *De origine actibusque Getarum.* Edited by Francesco Giunta and Antonino Grillone. Fonti per la storia d'Italia 117. Rome, 1991.
———. *The Gothic History of Jordanes in English Version.* Translated by Charles Christopher Mierow. Princeton, N.J., 1915.
Keyser, Rudolph, P. A. Munch, Gustav Storm, and Ebbe Hertzberg. *Norges gamle love indtil 1387.* Christiania, 1846.
Knibbs, Eric. *Ansgar, Rimbert, and the Forged Foundations of Hamburg-Bremen.* Farnham, Surrey, 2011.
Kopár, Lilla. *Gods and Settlers: The Iconography of Norse Mythology in Anglo-Scandinavian Sculpture.* Studies in the Early Middle Ages 25. Turnhout, 2012.
Kovalev, Roman K., and Alexis C. Kaelin. "Circulation of Arab Silver in Medieval Afro-Eurasia: Preliminary Observations." *History Compass* 5, no. 2 (2007): 560–580. doi:10.1111/j.1478-0542.2006.00376.x, http://www.blackwell-synergy.com/doi/abs/10.1111/j.1478-0542.2006.00376.x.

Krag, Claus. *Norges historie fram til 1319*. Oslo, 2000.
Krogh, Knud J. *Gåden om Kong Gorms grav: Historien om Nordhøjen i Jelling*. Vikingekongernes monumenter i Jelling 1. Copenhagen, 1993.
Kulturhistoriskt lexikon för nordisk medeltid från vikingatid till reformationstid. 22 vols. Malmö, 1956–1982.
Kurze, Friedrich, ed. *Annales regni Francorum inde ab a. 741 usque ad a. 829*, MGH: SS rer. Germ. Hanover, 1895.
Kyhlberg, Ola. "Vågar och viktlod: Diskussion kring frågor om precision och noggrannhet." *Fornvännen* 70 (1975): 156–165.
———. *Vikt och värde: Arkeologiska studier i värdemätning, betalningsmedel och metrologi under yngre järnålder: 1. Helgö, 2. Birka*. Stockholm studies in archaeology 1. Stockholm, 1980.
Larrington, Carolyne. *The Poetic Edda: A New Translation*. Oxford, 1996.
Larsson, Annika. "Vikingar begravda i kinesiskt siden." *Valör*, no. 3/4 (2008): 33–43.
Larsson, Mats G. *Kensington 1998: Runfyndet som gäckade världen*. Stockholm, 2012.
Lassen, Anette. *Oden på kristent pergament: En tekshistorisk studie*. Copenhagen, 2011.
Laur, Wolfgang. *Runendenkmäler in Schleswig-Holstein und in Nordschleswig*. 2nd ed. Schleswig, 2009.
Lindkvist, Thomas. *Plundring, skatter och den feodala statens framväxt: Organisatoriska tendenser i Sverige under övergången från vikingatid till tidig medeltid*. Opuscula historica Upsaliensia 1. 3rd ed. Uppsala, 1993.
Lindow, John. "Thor's 'hamarr.'" *Journal of Germanic and English Philology* 93, no. 4 (1994): 485–503.
Liuzza, R. M. *Beowulf*. 2nd ed. Peterborough, Ont., 2013.
Lübke, Christian. *Fremde im östlichen Europa: Von Gesellschaften ohne Staat zu verstaatlichten Gesellschaften (9.–11. Jahrhundert)*. Ostmitteleuropa in Vergangenheit und Gegenwart. Cologne, 2001.
Lund, Niels. "Gorm den gamle og Thyre Danebod." In *Danske kongegrave*, edited by Karin Kryger. Copenhagen, 2014.
———. *Lið, leding og landeværn: Hær og samfund i Danmark i ældre middelalder*. Roskilde, 1996.
Lund, Niels, Ole Crumlin-Pedersen, P. H. Sawyer, and Christine E. Fell. *Two Voyagers at the Court of King Alfred: The Ventures of Ohthere and Wulfstan, Together with the Description of Northern Europe from the Old English Orosius*. York, 1984.
Lunde, Paul, and Caroline Stone. *Ibn Fadlan and the Land of Darkness: Arab Travellers in the Far North* London, 2012.
Lundström, Per. *De kommo vida: Vikingars hamn vid Paviken på Gotland*. Sjöhistoriska museets rapportserie 15. Stockholm, 1981.

Lynnerup, Niels. "Life and Death in Norse Greenland." In *Vikings: The North Atlantic Saga*, edited by William W. Fitzhugh and Elisabeth I. Ward, 285–294. Washington, D.C., 2000.

Mac Airt, Seán, and Gearóid Mac Niocaill. *The Annals of Ulster (to A.D. 1131)*. [Dublin], 1983.

Magnússon, Þór. "Bátkumlið í Vatnsdal í Patreksfirði." *Árbok Hins íslenzka fornleifafélags* 63 (1966): 5–32.

Maixner, Birgit. *Haithabu: Fernhandelszentrum zwischen den Welten*. Schleswig, 2010.

Malmer, Brita. *Den svenska mynthistorien: Vikingatiden ca 995–1030*. Stockholm, 2010.

Malmros, Rikke. *Vikingernes syn på militær og samfund belyst gennem skjaldenes fyrstedigtning*. Århus, 2010.

Martin, Janet. *Treasure of the Land of Darkness: The Fur Trade and Its Significance for Medieval Russia*. Cambridge, 1986.

McCormick, Michael. "New Light on the 'Dark Ages': How the Slave Trade Fuelled the Carolingian Economy." *Past and Present*, no. 177 (2002): 17–54.

———. *Origins of the European Economy: Communications and Commerce A.D. 300–900*. Cambridge, 2001.

McCormick, Michael, Paul Edward Dutton, and Paul A. Mayewski. "Volcanoes and the Climate Forcing of Carolingian Europe, A.D. 750–950." *Speculum* 82 (2007): 865–895.

McLeod, Shane. "Warriors and Women: The Sex Ratio of Norse Immigrants to Eastern England up to 900 AD." *Early Medieval Europe* 19 (2011): 332–353.

Merlet, René, ed. *La chronique de Nantes*. Paris, 1896.

Montgomery, James E. "Ibn Fadlan and the Russiyah." *Journal of Arabic and Islamic Studies* 3 (2000): 1–25.

Monumenta Germaniae Historica: Auctores antiquissimi 9. Edited by Theodorus Mommsen. Berlin, 1892.

Monumenta Germaniae Historica: Concilia 6. Edited by Ernst-Dieter Hehl with collaboration by Horst Fuhrmann and Carlo Servatius. Hanover, 1987–2007.

Monumenta Germaniae Historica: Epistulae 4. Berlin, 1895.

Monumenta Germaniae Historica: Poetae 3. Berlin, 1896.

Monumenta Germaniae Historica: Scriptores 15.2. Hanover, 1888.

Morgan, David. *The Mongols*. 2nd ed. Oxford, 2007.

Mühle, Eduard. *Die städtischen Handelszentren der nordwestlichen Rus: Anfänge und frühe Entwicklung altrussischer Städte (bis gegen Ende des 12. Jahrhunderts)*. Quellen und Studien zur Geschichte des östlichen Europa 32. Stuttgart, 1991.

———. "Gnezdovo—das alte Smolensk? Zur Deutung eines Siedlungskomplexes des ausgehenden 9. bis beginnend 11. Jahrhunderts." *Bericht der römisch-germanischen Kommission* 69 (1988): 358–410.
Müller-Wille, Michael. *Bestattung im Boot. Studien zu einer nordeuropäischen Grabsitte*. Offa 25/26. Neumünster, 1970.
———. *Das wikingerzeitliche Gräberfeld von Thumby-Bienebek (Kr. Rendsburg-Eckernförde)*, vol.1. Offa-Bücher 36. Neumünster, 1976.
Näsström, Britt-Mari. *Bärsärkarna: Vikingatidens elitsoldater*. Stockholm, 2006.
Nelson, Janet. *The Annals of St-Bertin*. Ninth-Century Histories 1. Manchester, 1991.
———. "The Frankish Empire." In *The Oxford Illustrated History of the Vikings*, edited by Peter Sawyer, 19–47. Oxford, 1997.
Nordeide, Sæbjørg Walaker. *The Viking Age as a Period of Religious Transformation: The Christianization of Norway from AD 560–1150/1200*. Studies in Viking and Medieval Scandinavia 2. Turnhout, 2011.
Norges innskrifter med de yngre runer. Norges innskrifter indtil reformationen, afd 2. Oslo, 1941–.
Nylén, Erik. *Bygden, skeppen och havet*. Antikvariskt arkiv 49. Stockholm, 1973.
Nylén, Erik, and Jan Peder Lamm. *Bildstenar*. 3rd ed. Stockholm, 2003.
Oddr Snorrason. *The Saga of Olaf Tryggvason*. Translated by Theodore M. Andersson. Ithaca, N.Y., 2003.
Olsen, Olaf. *Hørg, hov og kirke: Historiske og arkæologiske vikingetidsstudier*. Copenhagen, 1966.
Orning, Hans Jacob. *Frem til 1400*. Norvegr: Norges historie. Oslo, 2011.
Orri Vésteinsson and Adolf Friðriksson. "Creating a Past: A Historiography of the Settlement of Iceland." In *Contact, Continuity and Collapse: The Norse Colonization of the North Atlantic*, edited by James Barrett. Studies in the Early Middle Ages 5, 139–161. Turnhout, 2003.
Page, R. I. *Chronicles of the Vikings: Records, Memorials, and Myths*. Toronto, 1995.
———. *"A Most Vile People": Early English Historians on the Vikings*. London, 1987.
Pálsson, Herman. *See* Herman Pálsson.
Paul the Deacon. *History of the Lombards*. Translated by William Dudley Foulke. Sources of Medieval History. Philadelphia, 1974.
Petersen, Hans Christian. "The Norse Legacy in Greenland." In *Vikings: The North Atlantic Saga*, edited by William W. Fitzhugh and Elisabeth I. Ward, 340–349. Washington, D.C., 2000.
Peterson, Lena. *Nordiskt runnamnslexikon med tillägg av frekvenstabeller och finalalfabetisk ordlista*. Uppsala, 2002.

Pettersson, Ann-Marie, ed. *Spillingsskatten: Gotland i vikingatidens världshandel*. Visby, 2008.
Price, Neil. "Dying and the Dead: Viking Age Mortuary Behaviour." In *The Viking World*, edited by Stefan Brink and Neil Price, 257–273. Abingdon, 2008.
Ralph, Bo. "Gåtan som lösning—Ett bidrag till förståelsen av Rökstenens runinskrift." *Maal og minne* (2007): 133–157.
Procopius. *History of the Wars*. Translated by H. B. Dewing. Loeb Classical Library 107. Cambridge, Mass., 1919.
Ramqvist, Per H. "Perspektiv på lokal variation och samhälle i Nordens folkvandringstid." In *Samfundsorganisation og regional variation: Norden i romersk jernålder og folkevandringstid*. Aarhus, 1991.
Reallexikon der germanischen Altertumskunde. 2nd ed. Berlin, 1967–2007.
Reichardt, Konstantin. "Die Thórsdrápa des Eilífr Godrúnarson: Textinterpretation." *Publications of the Modern Language Association of America* 63, no. 2 (1948): 329–391.
Reuter, Timothy. *The Annals of Fulda*. Ninth-Century Histories 2. Manchester, 1992.
———. "Plunder and Tribute in the Carolingian Empire." *Transactions of the Royal Historical Society* 35 (1985): 75–94.
Reuter, Timothy, and Janet L. Nelson. *Medieval Polities and Modern Mentalities*. Cambridge, 2006.
Robinson, Charles H. *Anskar, the Apostle of the North, 801–865: Translated from the Vita Anskarii by Bishop Rimbert, His Fellow Missionary and Successor*. [London], 1921.
Rodolfus Glaber. *The Five Books of History*. Edited and translated by John France. Oxford Medieval Texts. Oxford, 1989.
Roesdahl, Else. *The Vikings*. 2nd ed. London, 1998.
Ross, Margaret Clunies, ed. *Skaldic Poetry of the Scandinavian Middle Ages*. Turnhout, 2007–.
Rotman, Youval. *Byzantine Slavery and the Mediterranean World*. Translated by Jane Marie Todd. Cambridge, Mass., 2009.
Samnordisk runtextdatabas. Uppsala University. http://www.nordiska.uu.se/forskn/samnord.htm.
Samson, Vincent. *Les Berserkir: Les guerriers-fauves dans la Scandinavie ancienne, de l'âge de Vendel aux Vikings (VIe–XIe siècle)*. Histoire et civilisations: Histoire. Villeneuve d'Ascq, 2011.
Sawyer, Birgit. *The Viking-Age Rune-Stones: Custom and Commemoration in Early Medieval Scandinavia*. Oxford, 2000.
Sawyer, Birgit, and Peter Sawyer. *Medieval Scandinavia: From Conversion to Reformation, circa 800–1500*. The Nordic Series 17. Minneapolis, 1993.

Sawyer, P. H. "Kings and Merchants." In *Early Medieval Kingship*, edited by P. H. Sawyer and I. N. Wood, 139–158. Leeds, 1977.

———. *Kings and Vikings: Scandinavia and Europe, A.D. 700–1100*. London and New York, 1982.

Sawyer, Peter. *Da Danmark blev Danmark: Fra ca. år 700 til ca. 1050*. Translated by Marie Hvidt. Gyldendal-Politikens Danmarkshistorie, vol. 3. Copenhagen, 1988.

Saxo Grammaticus. *The History of the Danes*. Translated by Peter Fischer, edited by Hilda Ellis Davidson. Woodbridge, Suffolk, 1979.

———. *The Nine Books of the Danish History of Saxo Grammaticus*. Translated by Oliver Elton. London, 1905.

Schnorr von Carolsfeld, H. "Das Chronicon Laurissense breve." *Neues Archiv* 36 (1911): 13–39.

Scholz, Bernhard W., with Barbara Rogers. *Carolingian Chronicles: Royal Frankish Annals and Nithard's Histories*. Ann Arbor, Mich., 1970.

Schönbäck, Bengt, and Lena Thunmark-Nylén. "De vikingatida båtgravarna i Valsgärde—relativ kronologi." *Fornvännen* 97 (2002): 1–8.

Seaver, Kirsten A. *The Frozen Echo: Greenland and the Exploration of North America, ca. A.D. 1000–1500*. Stanford, 1996.

See, Klaus von. "Exkurs zum Haraldskvæði: Berserker." *Zeitschrift für deutsche Wortforschung* 17 (1961): 129–135.

Sigurðsson, Jón Viðar. *See* Jón Viðar Sigurðsson.

Skånland, Vegard. *Det eldste norske provinsialstatutt*. Oslo, 1969.

Skree, Dagfinn, ed. *Kaupang in Skiringssal*. Kaupang Excavation Project Publication Series 1 = Norske Oldfunn 22. Aarhus, 2007.

[Smedt, C.] "Translatio S. Germani Parisiensis anno 846 secundum primævam narrationem e codice Namurcensi." *Analecta Bollandiana* 2 (1883): 69–98.

Snorrason, Oddr. *See* Oddr Snorrason.

Snorri Sturluson. *Heimskringla: History of the Kings of Norway*. Translated by Lee M. Hollander. Austin, 1964.

———. *The Prose Edda: Norse Mythology*. London, 2005.

Söderberg, Sven, and Erik Brate. *Ölands runinskrifter*. Sveriges runinskrifter 1. Stockholm, 1900.

Spufford, Peter. *Money and Its Use in Medieval Europe*. Cambridge and New York, 1988.

Stenberger, Mårten. "Erikstorpsspännet och Hedeby." *Fornvännen* 45 (1950): 36–40.

Steuer, Heiko. "Der Handel der Wikingerzeit zwischen Nord- und Westeuropa aufgrund archäologischer Zeugnisse." In *Untersuchungen zu Handel und Verkehr der vor- und frühgeschichtlichen Zeit in Mittel- und Nordeuropa*, vol. 4, *Der Handel der Karolinger- und Wikingerzeit: Bericht über die Kolloquien der Kommission für die Altertumskunde Mittel- und*

Nordeuropas in den Jahren 1980 bis 1983, edited by Klaus Düwel, Herbert Jankuhn, Harald Siems, and Dieter Timpe, 113-197. Göttingen, 1987.

Stratman, Martina, ed. *Historia Remensis ecclesiae*, MGH: Scriptores 36, Hanover, 1998.

Straubhaar, Sandra Ballif. *Old Norse Women's Poetry: The Voices of Female Skalds.* Rochester, N.Y., 2011.

Sturluson, Snorri. *See* Snorri Sturluson.

Sundqvist, Olof, Per Vikstrand, and John Ljungkvist, eds. *Gamla Uppsala i ny belysning*, Religionsvetenskapliga studier från Gävle 9. Uppsala, 2013.

Svanberg, Fredrik. *Vikingatiden i Skåne*. Lund, 2000.

Sveinbjörn Egilsson and Finnur Jónsson. *Lexicon poeticum antiquæ linguæ septentrionalis: Ordbog over det norsk-islandske skjaldesprog.* 2nd ed. Copenhagen, 1931.

Svennung, Josef. *Jordanes und Scandia: Kritisch-exegetische Studien.* Skrifter utgivna av K. Humanistiska vetenskapssamfundet i Uppsala 44:2A. Stockholm, 1967.

Swanton, Michael, trans. *The Anglo-Saxon Chronicle*. London, 1996.

Todd, James Henthorn, ed. and trans. *Cogadh Gaedhel re Gaillaibh: The Wars of the Irish against the Foreigners, or The Invasions of Ireland by the Danes and Other Norsemen*, Rerum Britannicarum medii aevi scriptores [Roll series] 78. London, 1867.

Townend, Matthew. *Language and History in Viking Age England: Linguistic Relations between Speakers of Old Norse and Old English.* Studies in the Early Middle Ages. Turnhout, 2002.

Verhulst, Adriaan E. *The Carolingian Economy*. Cambridge Medieval Textbooks. New York, 2002.

Vésteinsson, Orri. *See* Orri Vésteinsson.

Vinner, Max. *Viking Ship Museum Boats*. Roskilde, 2002.

Vogel, Walther. *Die Normannen und das fränkische Reich bis zur Gründung der Normandie (799-911).* Heidelberger Abhandlungen zur mittleren und neueren Geschichte 14. Heidelberg, 1906.

Waitz, Georg, ed. *Vita Anskarii auctore Rimberti: Accedit Vita Rimberti*, MGH: SS rer. Germ. Hanover, 1884.

Wamers, Egon. "Kristne gjenstander i tidligvikingtidens Danmark." In *Kristendommen i Danmark før 1050*, edited by Niels Lund, 43-59. [Roskilde], 2004.

Wamers, Egon, and Michael Brandt. *Die Macht des Silbers: Karolingische Schätze im Norden.* Regensburg, 2005.

Warner, David. *Ottonian Germany: The Chronicon of Thietmar of Merseburg.* Manchester Medieval Sources Series. Manchester, 2001.

Welinder, Stig, Ellen Anne Pedersen, and Mats Widgren. *Jordbrukets första femtusen år.* Det svenska jordbrukets historia. Stockholm, 1998.

Werner, Tove. "Stenskepp i Södermanland: Utbredning och datering." *Fornvännen* 98 (2003): 257–264.

Wessén, Elias. *Runstenen vid Röks kyrka*. Kungl. Vitterhets-, historie- och antikvitetsakademiens handlingar: Filologisk-filosofiska serien, 5. Stockholm, 1958.

Whaley, Diana. *The Poetry of Arnórr Jarlaskáld: An Edition and Study*. Westfield Publications in Medieval Studies 8. Turnhout, 1998.

Wicker, Nancy L. "The Scandinavian Animal Styles in Response to Mediterranean and Christian Narrative Art." In *The Cross Goes North: Processes of Conversion in Northern Europe, AD 300–1300*, edited by Martin Carver, 531–550. York, 2003.

Widukund of Corvey. *Die Sachsengeschichte des Widukind von Korvei*. Edited by Paul Hirsch and Hans-Eberhard Lohmann. MGH SS rer. Germ. Hanover, 1935.

Williams, Alan. "A Metallurgical Study of Some Viking Swords." *Gladius: Estudios sobre armas antiquas, arte militar y vida cultural en oriente y occidente* 29 (2009): 121–184.

Wilson, David M. "The Development of Viking Art." In *Viking World*, edited by Stefan Brink and Neil Price, 321–338. Abingdon, 2008.

———. *Vikingatidens konst*. Translated by Henrika Ringbom. Signums svenska konsthistoria. Lund, 1995.

Winroth, Anders. *The Conversion of Scandinavia: Vikings, Merchants, and Missionaries in the Remaking of Northern Europe*. New Haven, 2012.